金融科技赋能新说

陆岷峰　毛富国　著

中国金融出版社

责任编辑：刘　钊
责任校对：孙　蕊
责任印制：陈晓川

图书在版编目（CIP）数据

金融科技赋能新说／陆岷峰，毛富国著．—北京：中国金融出版社，2022.4
ISBN 978-7-5220-1557-6

Ⅰ.①金…　Ⅱ.①陆…②毛…　Ⅲ.①金融—科技发展—研究　Ⅳ.①F830

中国版本图书馆 CIP 数据核字（2022）第 040930 号

金融科技赋能新说
JINRONG KEJI FUNENG XINSHUO
出版
发行　**中国金融出版社**

社址　北京市丰台区益泽路 2 号
市场开发部　（010）66024766，63805472，63439533（传真）
网上书店　www.cfph.cn
　　　　　　（010）66024766，63372837（传真）
读者服务部　（010）66070833，62568380
邮编　100071
经销　新华书店
印刷　河北松源印刷有限公司
尺寸　169 毫米×239 毫米
印张　15.25
字数　256 千
版次　2022 年 6 月第 1 版
印次　2022 年 6 月第 1 次印刷
定价　68.00 元
ISBN 978-7-5220-1557-6
如出现印装错误本社负责调换　联系电话（010）63263947

序

伴随着中国经济的腾飞，数字经济的大潮汹涌而来，以数字经济为特征的新经济业态不期而至。面对复杂多变的经济金融形势，党中央、国务院审时度势，及时提出了构建以国内大循环为主体、国内国际双循环相互促进的新发展格局的战略，尤其是将科学技术的创新作为新时代激发经济增长新的动力源，与改革开放政策共同构成我国社会经济发展的"铁三角"政策支撑，引领我国社会经济健康、稳步、持续地向前发展。

数字经济是我国社会主义市场经济发展到一定时期特定的发展业态，数字技术则是数字经济的基础与灵魂，没有了数字技术也就无所谓数字经济。目前，世界各国的经济竞争一定意义上说就是数字化竞争。数字技术发展与应用的差异性将直接造成经济发展上先进与落后的距离。近年来，我国的数字经济发展得快而好、大而强，各行各业的数字化转型步伐加快，数字经济已成为我国社会经济发展的新画面。

当前，大数据、区块链、人工智能、物联网以及元宇宙等新一代数字技术正加速嵌入各个行业和企业当中，金融科技则是数字技术应用的一个重要场景。金融行业是数字化程度最高的行业，金融科技的应用对行业的模式转换、流程优化、风险管理、成本控制发挥着越来越大的作用。实践证明，数字化转型既快又好的金融机构的核心竞争力明显要强。

从现实情况来看，金融科技对金融企业的影响主要表现在三个方面：一是推动了体制的改革和机制的完善。技术的不断创新必然要突破传统的不适应生产力发展需求的体制与机制，倒逼金融机构持续进行体制与机制的改革与优化。二是提高了金融企业的管理水平。金融科技深层次改变了金融机构传统的管理手段，实现了营销、风控、管理的智慧化，大幅度提高了金融生产力。三是最大限度地发挥了金融企业支持实体经济特别是小微企业的功能。金融科技让金融服务实体经济更简单、更轻松、更方便、更精准、更友好，使得金融机构在传统场景下不可能实现的金融服务如今变成现实，从而让金融在社会经济发展中变得更加重要。

金融科技在金融行业的应用是大势所驱，金融科技如何赋能金融企业、赋能实体经济既是理论工作者需要思考的问题，也是在实践中迫切需要探索的答案。《金融科技赋能新说》一书恰恰从理论与实践两个方面，回答了众多金融工作者和数字技术从业者以及政策制定者需要解决的问题。《金融科技赋能新说》一书至少具有以下几个特点；

一是理论创新引领。细品《金融科技赋能新说》一书，其关于金融科技方面的理论、观点勇立时代的潮头，所提出的若干观点具有极强的前瞻性，站在了金融科技理论研究的前沿，所提观点新颖且具严谨的逻辑性，对我国的金融科技的理论研究具有引领性。本书很多内容探索了理论界尚未涉足的深水区，确实是"新说"。

二是措施有效可行。《金融科技赋能新说》一书立足于有效解决实际问题、理论最终服务于实践的最终目的，全书不仅提出了金融科技赋能中存在的问题，分析了问题形成的原因，更着力于解决金融科技赋能中的实际问题的路径与方法，特别是所提出的解决方案有效、可用，各项措施与对策具有极强的可操作性，为有关单位金融科技应用顶层设计提供参考。

三是内容自成体系。关于金融科技研究的成果较多，《金融科技赋能新说》一书形散而内容不散，全书观点鲜明，立论正确，体系完整，各部分之间形成了严密的逻辑论证关系，全书各部分之间层次清楚，引导读者沿着科学的思维逻辑，寻找自己需要的问题答案。

四是文字通俗易懂。金融科技本来是关于大数据、区块链、人工智能、元宇宙等研究的学说，而大数据、区块链、人工智能、元宇宙等本身是一门很深奥的学科，通常人们难以读懂读通，而《金融科技赋能新说》一书用最简单的语言表达了最复杂的问题，又讲明白了当中的道理，让读者倍感阅读的轻松与享受。

五是作者精神可赞。本书作者陆岷峰、毛富国两位先生均是从事实际经营的工作者，并非专业理论工作者，他们数年来一边做好经营工作，一边进行理论研究，坚持从实践中来、到理论上去，精神可嘉，值得学习。

希望《金融科技赋能新说》一书的出版，能够对我国的金融科技的研究工作者及实践工作者有更多的指导与启发，为推动我国的数字产业化、产业数字化，实现我国社会经济的高质量发展作出更多的贡献。

萧国亮

2022 年 2 月 18 日

目　录

科技驱动金融加速前行

金融业的发展进步史本质上是一部科技创新史。

近年来，随着大数据、云计算、区块链、物联网、人工智能、5G 等核心技术在整个金融业的深度迭代和创新应用，金融科技正在改变传统金融的商业逻辑，助推金融业向更高阶的数字化、智能化方向演进，也勾勒出了未来金融科技发展的前沿脉络。

回顾 2019 年，以政府部门为主导的自上而下的金融科技顶层设计和以市场主体为主导的自下而上的创新实践齐头并进。展望 2020 年，这两股力量所形成的合力将直接助推整个金融科技生态圈的不断完善，推动着金融业的高质量发展进程。

一、自上而下的顶层设计

（一）国家层面：金融科技上升到国家战略角度

2019 年 8 月 23 日，中国人民银行立足于全球金融科技发展格局，从国家战略高度出台了《金融科技（FinTech）发展规划（2019—2021 年）》（以下简称《规划》），明确提出未来三年金融科技工作的指导思想、基本原则、发展目标和保障措施。

《规划》明确了金融科技发展的六方面重点任务，包括加强金融科技战略部署、强化金融科技合理应用、赋能金融服务提质增效、增强金融风险技防能力、加大金融审慎监管力度、夯实金融科技基础支撑等内容。

《规划》要求，到 2021 年建立健全我国金融科技发展的"四梁八柱"，进一步增强金融业科技应用能力，实现金融与科技深度融合、协调发展，明显增强人民群众对数字化、网络化、智能化金融产品和服务的满意度，使我国金融科技发展居于国际领先水平。

（二）地方层面：金融科技创新实践势如破竹

自 2019 年以来，在国家顶层设计指引下，各地方政府纷纷结合自身区位禀赋优势，从区域经济、金融布局出发，对地方性金融科技的发展制定了明确的发展思路和举措。

北京要努力建设成为具有全球影响力的国家金融科技创新与服务中心，形成"首都特色、全国辐射、国内示范、国际标准"的金融科技创新示范体系。

上海要充分发挥金融和科技资源优势，推动上海国际金融中心建设与科技创新中心建设联动发展，把上海建设成为国内领先、具有国际竞争力的金融科技中心。

杭州以数字经济为核心，致力于打造成为"中国金融科技引领城市"和"全球金融科技应用与创新中心"。

南京以江北新区为基地，着力提升"金融科技产业化"程度，形成"特色鲜明、重点突出、结构合理、体系完整"的金融科技产业基地。

二、自下而上的百家争鸣

在国家和地方对金融科技进行前瞻性战略布局的基础上，整个金融业、科技界在金融科技的融合创新中出现了自下而上的百家争鸣盛况。随着金融科技应用日益向广度和深度发展，金融机构数字化、智能化转型的价值和意义得到更多彰显，金融机构和科技企业对金融科技的认知也更加清晰。

（一）金融科技战略已成为银行"标配"

在市场内外部因素驱动下，银行业金融机构纷纷将金融科技从业务保障的辅助角色提升到业务引领的战略地位，纳入全行的发展战略蓝图规划中。其对金融科技的认知水平和重视程度更加清晰，在金融科技应用方面提出更加具体的发展举措。

（二）金融科技子公司已成为行业"新宠"

为顺应市场开放化需求的不断增强，以银行业金融机构为代表的金融业正在加速布局金融科技子公司，实现"内涵式"驱动发展。截至 2019 年末，整个行业中已成立的银行系金融科技子公司数量已经达到 10 家以上，创办金融科技子公司的风潮正在席卷整个银行业，以承载金融机构布局金融科技蓝图。不可忽视的是，金融科技子公司的商业可持续性问题还有待市场的进一步检验。

（三）金融科技智能应用已成为竞争"砝码"

金融科技智能应用与用户需求场景的结合越来越密切，大数据、人工智能等技术被纷纷嵌入各大金融机构内部的智能网点、智能营销、智能风控、智能投顾、智能催收、智能流程等产品服务体系中，极大地提升了金融服务效率和服务体验。

以业务流程智能化再造为例，不少金融机构开始引入"数字员工"来替代内部单调、重复、规则、耗时的工作岗位，通过流程自动化衔接系统断点，智能化打通业务流程痛点，起到降本增效的突出作用。

三、五大效应值得关注

2020年是我国全面建成小康社会和"十三五"规划收官之年，要实现第一个百年奋斗目标，为"十四五"发展和实现第二个百年奋斗目标打好基础，金融的历史担当责无旁贷。这也就需要金融科技加快成为赋能金融、服务实体经济的新动能、新引擎、新方略。

（一）金融科技迭代的"乘数效应"不断突破

随着金融机构在金融科技领域持续的人才投入、技术投入、资本投入，金融科技迭代的"乘数效应"不断创新突破。一方面，5G凭借高带宽、低时延、广连接的技术优势被广泛商用，将对大数据、云计算、人工智能、物联网等技术集成形成巨大聚合，推动技术不断迭代创新；另一方面，消费互联网和产业互联网跨界将不断打通用户的生活场景、生产场景，使金融产品和服务不断内嵌到用户需求场景中，持续满足用户个性化、差异化、定制化的需求，推动产品不断迭代创新。

（二）金融科技赋能的"长尾效应"持续发力

金融科技赋能金融、服务实体经济的最大价值体现在服务实体经济的长尾用户中，其能切实缓解中小微企业、个体工商户、弱势群体等金融需求痛点。金融科技凭借在精准获客、精准营销、精准风控、精准服务方面的优势，使得未被传统金融有效覆盖的长尾用户能够以可负担的成本获取金融产品和服务，解决好普惠金融发展过程中不平衡、不充分的矛盾问题。

（三）金融科技竞争的"马太效应"初见端倪

随着整个金融业对金融科技的重视程度不断增强，金融科技"赛道"的市场化竞争将日趋激烈，竞争的范围更大、领域更宽、层次更深。可以说，金融科技实力强的金融机构将在场景、用户、服务、风控等方面抢占制高点，实现弯道超车，获取更多的市场空间。反之，金融科技实力弱的金融机构将会逐步流失存量用户，流失市场份额，很有可能在市场竞争中处于弱势地位。

（四）金融科技监管的"示范效应"保驾护航

金融科技发展与监管是相辅相成的。未来，金融监管部门将不断借助"监管沙箱"，持续健全金融科技监管体系，加快出台金融科技监管基本规则，探索金融科技创新管理机制，增强金融监管的专业性、统一性和穿透性，为金融科技模式、产品、服务的创新和推广进行保驾护航。与此同时，监管科技将对突破业务界限、政策红线、法律底线的金融违法违规风险进行严格把控。

（五）金融科技链接的"黏合效应"持续发力

基于经济一体化的区域金融协调发展目标，金融科技依托大数据等新型技术手段，将会破解区域金融之间信息不透明、不对称的问题，共筑风险控制堤坝，共享金融资源福利，用科技手段缓释区域金融冲突与对立，提升区域间金融一体化黏合度。

"新冠肺炎疫情"催熟商业银行"数字化"

一、金融赛道依"数"先行

新中国成立七十多年来，特别是改革开放以来，我国的经济、社会各个方面都得到了快速发展，党的十九大提出，我国社会主要矛盾已经转化为人民日益增长的美好生活需要和不平衡不充分的发展之间的矛盾，中国特色社会主义进入了新时代，我国经济由高速增长阶段转向高质量发展阶段。而伴随着持续的经济发展，其增长动能也在发生转换，传统的投资、消费及外贸"三驾马车"轮流发挥着作用，但总体显得疲惫，因此，迫切需要寻找新的发展动能。从人类历史发展过程来看，无论是应对历史上的每次大的经济危机，还是经济转型升级，先进技术的创新与应用都发挥了关键性的作用。近年来，数字经济的发展已经呈现一种新的态势，作为一种新型经济发展模式，数字经济已经是我国经济迈向高质量发展目标的必经通道。

而与改革开放同行的我国的商业银行也从大一统体制、专业银行、国有商业银行、股份制商业银行进化为市场度极高的商业性的金融企业，纵观我国商业银行的发展历史，也可以抽象为技术创新发展历史，从初级的PC的使用，到互联网的通存通兑，以及现在的大数据、区块链、人工智能等新一代技术在商业银行业务中的运用等，商业银行的竞争已经从拼人员、拼网点转化为一场拼技术、拼创新、拼应用的竞争，金融科技已经成为国内外商业银行、国内大小银行进行博弈和竞争的资本与利器。

金融科技的效能有目共睹，数字技术、数字经济、数字银行之间已经形成一个严谨的发展逻辑，商业银行是数字基因极强的金融机构，应用数字化的场景正当时。但是，从商业银行生态圈情况来看，由于各机构间差异性较大，对其是否运用金融科技，以及运用方式、运用战略和程度在认识上还是有较大差异的。迪普思数字经济研究所对100家商业银行的调查显示，"强烈主张""主张""不主张"大力发展金融科技和立即进行数字化经营的机构占比分别为53%、33%和14%。这14%持"不主张"态度的机构主要是微型金融机构。主张全面数字化、局部数字化、否定数字化的机构占比分别为38%、61%和1%。主张自主创新、跟随创新、直接应用的机构占比分别为24%、61%和15%。从这些比例分析来看，还是有相当比例的商业银行对数字化仍然存疑或有一定的顾虑：不愿意自己去创新，实行跟随战略，被动发展；担心"数字化"所带来的负面功能即风险较大；认为经营单位规模不大，没有必要进行数字化，主要面对的是低端、长尾客户，还没有生死存亡的竞争压力，捡漏就足够生存；等等。因此，这些银行认为没有必要大力推进数字化。在这种思想指导下，商业银行间的数字化程度差异较大。

二、新冠肺炎疫情尽"数"风流

2020年初湖北省武汉市发生多起病毒性肺炎病例，诊断为病毒性肺炎/肺部感染，病毒疫情迅速在全国暴发。2020年1月30日晚，世界卫生组织（WHO）宣布将新冠肺炎疫情列为国际关注的突发公共卫生事件（PHEIC）。2020年1月29日，发现新型冠状病毒感染的肺炎疑似或确诊病例的省份均启动重大突发公共卫生事件一级响应。一时间很多地方封城、断路，疫情让社会运行大机器按下了"暂停健"，经济前行的步伐受阻。

突如其来的新冠肺炎疫情对于经济活动直接的影响是停工停产，大量的企业供应链、资金链"双链"断裂，后疫情期企业又要复工复产，这期间为防止疫情的扩散，社会经济主体之间不得互相接触，当然也包括了金融机构与企业和个人之间的接触。疫情发生地将人与人之间的交往无情隔断，但银行与企业之间、企业与企业之间的资金往来不能因为疫情而断裂，而且还要比无疫情时更加密切，因为此时的企业特别是中小微企业更需要金融的支持。

为克服人与人之间隔离导致的银行与企业之间交往的障碍，党中央、国务院及各级地方政府以及监管部门积极出台政策支持商业银行创新服务。作为定位于服务本次受疫情影响最大的中小微企业的城市商业银行，面对众多小微企业在生死存亡边缘的挣扎，毫不迟疑冲在数字化服务的第一线。为进一步精准帮助全国小微企业、个体经营者和农户有序复工复产，中国银行业协会与全国工商联等共同发起"无接触贷款助微计划"（以下简称"助微计划"）。该活动联合全国数百家金融机构、县域政府和品牌企业，计划在半年内全力支持全国约1000万家小微企业、个体经营者和农户有序复工复产及疫情之后的扩大生产。主要措施是为线上小微商家提前支付货款、为餐饮业提供专项资金支持、为快消业中小经销商提供免息贷款优惠活动、为物流业提供专项贷款、为卡车司机提供专项优惠贷款、为种植户提供专项贷款、助力销售困难企业获取资金支持、扩大票据贴现优惠范围、助力市场口碑良好的小微商家加速复工、帮助线下商户免费开拓线上经营渠道。活动开始后，全国已经有 3 家政策性银行、6 家国有大型银行、8 家全国性股份制商业银行、42 家城商行、7 家民营银行、17 家农商行、21 家村镇银行参加到"无接触贷款助微计划"当中。

作为城商行杰出代表的江苏银行充分发挥金融科技优势，以"无接触""不见面"的线上化技术服务客户，让优质金融服务"24 小时不打烊"。江苏银行运用"跨境 e 点通"一站式服务，帮助紧急进口防疫物资的客户在最短时间内顺利完成跨境汇款，依托自主研发的"融惠 e 点通"小微服务平台，及时开通线上"抗疫频道"，到 2020 年 3 月 18 日，已组织企业成功发起线上申请 700 户，放款 16 亿元。无接触、纯线上、全信用的"税 e 融"产品贷款利率在原有基础上下调超过 60 个基点。

以无接触或零接触、纯线上的贷款业务为突破口，商业银行以线上业务全程、多头跟进为突破口，将大数据、区块链、人工智能、物联网、云计算等新技术嵌入商业银行各个业务流程与环节中，以数字化推动商业银行轻型化、智能化，一场应急、应景的数字化服务，已经逐步演进为一场商业银行的数字化大革命。

三、银行变革"数"尽天下

"零接触线上贷款"之所以火爆，是因为正好应了新冠肺炎疫情带来的大家无法出行而实现足不出户即可办理金融业务之景，开始的出发点仅仅解决的是足不出户、互不面对面的问题，但这并不是数字化的本意或全部，数字化要解决的是商业银行的流程、组合、模式、成本、风控等银行经营的全景图。金融科技正在改变传统金融的商业逻辑，重新定义了银行服务社会的方式，拓宽了银行的服务边界和供给能力。

（一）数字营销获客

客户是商业银行生存和发展的基础，传统的客户来源一是等客送上门，俗称"坐商"，二是主动"扫街""扫楼""扫企"找客户，又称"行商"，由此产生的客户往往并不是商业银行理想的目标客户，因为这样获客成本较高，客户质量一般也相对较差。在数字化背景下，获客将充分运用大数据、人工智能等技术手段来实现。首先，商业银行根据其自己的市场定位、经营目标描绘本行的目标客户特质；其次，系统会运用大数据、人工智能等技术手段，按照限定的标准自动筛选出市场可提供的目标客户；最后，建立客户储备，系统根据商业银行的资源对目标客户进一步进行精选，不断进行更新，实行动态管理。商业银行的零售客户基本上都是数字化营销所获得的，银行卡类客户的授信完全是根据大数据所提供的相应授信额度进行审批和管理，对于资产类客户的营销也是按照同样的原理来实现的。数字化营销从"等""找"客户转化为"选"客户，同时，辅以大数据和人工智能等新技术手段的运用，从而实现了客户优质、选择快捷、成本较低的效果。

（二）数字风险管理

商业银行传统的信贷管理模式主要是贷款"三查"，其最大的缺陷是主观性较强、不能实时管理、预见性较差等，而近些年来商业银行不良资产无论是经济上行还是下行，始终没有出现系统性金融风险，这与近年来大力推进数字风险控制不无关系。大数据已经普遍应用到商业银行的贷前调查当中，商业银行对贷款对象信息的获得已经不仅仅局限于公司提供的会计账簿信息，更多是通过系统强大的搜索功能，穷尽贷款对象一切相关的信息，从而实现决策依据的信息客观、全面、真实，在此基础上引用区块链技术，保证了各个信息传输不失真，同时通过智能合约等功能，将企业、银行及利益关联者完全用技术手段进行风险控制。在信贷决策过程中，通过大量数据信息及数据模型的运用，实现决策数字化、决策依据数量化，减少人为主观的决策。在风险预警环节，通过大数据对贷款对象的结算、供应链过程中各种信息的监测，及时掌握企业的风险苗头，而物联网的运用将贷款对象的物质形态、供应链中的质押融资的押品进行全流程的管控，实现贷中、贷后管理的智能化、无缝隙，对于参与融资活动各方基于智能合约的原理可以完全实现系统自动控制结算功能，降低违约率；商业银行的风险控制正由"人"的管理向"数"的管理转型。

（三）数字经营决策

商业银行的公司治理大都实行的"三会一层"的治理结构。近年来，党委在商业银行中的政治核心地位进一步强化，实际上这就构成了五个管理主体，在实际运行过程中有些主体间协调得很好，但在大多数主体间存在诸多矛盾，严重影响决策效率和管理效能。形成这种状况的最重要原因是各决策主体信息源不一致，决策主观化。一般情况下，同一信息源、同样的决策方法，其决策结果自然也就一致。这一方面可以提高决策的科学性，另一方面又能保持高效率决策。因此，现在一些商业银行已经将金融科技运用到公司治理当中。一是建立全行决策数据库，将全行与决策相关的各种信息全部纳入数据库当中；二是建立决策平台，通过模型的构建，对各种决策提出数字决策方案；三是建立咨询专家团队，对数字决策提供专业咨询；四是平台决策，由于信息、决策方法完全透明、公开，因此，无论谁作决策，依据和方法是一样的，因此结论基本一致，所不同的可能是个人的经验及主观的认识判断的差异，而这往往不影响决策的大方向。数字化经营决策解决了公司治理中决策科学、效率、客观与观点不一致等多个问题，有利于提升公司治理的有效性。

（四）数字体制重置

商业银行现在大都实行"分支行制""分级管理"体制，不仅管理链条长，且各级横向部门多而复杂，造成信息传导失真及末梢功能衰竭。在数字银行背景下，互联网已经打破了时间、空间的限制，虚拟化、平台化将成为机构运营的新模式，各家银行在推行各项业务集中管理的同时，不少商业银行特别是城市商业银行在组织机构上纵向大力推行"扁平化"管理，横向进行机构的合并，而"数字化"商业银行的组织管理模式将来是"总部+N"式，商业银行成为一个数据、信息处理中心，大量的中间环节将省略掉，而职能部门也将合并，总部履行规划、决策、控制等职能，而分支机构主要是进行个性化营销和执行，大量的管理工作将由系统自动控制和完成。

（五）数字资产新宠

商业银行的信贷资产、固定资产、流动资产、无形资产等构成了完整的资产体系，但是，在数字化背景下，数字资产也已经构成了商业银行的重要新资产，而且，这一资产在整个资产中的比重，随着数字经济、数字银行的推进会进一步提升。商业银行的数字资产主要是指商业银行在服务于存贷汇客户过程中所形成的交易记录、信息，从而可以转化为市场价值的一种数据信息，数字资产在银行会计报表中属于无形资产的概念，随着数字经济的发展，数字资产的价值会越来越高：一方面，作为使用价值直接为商业银行的经营管理决策服务；另一方面，作为一种资源，可以与合作单位进行数据资产交易，此时不仅可以实现其使用价值，还可以实现价值。商业银行在经营传统的信贷资产过程中，要高度重视数字资产的经营与管理，要制定数字资产的经营目标，确定本单位的核心数字资产，构建数字资产的储备、清洗、整理，研究如何通过数据的分析来挖掘数字潜能，提升其使用价值，实现资产的增值，使数字资产成为重要的收入来源。

（六）数字员工队伍

商业银行中的自然人是员工，数字机器人也是员工，通常称为数字员工。数字员工做了自然人员工想做而不能做的事，不仅有强大的计算功能，还有很强的自我学习能力。不少商业银行重复、简单、繁重的计算等工作已经由数字员工来承担，而且效率高，风险控制好，道德风险低，投入成本又低。商业银行的数字员工大量在前台就业，中后台也已经有一部分数字员工任职。商业银行的个人消费贷款全流程基本上已经由数字员工来实现，甚至已经作为经营决策者的角色对一些结构性业务进行审批，在理财、咨询等岗位，数字员工表现得更为出色，能全天候提供咨询服务，客户随时都可以获得相应的信息。数字员工带来的将是商业银行人力资源理念及结构的根本性变革，数字员工在整个员工队伍结构中的比重将持续提升，自然人员工面临岗位转型及业务的提升的挑战。因此，人力资源的管理已经不仅仅是面对自然人，还包括数字员工，对数字员工的招聘、培养、教育、退出必须与自然人同步进行。这也要求人力资源管理部门一方面要改革理念，另一方面在人力资源管理工作中也要引入数字员工，提升人力资源管理的水平。

商业银行数字化是穿越隧道前进中的单行线，只有前行才有出路，既不能回头，也不能停止。疫情催熟商业银行数字化进程，将其发展推到一个新的阶段和新的高度，大数据、云技术、区块链等数字技术作为基因完全嵌入商业银行的全流程和所有发展维度当中。当然，商业银行数字化带来业务上的线上化、运营的智能化、传输的信息化，所面临的风险也是十分巨大的。因此，在充分运用好数字化转型的同时，要进行数字化风险控制的顶层设计。

金融与数字经济：融合与变革

当前，数字经济正席卷中国，带动经济社会发展迈入新时代。在这一过程中，数字经济与金融的交织必不可少。

一方面，数字经济的发展离不开金融的强有力支持。例如，一提到英特尔、微软、谷歌、脸书等企业，人们都耳熟能详。在这些声名卓著企业的传奇发展历程中，风险投资和资本市场对其发展功不可没。另一方面，在数字经济时代，其也会给金融业发展带来投融资变革，并将提供更多的金融应用场景。

可以说，数字经济与金融的相遇，是一场融合与变革的过程，在这一过程中，二者将相互促进，携手同行。

一、共同理念

数字经济是一种运用新技术、新模式的创新经济，是经济高质量发展的代名词。因此，其金融需求也就更多面化、更个性化，这就对传统金融服务提出了更高要求。未来二者的融合和匹配可能将经历磨合过程，但其发展的前提和理念却是相通的。

"创新、协调、绿色、开放、共享"的新发展理念，既是数字经济发展的航标，也是金融发展的方向，还体现了数字经济对金融发展的路径要求，只有在共同的发展理念指导下，二者的融合才会更加自然和持久。

共同发展理念之一是创新。数字经济本身就是对传统经济模式的一场革命。因此，数字经济的发展客观上要求金融业通过运用各种新技术手段，驱动金融内部各种要素的重新组合和创造性变革，以更好地服务数字经济。

共同发展理念之二是协调。数字经济的一大特征是实现信息、资金、物流等要素互联互通、协调发展，从而取得最佳、最优的整体经济效应。这要求金融业在以金融效率为中心的前提下，运用系统和动态的方法，实现发展数量和质量、宏观与微观、动态与静态的协调统一。

共同发展理念之三是绿色。数字经济意义上的绿色经济已经突破狭义上专指环保、节能、清洁能源等概念，包括但不限于绿色消费、社会责任等。相应地，绿色金融要促进环保和经济社会的可持续发展，既要引导资金流向节约资源技术开发和生态环境保护产业，引导消费者形成绿色消费理念，又要保持金融业可持续发展，避免短期行为、过度投机行为。

共同发展理念之四是开放。数字经济打破了国与国的界线，是一个完全开放的经济。其对应的金融业也要实现开放式发展。金融开放要以一定的条件为前提，坚持审慎渐进，政策面须与开放、监管保持适当的协调，密切关注开放进程中出现的问题。历史与现实的复杂性，决定了金融开放进程中的国内与国外协调是一个系统、长期、渐进的过程。从这个意义上说，数字经济与金融的融合可能在步伐上会出现一定的差异性。

共同发展理念之五是共享。数字经济的共享意义在于，可以最大限度地利用社会闲置资源。金融业的共享本质在于优化金融资源的配置，其中包括金融信贷资源、金融数据资源和金融人才资源等。金融业通过平台化运作，提升金融供需信息的透明度，通过金融工具的运作，将金融资源更多地服务于数字经济。比如，众筹模式、互联网线上贷款等将最大幅度地助力科创企业和中小微企业，提高普惠金融、长尾客户的信贷获得权和金融享有权。

二、数字经济催生金融蝶变

数字经济既对经济发展模式等进行创新，同时又将对经济各个子行业产生基础性、全面性的影响，会催生金融业再一次进行深度的变革，以服务于数字经济发展的大潮。

（一）虚拟化

数字经济下的经济要素都可以用数字表示，这一切都是在虚拟空间完成的，这给金融业发展创造了极大的想象空间。

以商业银行为例，从电子支付到网上银行、手机银行、移动金融、直销银行等，无一不是数字化的直接体现。根据中国银行业协会报告，2019年我国商业银行的网上银行交易量为1637.84亿笔，交易金额为1657.75万亿元；手机银行交易1214.51亿笔，交易金额为335.63万亿元；行业的离柜率达到89.77%。银行业的金融业务已经突破时间、空间限制。无人银行、线上银行、无分支机构银行、虚拟银行已成为现实。例如，在2020年初的全民抗"疫"战斗中，数字化程度高的商业银行受疫情影响最小，为金融战"疫"所作出的贡献最大。

而证券投资者基本上实现了足不出户或随时随地即可投资买卖交易股票，保险公司的业务也一改过去保险销售员上门签单等传统做法，实现线上保险合同的交易。

（二）智能化

在数字经济背景下，所有经济运行主体智能化程度较高，自动控制将渗透到各个领域。金融机构更是智能化的先行者、排头兵，且智能化程度提升很快。未来金融机构将广泛、综合运用智能技术，通过运用智能机器人，减轻自然人的劳动；通过大量信息和自动化控制来提升决策质量与效率，从而全面实现管理智能化、运营智能化、服务智能化。

中国银行业协会报告显示，金融科技在助力智能客服建设方面作用领先、效果显著。2018年银行业客服中心的智能技术使用率为69%，其中65%的银行客服中心应用了智能语义理解技术和机器人服务。相信在未来，各大银行将加快推进智能化设备投放，以更加开放务实的姿态主动融入互联网。

证券行业的智能化程度也非常高，智能投顾则是各家证券公司提升市场核心竞争能力、扩大市场份额、增加客户黏性的最重要手段，智能投顾运用数学模型、算法等，为投资者提供高效快捷的咨询服务，且带有非常高效、精准、客观的特点；而保险行业在智能保险方面的发展也不甘落后，运用大数据、人工智能、物联网技术对投保对象进行全程可视监管，而通过人工智能进行保险产品的营销已经成为主要的销售、获客方式，对于投保人实行精准化的时间计保更是吸引投保人的核心武器。

（三）普惠化

在数字经济背景下，金融机构服务长尾客户、普惠金融有了强大的技术支撑，金融机构可以通过数字技术解决业务发展中信息不对称、风险控制难、管理成本高等问题，从而将普惠金融服务对象的中小微客户、长尾客户作为优化客户结构的重要战略配置，多措并举支持民营和小微企业发展，中小微企业金融服务的获得感将明显提升。

数据显示，2019年末，银行业金融机构本外币涉农贷款余额为35.19万亿元，同比增长7.7%；小微企业贷款余额为36.9万亿元，同比增长10.1%，明显提升了金融服务的覆盖面和享有权。

对于证券行业而言，一改传统的投资人需到证券大厅进行投资的现象，任何投资人只要使用移动设备就可以进行股票投资，股民与市民、农民的重合度越来越高，投资人越来越多，投资越来越方便。而对于保险行业而言，其对农村的渗透则是最大的普惠性表现，使广大的农民可以通过线上实现购买自然灾害险等各类险种。

（四）平台化

在数字经济浪潮下，平台化运营是大趋势。全球十五大互联网公司均采用平台模式运行，全球最大的 100 家企业中，60 家的主要收入模式也属于平台模式，平台化对于提升企业竞争能力的作用凸显。不少商业银行为进一步加强与数字经济的衔接，开始依托平台理念转型，对传统银行功能进行重大升级。"交易银行""生态银行""开放银行"背后都有平台的思维和理念。

平台化服务不仅仅单纯为客户提供信贷资金服务，而且通过平台连接资金方、需求方，服务边界不断延伸扩大，实现了金融增信、撮合、技术支持等服务的创新，拓展了盈利的纵深空间。商业银行平台化转型的实质在于构建数字经济发展的命运共同体，作为一个生态系统，各参与方既互为入口、互相赋能，也互利共生、各取所需，一站式地解决结算、融资、理财等共性和个性的金融需求，为数字经济的发展提供坚实的基础。而证券和保险也紧随其后，其线上平台业务日益完善。

三、金融多方位助推数字经济

为了在支持数字经济发展过程中实现其价值所在，金融业应该尝试更宽更广的运行空间。

（一）有效的投融资支持

经济数字化是经济转型升级的过程，将大数据、区块链、人工智能等新技术嵌入经济活动的各个领域，对传统的经济管理模式、流程、方法都要进行一次彻底的改造，而且这还是一个不断创新、不断升华的过程。在这一过程中，经济数字化程度会不断提升。当前，国家和各级地方政府开始的以 5G、大数据中心建设、物联网运用等为代表的"新基建"，就是推进经济数字化的重要战略举措，从已经公布出来的地方投资来看，就高达 50 万亿元。显然，这需要企业、全社会，尤其是金融业不断加入资金投入才能实现。

在社会融资体系中，间接融资仍然是社会资金供给的主渠道，商业银行作为间接融资的主要机构，是数字经济投入与发展最有实力和最大的"金主"。由于社会对这一融资渠道较为熟悉，因此本文不再赘述。

同时，在直接融资领域，大量的科创企业等也可通过资本市场来实现直接融资。我国大量初创技术企业和互联网企业具有有形资产少、风险高的特点，难以获得商业银行传统的信贷资金支持，而健全的多层次资本市场发展，能够在很大程度上帮助其解决后顾之忧。

境内互联网企业和高科技企业可以根据现有的规则和自身发展所处的阶段，自主选择到主板、中小板、创业板上市，或到新三板挂牌。从实践来看，2018年，中国的互联网界经历了新一轮的上市潮。小米、美团、同程等诸多企业终于卸下了超级独角兽的身份，拥抱资本市场。昔日敲响纳斯达克钟声的盛大游戏采用借壳上市的方式正式回归A股市场，而腾讯音乐与猫眼娱乐的拆分上市再次向世人展示了两大互联网巨头的持续造血能力。

同时，我国科创企业的发展，必将推动我国数字经济发展实现弯道超车。除了制度性优势、国家战略的顶层规划、人口优势中的工程师红利外，尤为可圈可点的是，我国多层次资本市场的建设通过IPO和再融资帮助科技企业打通全生命周期的融资通道。可以预见，这些优势将长期保持，成为科技产业持续赶超的坚实基础。展望未来，一系列大数据公司、基站主设备公司、芯片半导体公司、光学公司等都将在资本市场的资金加持下，获得快速发展。

（二）驱动经济结构优化

数字经济的发展需要经济结构的优化。一是行业结构的优化，淘汰一些落后的产业、企业；二是要提升集约化经营水平，退出过剩产能；三是要加大技术革新力度，推动科技创新，提升科技含量。这些都需要金融业的大力支持。2020年4月9日，党中央、国务院发布了《关于构建更加完善的要素市场化配置体制机制的意见》，就劳动力、资本、土地、知识、技术、管理、数据等生产要素都提出了具体的市场化改革举措，其中资本要素市场化进一步强调了发挥资本市场中股票市场、债券市场在支持实体经济中的作用，推动金融改革开放力度，深化金融供给侧结构性改革，优化供给结构，以驱动经济结构的优化。

（三）扶持数字产业成长

数字经济发展在很大程度上取决于数字产业化发展的水平。我国数字经济发展仍处于起步阶段，而数字技术生产尚未形成产业化，大数据、区块链类企业仍主要由一些中小微创业型公司在运作，国家队并未大规模进入，产学研、上下游没有形成规模和链接态势。

因此，对于金融业来讲，一是要加大对数字技术产业的扶持力度，将其列入金融业"十四五"时期重点扶持发展的目录；二是要运用各种金融工具为数字技术产业提供多样化的融资工具，充分发挥科创板、众筹等融资渠道的作用；三是要积极为数字经济国际化提供平台，为进口、合作的企业提供更优先的金融服务。

（四）引领数字化前行

群体的发展领头雁往往决定这个群体的水准与高度，数字经济的发展也需要有数字化程度极高的子行业来带动，以驱动整个群体前行的步伐。金融本身就是一个数字基因强大的群体，金融行业集聚了当今优秀的人才团队，金融业的发展历史也可以抽象成一部技术发展与创新的历史，而金融运营产生的数据就是一个天然的数据库。可见，金融业务各个流程与环节都充满着科技基因，各种先进的数字化技术在金融行业都有最好、最适宜的应用场景。因此，金融业在数字经济的发展历程中，应该充分发挥前位、先锋作用。

一个明显的事实是，"支付宝""零距离接触银行"等让我国的金融数字化发展在全球都处于领先位置。正是因为金融业的领先发展，才提升了我国数字经济在全球数字经济发展中的地位。因此，未来更应该发挥我国金融业在数字等金融科技领域中的优势，引领数字经济持续前行。

数字消费金融：风险特征、形成机理及防控措施

一、引言

发展数字消费金融不仅是金融企业自身发展的需要，也是当前转换经济发展动能、充分发挥消费在拉动经济中的作用的需要。但由于数字消费金融也是近年来发展起来的新业务，数字化的神秘性使其风险更加具有隐蔽性。守住不发生系统性金融风险的底线是党中央决定的三大攻坚战之一。构成系统性金融风险的业务板块很多，其中，数字消费金融风险是近年来越来越受到关注的风险源之一。

数字消费金融因为高技术性等特征，实现了业务板块的快速增长。这一业务单元风险虽然相对较低，但由于其贷款周期时间很长，风险的滞后性很明显，不确定因素很多，因此，认真研究数字消费金融的风险特征、形成机理以及防控对策，构建长期的可持续的数字消费金融的风险防范与化解机制十分必要。这对于促进数字消费金融持续稳健发展，充分利用金融手段促进经济向高质量发展有十分重要的历史意义和现实指导意义。

二、文献综述

（一）消费金融与数字消费金融重要性的研究

陆岷峰（2020）认为，数字消费金融是传统消费金融技术上的升级版，是金融企业顺应数字化大趋势、实现转型升级的重要手段，是金融机构之间竞争能力提升的最主要工具，也是中小金融机构与大型金融机构缩小差距的最佳捷径。徐阳洋（2020）认为，数字消费金融优化了金融机构的资产结构，随着我国经济进入新常态，经济结构正处于重大调整期，特别是消费作为拉动经济动力的地位在进一步提升，消费金融有巨大的市场，而近几年来，企业经营情况稳定性较差，资产荒一直是影响金融机构成长的障碍，通过大力发展数字化消费金融，可以有效地运用信贷资

金，提高优质资产的比例，优化资产结构，为金融企业的持续稳健发展打下基础。王婷婷（2019）认为，数字消费金融为金融企业创造新的利润增长点，且有极大的利润增长空间。由于利率市场化进一步放开，客户与金融机构的议价能力进一步增强，负债利率又有一定的刚性，金融机构的存贷利差明显缩小，而金融机构对于消费金融的对象而言，相对处于强势地位，议价能力较强，加上数字化消费金融自动化程度高，人力资源成本也相对较低，因此，数字化消费金融发展为金融机构带来较大的利润空间和想象力。

（二）数字消费金融风险及特征的研究

陆岷峰（2020）认为，数字消费金融的最大特点是数字化，是新技术的运用。消费金融不是一个新名词，为消费者服务的金融统称为消费金融，主要是指个人消费贷款，传统体制下主要是个人住房贷款，现在扩展到装修、家居设备、汽车消费等贷款。新技术的运用主要是指将大数据等新的科技手段用于消费金融业务中的对客户风险评定、评级、产品定价等。数字消费金融运用技术手段替代自然人的一些劳动，从而将自然人从繁重的体力劳动中解放出来，但是将技术上的风险也带到了消费金融过程当中，技术的神秘性增加了消费金融业务外部不可知性，使有些风险始终处于隐藏环境下。徐阳洋（2020）认为，数字消费金融风险控制比传统消费金融难度大，这主要是由数字化的特征决定的，数字化技术本身就是一个风险度高的技术，加上与金融的融合，更加剧了这种复杂性与不可控性。传统消费金融基本上都是自然人手工操作，可见可控，不足之处是速度慢、效率低下。数字化是一种趋势，要根据其风险特点采取相对应的措施。当前，我们应当更多地研究区块链技术如何运用到消费金融当中去的问题，一方面可以保持消费金融各个环节数字传输不失真，实现数字共享；另一方面可以运用区块链的智能合约技术，促使消费金融受众严格执行既定合约，降低违约风险。王婷婷（2019）认为，数字化消费金融最大的特点是快，因为一切经营活动是在虚拟空间运行，所有的业务流完全与设计思维同步，加上5G应用，信息流更是加速度。速度快提升了效能、效率、效益，但是，产生的风险传染速度也快，有些风险诸如声誉风险等，还没有等到管理者考虑如何采取措施去应对，风险引发的后果已经出现在经营者面前了。面对风险传染速度快的特征，经营管理者必须借助金融科技手段，以智能化应对智能化风险，以数字化应对数字化风险。

（三）数字消费金融风险防控措施的研究

陆岷峰（2020）认为，要有一支强有力的金融科技队伍。在技术世界，总是少数人掌握庞大的虚拟空间，这需要有高品质的人才。从事数字化的科技人员要有很高的职业修养，敬畏金融风险，始终将维护企业和消费者权益放在首位。这些人才应是高精尖技术的人才，必须是行业的专家或一流的研发人员，这样，设计的风控模式才会是代表最前沿的技术水平。这些人才还应是高复合度的综合型人才，不仅仅懂得技术业务，更要懂得其他金融业务，甚至宏观经济形势等，使数字金融的技术方案的顶层设计能做到起点高、技术含量高、风控体系严密。徐阳洋（2020）认为，这最主要取决于金融机构的经营指导思想，经营者如果是短期行为，可以利用数字化消费金融的期限较长的特征，尽可能做大规模，收取即期收益，而从金融产品风险特征看，时间越长一定是风险概率越大，且通过金融机构融资的消费群体一般属于低净值长尾客户，因此，要控制数字消费金融的风险，经营者要端正经营思想，树立谨慎的经营理念和长期的发展目标；经营模式的设计也决定了风险程度，在众多的数字消费金融中，极小额度的融资虽然利率较高，收益也高，但风险也是最大的，当前，发展数字化消费金融，还是要多做一些房贷业务，风险相对较小。王婷婷（2019）认为，数字消费金融的贷后管理是否到位，也是进行数字化消费金融风险管理的重点与难点。由于数字化消费金融的融资主体多而小，因此，贷后管理难度很大，这也加大了数字化消费金融的风险。当前，应当大力借助于数字化手段来解决数字化消费金融风险问题。从现在的数字化风控的场景来看，这些条件已经具备，特别是随着数字经济的发展，数字化转型成为企业、家庭工作、生活的重要组成部分，个人的信息纳入征信系统的体系也日趋完善，金融机构完全可以运用金融科技手段对消费金融信用背书的资产进行全程监督与管理，以技术手段保全金融机构信贷资产的安全。

三、数字消费金融风险特点及形成机理

（一）数字消费金融风险特点

数字消费金融除了具有一般性消费金融的融资周期长、风险不确定因素加大、金额小、单位成本高、户数多、占用计算机等资源多，以及主要服务于长尾客户、财务成本相对较高等共性特征外，还面临着如下个性化

风险。

1. 高科技含量风险

数字消费金融是以高科技为支撑的，没有高科技支撑也就无所谓数字化。在数字消费金融背景下，其产品实行标准化、流程化、批量化经营管理模式，利率一般相对较高，金额较小，服务对象主要是长尾客户。可以说，没有科技这些前置条件，就没有数字消费金融的快速发展与扩大的可能。一方面，数字化技术为发展提供了技术手段；另一方面，高科技运用本身就是一种风险，因为其技术含量高，很少有人知道技术的原理及运用环境，因此，技术本身可能存在漏洞，技术也有可能受到黑客的攻击。技术往往是由少数人掌握的，而对于大多数人而言，无法对其过程进行全流程、全方位的监督。

2. 风险传染速度快

数字消费金融主要是通过线上平台运营实现的。虚拟世界无边无界，只有有限的技术篱笆设置，一旦被破坏，其传染的速度非常快。因此，数字消费金融为消费金融的发展插上了翅膀，同样为风险的传染也插上了翅膀。

3. 风险呈区域性、条线性

数字消费金融的主要服务对象是个人、家庭，而个人、家庭都是居住在一定的区域空间内的，因此，数字消费金融产品一般是以区域为开发对象批量发展，同时，以产品线为开发对象批量发展，如汽车消费贷款，所有有汽车的消费者均可以申请此类贷款，因此，数字消费金融的区域性、条线性块状明显，其风险分布也就具有了明显的区块或条线特征。虽然贷款单位少、业务规模小，但同类客户风险积聚起来也会很大。

4. 风险的虚拟性

数字消费金融的业务全流程都是在线上平台完成的，这种在虚拟空间的所有业务均由机器识别并自动完成，虚拟业务的空间取决于系统设备完善的程度，还取决于操作人员的道德操守，而高端技术具有排他性，往往只有少数人能精通。由于在虚拟空间，存在出现风险时证据难以收集，以及消费者的权益难以保护等问题。

（二）数字消费金融风险形成机理

1. 无风险不金融，金融总有风险，只是特征不同而已

数字消费金融属于大金融的范畴，金融企业是经营货币的特殊企业，通过汇集资金进行投资，显然这一过程存在诸多不确定因素。风险与金融是一对孪生兄弟，有金融的地方就有风险。既然数字消费金融属于金融的范畴，也就没有脱离风险覆盖的范围。

2. 消费金融风险是由消费者收入的不确定性等多方面因素诱发而成的

数字消费金融产品的风险不仅取决于消费者的风险状况，还受整个宏观经济形势的影响。数字消费金融的服务对象千差万别，收入水平也不同。在市场经济条件下，市场机制起着决定性、基础性作用，付出的多少、技术水平的高低等决定了消费者之间收入不同，其偿债能力也不同。这些不确定性决定了数字消费金融的客观存在。

3. 数字消费金融在放大发展功能的同时也具有放大风险的负面影响

虽然与一般消费金融相比，数字消费金融在风险识别方面具有极大的优势，消费客群也有可能是高质量的高净值客户，但是，消费者贷款主体所面对的环境是不断发生变化的，而且也存在对真实性的掩盖等情况，数字化在加快发展速度、提升发展效能的同时，也会加速风险的发生。

四、数字消费金融风险防控措施

（一）准确把握宏观经济的趋势

数字消费金融虽然仅仅是信贷产品中的一个子产品，但对于系统性金融风险而言，它却是能撬动金融风险爆发的最后一根稻草。人们对 2007 年发生的美国次级债务危机的教训仍记忆犹新。20 世纪末期，美国为了刺激消费，降低了房贷的准入门槛，大量低收入人群从金融机构获得了房贷。当时的假设逻辑是房价持续上涨，贷款利率会持续走低。然而后来的十多年间房价和利率的走势正好与预期的走势相反，于是，约 170 万房贷借款人还不了款，出现大量贷款逾期，2007 年较 2006 年逾期增加 79%，大量房贷借款人只能以房抵贷，而此时房屋价值无法冲销贷款额，形成了巨额坏账，加上这些产品经过层层包装，在世界范围内发行，结果形成了冲击全球的世界性金融危机。这一案例最大的两点教训：一是对宏观经济的走势判断失误；二是降低了贷款的基本门槛。因此，发展数字消费金融，设计数字消费金融产品，在严格执行信贷产品准入条件的前提下，最重要的是要对经济趋势进行较为科学的预测。一是要不断提升政策水平，关注国家的各项方针政策，学懂悟通党的各次代表大会决议、政府工作报告、经济和社会发展五年规划等政策，相信中央、政府的决策；二是要建立自己的研究团队，只有拥有自己的具有独特视角的专业团队，作出个性化的形势判断，才有机会获得开发个性化金融产品的机会，设计出的金融产品才有竞争力；三是要将各种政策进行综合比对、深入研究，对未来经济走势要有一个方向性的预测，预测越精准，设计出的数字消费金融产品的风险就越小，如果产生战略性错误，经济走势完全是下行的，信贷产品的风险一定会加大，覆巢之下安有完卵的道理同样适用于经济与金融的关系。

（二）大力发展线上消费金融

数字化最大的特点是以新技术、新场景为核心特征，消费金融产品规模大但单位产品小，消费金融客户分布范围广，也比较复杂。因此，金融机构只有搭建消费金融线上运行平台，才能突破时间和空间的限制，实时为消费金融需求者提升服务。一是消费金融服务线上平台应嵌入金融机构综合服务平台中，能够实现线上申请、审批、定价、提款等所有的功能；二是要实现平台功能多样化，将金融机构的理财产品、咨询服务等功能作为消费金融的配套工程予以完善；三是要切实加强线上消费金融的风险防范与管理，切实保护消费者的权益。因此，线上运行的虚拟性特征，决定了要构建消费金融系统的风险防范及应急机制，要防止黑客的侵入，要做好个人消费金融客户的个人隐私保护，要切实维护消费者的合法权益。

（三）大力发展成长链消费金融

数字消费金融的融资期限一般是选择一个自然人最佳的职业时间来办理相关业务，这对于防范风险确实有一定的意义，但是，随着全社会信用制度的进一步完善，征信系统越来越全面，个人信用的作用越来越大，特别是随着生物识别等技术在个人征信中的应用，个人信用的真实性、精准度、效用度越来越高。在这种背景下，仍实行人生顶峰值来做数字消费金融业务，不利于业务的发展。成长链金融的基本理论兼顾了数字消费金融的发展与风险控制，基于一个自然人的生命期来设置个人消费金融业务，一个人即使处于尚未工作的无收入时期，即使在无收入的入职前，以及退休或离职的情况下，都是可能享受消费金融服务的，只要把握好适当的度，就可以有效地控制好风险。一是银行可以发放助学类消费贷款，助力没有收入来源或家境困难的学生完成学业，本息可以待其就业后再偿还；二是可以发放退休养老贷款，可以开发"房产抵押反向贷款"的方法，一方面适应老年化的需要，另一方面可以确保老年群体有一个幸福的晚年生活。从这两款产品的风险角度看，低谷的任职前将由任职后的收入来保障，退休的老年群体消费贷款可由不动产来保障。此产品是服务一个自然人的生命周期的金融产品，具有市场广阔、风险低、需求量大的特点，是利国、利民、利金融企业的"三利"金融产品。

（四）扩大消费金融主体单位

家庭是社会最基础的组织细胞，也是一种紧密型的经济组织。家庭直系亲属成员间对成员的债务一般都会承担连带代偿责任，即使是监护人对被监护人也有法律上的连带责任。因此，数字化消费金融在设计消费主体时完全可以从"一对一"的方式改为面向由直系亲属组成的家庭进行综合授信的"一对多"方式，对于有私人企业的家庭，也可能将企业与个人、与家庭一起进行综合授信。这样做的好处是，一方面可以有效地防范消费金融的信用风险，提升偿贷能力；另一方面也可以扩大消费金融的有效需求，提高消费金融的效率。当然，开展家庭综合授信需在得到当事人认可的基础上进行。

（五）适度进行金融衍生产品创新

金融衍生产品不仅可以为金融机构创造出更多的收益，也可以进一步提高资产的流动性，为投资人提供尽可能多的投资品种。然而，过度的金融衍生产品也会加剧风险发生的概率，因为金融产品衍生得越多、链条越长，其中的风险引爆点、风险源也就可能越多，由于金融衍生产品上下游之间层层钳套、互相牵制，一环失扣则环环失扣。我国国民经济稳定发展的大背景下，居民收入也在持续地增长，个人消费金融的风险也相对较低，因此，一些金融机构纷纷围绕数字消费金融进行金融衍生产品的创新，将消费金融作为底层资产，发行理财产品、发行新资产等。围绕数字消费金融进行衍生金融产品的创新，一是要适当控制总体规模，杠杆率不能过高；二是链条不宜太长，不要超过三层；三是要与其他风险做好切割，一旦出现风险事项，可以控制在风险化解能力之内。

（六）推进金融科技在消费金融风险控制中的运用

面对规模日益膨胀的数字化消费金融，如果单靠自然人进行风险管理既不经济，也无法达到精细化管理要求，而现在的技术条件为数字化消费金融的风险管理提供了多样化的手段，数字消费金融风险管控一定是用数字化风险管理手段来实现的。一是贷款准入风险识别智能化，通过大数据锁定目标客户后，要进行线上营销，对于拟申请办理消费金融的客户，系统将通过各种数据化信息进行验证、比对，对于符合条件的，系统会自动准入。二是对于准入的消费金融客户，系统会时刻关注客户的银行账户及有关可控信息的变化，一旦发现异常，会自动报警提醒，对于贷款利率调整，均按照有关指令自动完成，对于到期收息、收贷等业务，可运用区块链技术通过智能合约的形式，在有关账户上自动扣收；对于消费金融贷款的押品也不用安排专人或放至指定地点来实现，完全可以通过物联网、车联网等技术，实现物联跟踪，适时掌握其风险状态。对于存量的所有消费金融业务，通过系统设置严谨的预警指标体系，一旦出现异常，系统会自动提示或自动控制启动有关风险预案。三是对于贷款到期未能及时偿还的消费金融业务，系统会按照原来的约定方案进行催收，也会通过系统自动收集的信息进行有关债务追偿。四是对于个人消费金融业务的咨询基本实现自动控制，对于经常、反复咨询的问题可通过系统直接解答，对于有些复杂、疑难的问题，系统也可以通过自我学习的功能，及时进行答复，在过渡阶段，会选用人机并行的方法，但是，完全系统化、智能化一定是发展方向。

（七）搭建消费金融风险的跟踪、预警机制

数字化的消费金融的风险控制一定是用数字化的手段才能取得更好的效果。大数据、区块链、人工智能、物联网等新一代技术已经在各个领域特别是在金融领域更广泛地加以运用，数字风险控制已经成为当代银行业风险控制的主流行为，数字技术已经成为金融业的运行基因。数字消费金融的风险控制最主要体现在金融科技在数字消费金融全流程中的运用。一是可以通过数据信息系统，最大可能地收集服务对象所有有效信息，通过数据的清洗、整理，对服务对象的风险状况进行实质性定义；二是可以通过数据手段实现风险控制的全自动控制操作，从数字消费金融的受理、审批到提款完全由平台系统自动操作完成；三是通过数字机器人的自我学习，不断提升消费金融风险的评价、预警、押品的跟踪、个人行为的画像等工作，对出现或可能出现的风险，系统会根据事先设定的条款执行催收、划款等资产保全措施。

（八）严控家庭负债杠杆率

我国的居民杠杆率相对偏高，这不利于数字消费金融的可持续发

展，也加大了行业系统性金融风险。严控家庭负债杠杆率是将具有直系亲属关系的家庭作为一个风险计量单位，这有利于更准确地评判消费金融市场行业风险。为此，一要构建适度家庭杠杆率的基本标准。这要根据宏观经济发展的趋势、各个家庭未来时间内现金流情况，加以适当的负债来进行预测，对于负债率临界点附近的家庭，应当严控授信规模。二要构建动态的指标和动态的杠杆率标准，不宜一成不变。因为，随着时间的推移，家庭和社会各个经济因变量均在变化，有的变好，有的趋坏，这样，实时调整可以更好地控制数字消费金融的风险。

（九）不断降低消费金融产品成本

各金融机构在消费金融产品经营模式上，大都冲着风险相对较低、利率相对较高的缘由而去。信用类消费金融产品的风险很高、出险概率很大，其利率更是高出一般消费金融产品利率一两倍以上，其原理是以高收益覆盖高风险。高利率一方面可以提升商业银行的效益，提高化解消费金融产品的风险能力，另一方面也加重了消费金融产品消费者的负担，就这个意义上说是加大了消费金融产品的风险程度。如何既要保持金融机构适当的利润回报，又要不扩大消费者的成本，唯有在消费金融的经营模式上下功夫、做文章。一是着力于数字消费金融产品标准化；个人消费金融产品种类不多，且申请条件基本差不多，对消费金融产品进行标准化管理是可能和可行的，标准化产品不仅可以提升金融效率，更可以规范金融企业和金融消费者的行为规范。各家金融机构的房贷业务基本上都打造成了标准化的消费金融产品，贷款条件、定价模式、风险评级方法等基本都是标准化的。二是着力于消费金融产品销售批量化，靠人工、单一获客不仅成本畸高，也缺少精准度，而上门找来的客户往往有相当部分并不是金融机构的目标客户，因此，数字消费金融的最大特点和优势就是要用数字化手段，按照本行的贷款基本条件，对社会客户群体进行画像、分析，从而分离出本行的目标客户，然后通过数字化手段进行线上营销，从而实现客户的群体开发、成片开发，极大地提高了客户营销效率，实现低成本营销客户的目标。三是着力于消费金融产品流程自动化，就是要大力发挥数字化的消费金融优势，将大数据、人工智能等广泛应用到消费金融经营活动中，对于消费金融的进件、审查、审批、定价、贷款全流程管理均可以实行数字机器人操作，这样既节省了大量的人力，减轻了自然人的重复、简单、机械性的劳动，又节约了大量的人力成本，相对提高了金融企业的经营效率。

（十）持续优化消费金融产品结构

分散化是商业银行分散信贷资产风险最基本的原则。然而，商业银行在经营实践中，往往会因为盈利性的目标，跨越分散性这一警戒线，进行扎堆式的投资，特别是在社会经济发展持续处于胶着发展状态背景下，经济结构发生剧烈变革，市场要素变化莫测，公司业务风险成块状发生，消费金融产品成为避险的"硬通货"，加之各家商业银行内部部门间、条线间考核激励机制的刺激，"拼死吃河豚"的精神主导并加快了消费金融超常规发展的步伐。然而，与商业银行经营的风险分散性原则格格不入，消费金融的结构必须优化，并要防范结构性风险。一是保持消费金融在金融资产结构中适当的比例。这要从本行的负债结构中来设定消费金融资产在整个信贷资产中的比重，从资产安全性角度而言，并不是消费金融产品比例越高越好，金融生态强调的是健康，而品种多样化首先是金融产品结构生态优化的重要表现，消费金融产品一般占信贷产品的15%左右，这仅仅是个经验数字，超过这个比例一般被认为单一产品过于集中。二是优化消费金融产品中的品种结构，消费金融产品包括但不限于房贷、汽车贷、大件消费品贷款等品种。房贷占了消费金融贷款的90%以上，显然，在房价持续向上走、价格增长速度超过利率增长速度的假设前提下，房贷是低风险贷款产品，但反之则可能是高风险贷款产品。一旦出现这种情况，如果商业银行产生的不良信贷资产达到10%，商业银行的生存显然存在疑问。因此，单一消费金融产品宜控制在信贷总资产的5%之内。这样，即使某一产品出现行业性风险，也不至于将金融机构拖下水，其影响的程度也不至于过深。三是优化消费金融产品中的期限结构。个人消费金融产品特别是房贷产品的期限较长，最长的达到二十年，期限错配会形成流动性风险，因此，期限过长虽然可能带来相对较高的利率回报，但是，这要根据经济的走势、机构募集资金的能力、资产流动性情况、市场信誉等多个因素来确定。一般来讲，谨慎性经营原则要求保持一定比例的中期消费金融产品，这样风险度更为适宜可控，过长期限的消费金融产品还是能少则少。四是优化金融产品中的区域结构，尽量在各个地区之间进行分散化投资，避免风险集中扎堆。因为，中国地大物博，区域之间发展差别较大，对于一些地方商业银行而言，其消费金融产品的质量完全取决于所在地区的经济质量。因此，跨区域布局消费金融产品是防范与化解数字消费金融产品的有效路径之一，而这在大数据、互联网金融时代不仅是必需的，而且也是可能的。

五、结语

总而言之，数字化消费金融作为传统消费金融的现代升级版，不仅速度快、效能高，而且替代了自然人大量的体力和重复的劳动。但是，新技术带来的风险性同样不可忽视。根据数字化金融风险的特点，主动作为，以数字化技术应对数字化带来的风险，可以充分发挥数字化消费金融的正向功能，将金融机构的发展引向高质量的平台。

金融科技背景下普惠金融
基本矛盾图谱与解决路径研究

一、引言

普惠金融（Inclusive Finance）这一概念是 2005 年联合国在"国际小额信贷年"活动中首次提出的，国内最早引进这个概念的是焦瑾璞，他于 2006 年 3 月在"亚洲小额信贷论坛"上首次使用这个提法。通常意义上，普惠金融是以弱势群体为重点服务对象的，一方面，通过政策性手段，强调金融服务覆盖面和可得性，重视消除贫困、实现社会公平，具有明显的社会性、政策性；另一方面，由于提供普惠金融服务的供给主体多为商业性金融机构，在提供普惠金融服务过程中必须注重成本、风险与收益的匹配，因而又具有明显的商业性。因此，普惠金融的概念一被提出就天然地形成了政策性与商业性之间的基本矛盾，表现在实践过程中，往往是"普"而不"惠"或"惠"而不"普"。

党中央、国务院一直高度重视我国普惠金融的发展，特别是党的十九大以来，习近平总书记在多次重大会议上都强调要加快普惠金融体系建设，加强对小微企业、民营企业、城镇低收入人群、"三农"及偏远贫困地区的金融服务供给。李克强总理也多次提出，要鼓励大中型商业银行通过率先建立健全事业部制普惠金融组织管理体制，增加有效金融供给。各政府部门和金融机构认真贯彻党中央、国务院部署，以解决小微企业、"三农"、扶贫等重点领域融资难为重点，着力提升普惠金融的覆盖面和可得性。不可否认的是，小微企业融资难融资贵、农村金融覆盖面小、贫困偏远地区的金融可得性低等普惠金融系列问题仍然较为突出，现有的传统金融举措并未能从根本上解决普惠金融的政策性与商业性之间的矛盾问题。要解决普惠金融发展路径的商业可持续性问题需要突破现有思维，另辟蹊径。以普惠金融的基本矛盾为研究逻辑起点，梳理出其政策性与商业性之间的运行特征和痛点问题，利用金融科技手段缓解基本矛盾的对立程度，以期实现普惠金融商业可持续性发展，使普惠金融的政策性与商业性在对立中寻求有机统一。

二、文献综述

(一) 普惠金融的概念、作用与发展研究

在对普惠金融这一概念的界定和理解方面，不少学者的研究范围、对象和侧重点存在一定差异性。普惠金融最初源于金融排斥理论（星焱，2016），在一定程度上颠覆了金融主要为富人服务的传统理念，这是现代金融理论的一大突破（焦瑾璞，2010）。世界银行对普惠金融的理解侧重于为社会所有阶层和群体提供合理的金融服务，且没有价格因素障碍。全面性、价格合理性、可得性、安全性、便利性构成了普惠金融概念五大核心要素（星焱，2016）。对普惠金融内涵的理解也不能片面理解为简单意义上的"扶贫"和"福利"，也不是让贫困弱势群体享受所有的金融服务，它需要具备满足需求的有效性和成本的可负担性（周孟亮，2015）。

对于普惠金融发展的作用，有观点认为，普惠金融的重要性源自其对社会经济发展的重要积极影响（李涛，2016），包括对社会弱势群体的人均收入增长速度的提升（付莎，2018）、对地方小微企业融资难融资贵约束的缓解（包钧，2018），同时也是实现全面脱贫目标的有效途径（罗斯丹，2016）。Anand 和 Chhikara（2012）通过跨国数据进行实证分析，得出人类发展价值指数会随着普惠金融指数每增加 1% 而增长 0.142% 的经验结论。

关于我国普惠金融发展现状，不少学者尝试通过构建数理模型测算普惠金融发展指数情况，得出的结论一致认为全国范围内普惠金融发展水平存在较大地区差异（焦瑾璞，2015；付莎，2018），各区域发展不均衡，但各地区普惠金融发展的势头良好（刘亦文，2018），并对经济发展起到了促进作用。当前普惠金融发展还停留在"理念"阶段（周孟亮，2015），面临着一系列发展问题，其中包括了微型金融机构（MFIs）的商业可持续和减贫目标难以兼得问题、金融服务覆盖均衡问题、输血型借贷主导而造血型借贷不足问题、目标群体意识不强问题、金融消费者保护机制问题、吸储多于放贷问题等。

(二) 金融科技的概念界定与创新发展研究

金融科技（FinTech）作为近年来金融领域的热点问题，所涉及的学科门类和创新应用场景十分广泛，学者们对其概念的界定和理解是开放性

的，尚未达成相对统一的概念。金融科技不仅是结构的革新，更是一种全新的范式（皮天雷，2018）。巴曙松（2016）认为金融科技是一种对金融产生重大影响的科学技术。巴塞尔银行监管委员会则认为金融科技是金融和科技相融合而产生的一种新业务模式。而金融稳定理事会对金融科技内涵的理解更为全面和广泛，既包含了前端的金融产品、模式，也包含了后端的技术。金融科技在创新发展过程中，具有显著的金融包容效应，它缓解了信息不对称，降低了交易成本，扩大了金融服务覆盖率，平衡了金融包容公益属性和商业属性之间的矛盾（粟勤，2017）。朱俊杰（2017）通过实证研究发现，金融科技的创新发展整体上有利于我国长期产业结构升级。刘园（2018）研究发现，金融科技创新发展与实体经济企业投资效率呈"U"形关系，当前处于"U"形的上升阶段，表明金融科技助力实体经济投资效率正逐步得以实现。

（三）普惠金融发展路径研究

关于普惠金融问题的解决方案，学者们基于普惠金融在发展过程中的痛点问题提出了的解决思路，为普惠金融实践提供了有力的指导。在普惠金融发展过程中，学者们普遍认为政府部门最重要的作用是提供普惠金融制度的供给，具体而言，包括了营造市场环境（Beck等，2007）、完善基础设施（Tilman等，2012）、引导小微金融机构健康发展（Balkenhol，2007）、完善金融契约与保护消费者权益（Djankov等，2007）、合理监管（World Bank，2013）等几个方面。而作为金融机构，在发展普惠金融过程中，"农户+小额信贷机构+大型商业银行"是商业银行探索普惠金融服务的有效模式（周孟亮，2011），微型金融机构也是实现普惠金融目标的重要支柱力量（徐博欢，2019a），同时，金融机构在设计金融服务与产品时要把文化水平不高以及收入较低的人群纳入考虑范围（朱烨辰，2018）。

基于上述对普惠金融的研究，不少学者已从不同的视角充分揭示并探讨了普惠金融的现状、问题、策略等，也得出了具有较多理论指导意义的结论，对推动我国普惠金融实践发挥了重要作用。但上述研究较专注于对普惠金融发展问题的表象层面，没有深入剖析普惠金融发展所固有的基本矛盾，策略思路较多停留在治标不治本的对策选择上，更缺乏对最新金融科技在普惠金融领域的创新运用进行的深入探讨。因此，以普惠金融的基本矛盾为研究起点，将金融科技引入普惠金融基本矛盾解决路径的方案中，可以有效解决普惠金融发展中的可持续问题，为普惠金融研究和实践提供了新的思路。

三、普惠金融发展的基本矛盾关系图谱构建与解析

(一) 普惠金融的基本矛盾关系图谱构建

"矛盾"一词最早出自《韩非子》中《难一》所述的故事，是指两个或更多陈述、想法或行动之间的不一致，无善恶之分。在古代哲学中，矛盾的概念包含有对立面的统一的思想，矛盾观点是唯物辩证法的根本观点。马克思主义把矛盾规定为反映事物的对立统一关系的哲学范畴，它是事物发展的源泉和动力。毛泽东的《矛盾论》深刻阐述了矛盾的对立统一规律，既具有斗争性也具有同一性，发挥对立统一规律是辩证法的实质和核心思想。

根据《矛盾论》基本原理，普惠金融旨在以可负担的成本为有金融服务需求的社会各阶层提供适当、有效的金融服务，而商业性金融机构必须注重成本、风险与收益之间的匹配与平衡，两者产生了对立性，在实践过程中具体表现为"普"而不"惠"或"惠"而不"普"。这就形成了普惠金融政策性与商业性之间的这一矛盾体。在这对矛盾体中，过度强调政策性或过度强调商业性都无法实现普惠金融的可持续性发展。从政策性角度来看，普惠金融所服务的群体均属于"长尾"弱势群体，它是解决新时代发展不平衡不充分的社会主要矛盾、支持实体经济补短板、打好脱贫攻坚战、实施乡村振兴、推动全面建成小康社会的需要（卓尚进，2018）。政府部门和监管部门高度重视普惠金融的发展，从政策扶持、财税补贴、行政号召等多方面鼓励金融机构加大普惠金融的服务力度和广度，切实解决"长尾"弱势群体在生产、生活中的金融需求问题。从商业性角度来看，普惠金融属于金融范畴，既不是慈善金融也不是扶贫金融，应遵循金融资源稀缺性条件下的市场化商业化配置规律，按照金融风险与收益相匹配原则实现金融资源供求双方的有效配对。以银行业金融机构为主导的普惠金融供给主体作为商业性企业，追求盈利可持续性是商业性企业的共同目标，若普惠金融业务收益无法覆盖风险成本，在金融资源供不应求的市场条件下，那么金融机构将缺乏主动配置更多的金融资源来开展普惠金融业务的商业行为（陆岷峰，2019a）。

根据矛盾对立统一规律，普惠金融基本矛盾体中的政策性与商业性既对立又统一，既相互排斥又相互依存。通过对普惠金融这一基本矛盾以关系图谱的方式进行逐一解析，有助于厘清普惠金融发展过程中的运行特

征，以找到解决复杂问题的关键点，详见表1。

表1 普惠金融的基本矛盾关系图谱

普惠金融服务对象的主要类型	对立关系（斗争性）		统一关系（同一性）
	政策性	商业性	
小微企业	数量众多，对国民经济、税收、创新、就业等贡献度高	业务方面：可抵押资产少、业务成本高、客群数量庞大、需求旺盛、短小频快 财务方面：财务信息不规范、资产实力弱 风险方面：抗风险能力弱，偿债能力不足	主体存在同一性：都是中国特色社会主义事业的建设者和贡献者 目标同一性：推动全面建成小康社会，提升人民群众的获得感、幸福感、安全感，解决好新时代下社会主要矛盾，以共同实现中华民族伟大复兴中国梦的宏伟目标
个体工商户	是非公有制经济的重要组成部分，丰富了市场主体，增强市场活跃度	业务方面：资产少、需求旺盛、获客难、金额小 财务方面：无财务信息，收入来源稳定性差，获客成本高 风险方面：风险高	
城镇低收入人群	推动了城镇化建设，为国家城镇一体化发展战略贡献了重大力量	业务方面：可抵押资产少，获客难，金额小 财务方面：收入来源渠道有限，可支配收入少，获客成本高 风险方面：征信信息不充分，风险难以识别	
农民	对农业贡献大，是保障一国的粮食安全的主力军	业务方面：抵押资产少，季节性强，金额小 财务方面：农业收入低且不稳定，偿债能力小，获客成本高 风险方面：信用白户，金融意识薄弱，风险难以缓释	
贫困人群	处于贫困落后地区，是国家脱贫攻坚战的重点扶持对象	业务方面：扶贫性强，金额小 财务方面：收入来源微薄，可负担成本低，获客成本高 风险方面：信用白户，金融意识薄弱，基本无偿债能力，风险高	

普惠金融服务对象的主要类型	对立关系（斗争性）		统一关系（同一性）
	政策性	商业性	
老年人群	对家庭、社会的服务需求将不断增加，对家庭和社会的压力将不断加大，需要社会保障体系等保障	业务方面：客群数量庞大，高龄化明显，健康保障性需求大 财务方面：有一定收入积累，偿债能力尚可，获客成本高 风险方面：健康风险高，风险偏好低	主体存在同一性：都是中国特色社会主义事业的建设者和贡献者 目标同一性：推动全面建成小康社会，提升人民群众的获得感、幸福感、安全感，解决好新时代下社会主要矛盾，以共同实现中华民族伟大复兴中国梦的宏伟目标
残疾人群	属特殊的弱势群体，生活生存状况普遍较差，需要社会关怀和保障体系	业务方面：劳动能力偏弱，业务带有公益性 财务方面：基本无收入来源，无偿债能力 风险方面：违约风险高	

（二）普惠金融基本矛盾的解决原则、现行实践与评析

1. 处理普惠金融基本矛盾的原则

普惠金融发展的基本矛盾是其他一切矛盾之源。普惠金融发展过程中的政策性与商业性的对立具体表现在风险、成本、业务（短、小、频、快）等方面，这也就是政策性与商业性在不同服务对象、不同服务阶段、不同服务产品的过程中的具体表现形式，所以说普惠金融的基本矛盾是其他各种矛盾的根源。因此，要解决普惠金融其他矛盾问题，需要回归到对其基本矛盾的解决上来。在解决矛盾过程中，需要通过制定并遵守相应的原则，以确保矛盾解决路径的有效性。

市场化原则。在市场经济条件下，普惠金融的供给主体主要为商业性金融机构，其在对普惠金融用户的服务过程中发挥着资金资源的优化配置作用。而金融资源的供给是有成本和风险的，商业性金融机构需要遵循市场化原则对所提供的金融产品和服务在市场竞争条件下按照风险与收益相匹配进行自主性定价，以供求双方可负担成本进行金融资源配给（陆岷峰，2019b）。只有遵循市场化原则，普惠金融的供求主体才能实现供求均衡。

公平性原则。普惠金融理念打破了传统金融服务于富裕人群的思维，强调的是对社会各阶层所共同的、公平的金融服务享有权。发展普惠金融，为整个社会营造平等享受金融服务的环境，让弱势群体享有公平金融权益是推动全面建成小康社会，提升人民获得感、幸福感、安全感的重要举措。这是每个金融机构应尽的责任，但金融机构之间是存在市场竞争的，若金融机构所承办的普惠金融业务多了，其核心竞争力必会受到影响，不能让承办普惠金融业务越多的机构反而遭受的风险损失越多，应保障金融机构的公平性。

可持续性原则。普惠金融作为国家级长期发展战略举措，保持发展的可持续性是应有之义。普惠金融的可持续性原则既包括金融机构在发展过程中遵循金融基本规律实现良性可持续发展，又包括普惠金融用户能够在获取金融产品和服务后实现自身的可持续性发展。只有以上供求双方都实现可持续性发展，普惠金融才能保持与社会经济发展之间的良性循环（徐阳洋，2019）。与此同时，应通过体制机制的构建和改革，让金融机构形成良性的市场化发展，而不能搞单一行政推动的"运动式"发展。

社会责任原则。亚当·斯密（Adam Smith）的"看不见的手"是企业社会责任思想的起点。作为普惠金融的供给主体，金融机构在商业性盈利的基础上，应更多地从社会责任高度为弱势群体提供安全、便捷、低成本的金融产品和服务，实现整个金融生态体系和谐发展。金融机构积极履行企业社会责任既可解决弱势贫困人群因资金困难而产生的生活问题，帮助落后地区和小微企业逐步发展壮大，也可提升金融机构的企业品牌形象和市场认可程度。

2. 现行推动普惠金融发展的实践与评析

为缓解普惠金融发展过程中产生的诸多痛点问题，政府部门、金融机构等大力推动普惠金融发展，现行的主要举措包括以下几个方面：一是政府推动。相关政府部门通过行政手段出台减税降费、转移支付等激励政策，并以电视电话会议、季度例会、约谈、实地督导等方式进行道义号召，鼓励商业性金融机构加大普惠金融发展力度。如中国银监会2008年对小微贷款提出增量和增速两个指标（"两个不低于"），2015年提出贷款增速、户数和申贷获得率三个指标（"三个不低于"）。二是机构互动。大型商业银行通过普惠金融事业部制改革与专营，开发性、政策性银行以批发资金转贷形式扩大供给，中小微银行应回归区域性市场服务定位，以扩大金融服务覆盖面和可获得性。三是第三方联动。各类征信机构、会计师事务所、资产评估机构等社会第三方机构作为普惠金融的配套服务机构，通过提供专业化的财务、征信、资产等信息服务，缓解信息不对称问题。

上述做法对于普惠金融表现出来的诸多痛点问题确实起到了良好的缓解作用，但不可忽视的是，政府部门尽管加大了政策力度，通过财政资源缓释了一定风险，但政策激励的边际效用是递减的，且财政资源是有限的，无法做到广覆盖；金融机构尽管在监管的约束下加大了资金的配置力度，从指标上符合了监管要求，完成了监管任务，但业务的风险与成本问题依然没有得到解决，内在主动性依然不强；第三方机构尽管发挥了专业化的信息咨询优势，促进了金融供求双方的信息对称，但是其多项信息服务费增加了普惠金融用户的财务成本负担。因此，要解决普惠金融发展的可持续性问题，还是要回归到其基本矛盾上，从解决基本矛盾的角度进行标本兼治。

（三）金融科技"直达"普惠金融基本矛盾的四大痛点

普惠金融的基本矛盾主要体现在业务操作层面，具体表现为信息不对称、风险成本高、财务收益低及服务体验差四大痛点，而现有金融科技手段可以有效地解决好这四大痛点。

1. 通过精准化的用户画像，降低信息不对称程度

对用户信息的掌握程度是决定和影响金融机构拓展普惠金融业务的关键。在缺乏技术支持的情况下，普惠金融用户信用基础薄弱，很大一部分"长尾"用户属"信用白户"，形成了普惠金融供求双方之间的信息对称痛点问题。而在金融科技的支持下，金融机构可以充分借助于用户的属性、信用、消费、社交、出行、兴趣等多元化的用户信息来源，综合运用神经网络、Page Rank、决策树、随机森林、贝叶斯等各类算法对用户进行精准画像，能够实时、动态、全面地洞察出普惠金融用户的潜在金融需求和信用情况，并根据画像结果进行精准获客、精准营销、精准风控。通过金融科技对普惠金融"长尾"用户的精准画像，金融机构大大降低了与用户之间的信息不对称程度，从而有助于金融机构的精准服务决策（徐博欢，2019b）。

2. 通过精细化的风险定价，增强风险管理能力

普惠金融业务模式的商业性关键在于收益与风险匹配的问题。传统金融在对普惠金融业务进行风险管理过程中，大多采取传统的线下人工访谈尽调方式，并高度依赖于人民银行征信信息和抵（质）押物。这种传统风

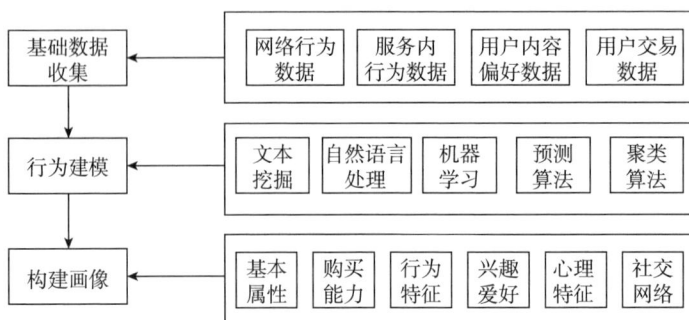

图1　用户精准画像流程

控模式对普惠金融这一特殊用户群体的风险识别能力较弱，风控成本偏高，缺乏科学的风险定价机制，是普惠金融业务的一大痛点。金融科技的运用重构了传统金融机构的风控思维和风控手段，在提高风险精细化管理水平的同时，也能有效地提升风险决策的实时性。诸如大数据技术通过几何倍数的数据信息进行用户的欺诈识别、授信评分、风险定价、贷后管理、风险预警等；人工智能则主要通过在深度学习和数据挖掘中自我更新、调整和迭代，提高风控模型与数据的匹配度、加快风控模型迭代速度，进而从更多维度的大数据中把握风险规律；区块链技术则集成了分布式存储、共识机制、加密算法等多项信息技术，以更低成本信任机制解决人工操作中验证困难带来的风险问题（张欢，2019）。

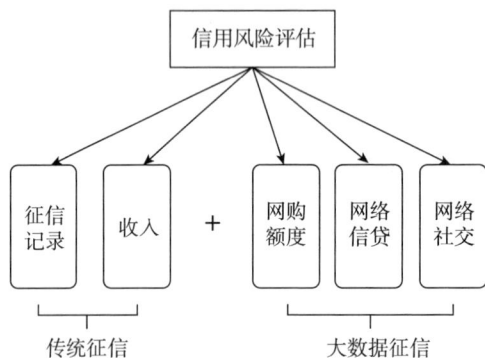

图2　信用风险评估的对比

（资料来源：联讯证券）

3. 通过集约化的业务流程，降低业务综合成本

普惠金融业务的商业可持续性需要不断降低业务的综合成本。传统金融机构在服务普惠金融用户时多依托于物理网点的"人海战术"，面临着人

力资源成本投入大、网点运营成本偏高、业务流程时间长、贷后风险损失高等造成的综合财务收益低问题。金融科技将普惠金融业务全流程实现前台、中台、后台集约化发展，极大地解放了网点人力资源。在业务布局方面，全面依托于搭建金融科技服务平台，通过智能无人网点、自助购汇机、虚拟柜员机、智能 App、小程序、直销银行、虚拟银行等方式对普惠金融用户提供金融服务，大大降低了对传统线下物理网点的依赖，极大地节约了网点运营成本；在业务拓展方面，金融机构通过平台可实现对普惠金融用户进行潜在需求挖掘、精准拓客和营销、线上风险识别与定价等批量化智能服务，其显著特点是"310"，即 3 分钟申请，1 分钟审批，全流程无人工介入，在大幅提升服务效率的同时使业务边际成本随着业务数量的增加不断降低；在贷后管理方面，基于自然语言理解的对话机器人客服能够对用户的潜在违约行为进行动态排查、预警和跟踪，提早进行智能化催收管理，从而降低违约风险损失。

4. 通过定制化的金融服务，增强用户体验

金融科技在普惠金融中的运用更加注重用户思维，对用户需求的把握更加准确、及时，所提供的定制化金融产品和服务更加注重用户体验（汪祖刚，2019）。依托于大数据、人工智能、云计算、区块链等金融科技，金融机构能够非常全面地分析不同场景中普惠金融用户的年龄、职业、地域、兴趣爱好、行为习惯及消费偏好等数据信息，洞察用户在不同场景中的真实金融需求，准确界定用户的风险类型及风险偏好（周军煜，2019）。与此同时，金融机构在产品研发定制过程中会根据用户需求和风险特征具体研究每一类金融产品适合什么场景情况之下的哪一类弱势群体，以及对服务对象和金融机构会产生哪些效益和风险，进而为这些目标客群量身定制场景化、个性化的金融产品和服务。

从实践情况来看，伴随着近年来金融科技在普惠金融领域的运用，普惠金融基本矛盾所表现出来的政策性与商业性对立问题在技术的支持下得以极大限度地化解，金融科技已成为解决普惠金融基本矛盾平衡的"支点"。根据北京大学数字普惠金融指数统计分析，在金融科技的推动下，普惠金融的总指数、覆盖广度、使用深度、数字化程度等指标均呈不断上升态势，实现了普惠金融低成本、广覆盖和可持续性发展（详见图3）。自金融科技在普惠金融领域的融合创新以来，我国普惠金融业务在 2011—2018 年实现了跨越式发展，各省普惠金融指数的中位值由 2011 年的 33.6 增长到 2018 年的 294.3，尤其是金融科技等数字化技术在金融使用深度方面的增长已经成为数字普惠金融指数增长的重要驱动力（郭峰，2019）。

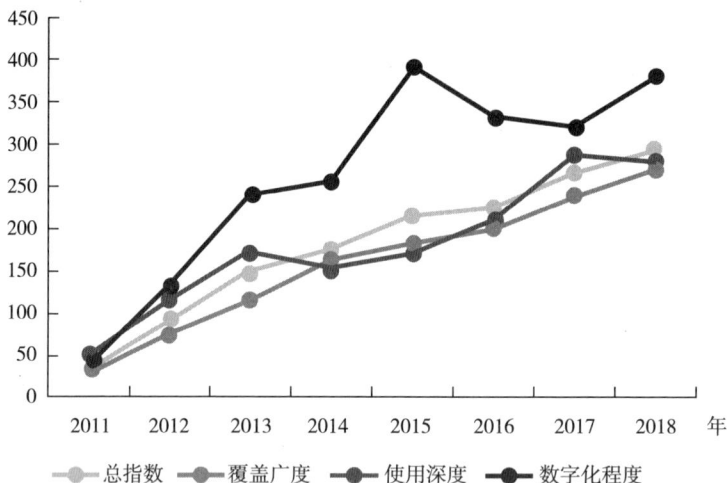

图 3　2011—2018 年数字普惠金融指数及分指数的省级中位值

（资料来源：北京大学数字普惠金融指数）

四、研究结论与政策建议

（一）研究结论

我们通过对普惠金融基本矛盾这一本质性问题的深度剖析，厘清了普惠金融政策性与商业性之间的对立性问题，得出的主要结论如下。

1. 政策性与商业性构成普惠金融的基本矛盾

普惠金融概念的提出，既强调对全社会弱势群体的金融公平享有权的主张，又强调金融服务供给主体的商业可持续发展，让普惠金融实现既"普"又"惠"。普惠金融在发展过程中，过度强调普惠金融的政策性支持，容易使普惠金融成为一种救济式扶贫，资源利用效率偏低；反之，过度强调普惠金融的商业性支持，在资金供不应求的市场条件下，服务覆盖面和可得性将不会大幅度提升。这也就形成了普惠金融政策性与商业性之间这一基本矛盾体。

2. 传统条件下普惠金融实现既"普"又"惠"是个伪命题

普惠金融既不是慈善金融，也不是扶贫金融，普惠金融的供给主体需要以商业性金融机构为主导。而传统的商业性金融机构在提供普惠金融产品和服务过程中，依托于"人海战术"无法实现普惠业务成本、风险与收益的平衡，也缺乏做大业务规模、扩大普惠覆盖面的商业性基础。因此，在当前的传统模式和市场条件下，普惠金融真正实现既"普"又"惠"是不成立的。

3. 金融科技为解决普惠金融基本矛盾提供可能性

以大数据、云计算、人工智能、区块链、物联网等为代表的金融科技不断迭代创新，重构了传统金融在普惠金融领域的商业逻辑，提升了普惠金融的触达能力，使普惠金融的服务边界不断得以延展，对普惠金融基本矛盾的化解提供了技术可行性。因此，要从根本上解决好普惠金融的基本矛盾问题，仅依靠传统模式和手段治标不治本，只有以金融科技为技术突破口来化解普惠金融所固有的矛盾性问题才能实现标本兼治。

4. 发展普惠金融必须大力发展金融科技

技术的创新为普惠金融的发展提供了新的解决思路。借助于金融科技手段，普惠金融业务实现线上批量化操作，降低了业务成本，提高了业务效率，提升了风控水平，大大缓解了普惠金融业务的商业性与政策性之间的对立。因此，大力发展金融科技将有利于解决普惠金融基本矛盾，从而更好地促进普惠金融实现商业可持续发展。

（二）政策建议

普惠金融的商业可持续发展是一项系统性工程，需要从以下四个方面齐头并进，促进金融科技与普惠金融的有机耦合，解决好普惠金融政策性与商业性对立的矛盾。

1. 构建"政策+普惠金融"服务模式

为弥补普惠金融商业性中存在的高风险损失问题，补齐普惠金融服务对象与传统金融服务对象的综合效益短板，国家各有关部门应加大政策性激励措施。财政部门应发挥财政政策的杠杆激励作用，通过普惠金融风险补偿基金、减税降费、财政贴息等加大支持力度；人民银行应发挥货币政策对推动普惠金融的引导作用，通过实行差别的存款准备金率、再贷款等鼓励金融机构增加流动性供给；银保监会在对普惠金融业务进行监管考核时应适当放宽风险考核容忍度；政策性金融机构应发挥政策优势、价格优势，加强银银、银保、银政、银税的合作，为普惠金融业务提供好风险分担机制。

2. 深化金融供给侧结构性改革来推动普惠金融

普惠金融是金融供给侧结构性改革的重要内容，金融供给侧结构性改革是普惠金融的驱动力，两者的发展目标具有一致性。大中型金融机构均已通过自建与合作等方式在金融科技领域更具有引领优势，应该发挥好大中型金融机构通过金融科技来推动普惠金融业务的发展，下沉服务覆盖网络，提高服务的覆盖面和服务效率。中小城市商业银行、农村商业银行、小贷公司等地方区域性小微金融机构要充分发挥地缘、人缘、网点等优势，通过提升金融服务体验和服务质量，在细分领域和市场取得竞争优势。各类保险机构通过保险科技大大降低投保门槛，加大保险供给，特别是针对这部分群体的人身保险、自然灾害险种的广覆盖，形成对普惠金融用户的保障。

3. 大力发展金融科技产业

金融科技在普惠金融领域不同场景的运用技术还不完全成熟，不少先进技术还有待不断突破和迭代。国家及地方政府应充分结合经济金融发展形势和禀赋条件制定具有前瞻性、完善的金融科技产业发展规划，规范引导金融科技产业的创新发展。充分发挥金融科技产业链上各参与主体的主观能动性，加大对金融科技核心底层技术（大数据、云计算、区块链、物联网、人工智能、边缘计算等）的研发运用力度，以增加金融科技创新的有效供给。

4. 重视金融科技复合型人才的培育

要持续推动金融科技在普惠金融领域的创新发展，复合型人才是关键。一方面，金融科技企业应积极通过股权、期权、员工福利等灵活的激励方式加强核心人才的外部引进和内部培育，激发员工的创新创业动力，形成专业化的从事数字普惠金融实务创新的人才队伍；另一方面，高等院校应积极通过设置金融科技专业，建立完善的金融科技人才培养体系，为金融科技产业发展培养输送具有金融科技理论基础和专业能力的人才资源。在此基础上，应建立产学研的联动机制，促进金融科技企业、高等院校、科研院所等机构之间以课题研究、项目孵化、金融科技实验室等方式促进理论与实践的有机结合。

五、结语

国内外多年的普惠金融理论研究和实践探索表明，在缺乏核心技术的情况下，普惠金融的商业性与政策性这一基本矛盾一直未能解决。近年来，金融科技在整个金融领域特别是在普惠金融方面的深度运用，促进了金融体系向更包容、全覆盖、有竞争活力的方向不断发展，这为普惠金融这一基本矛盾的化解提供了技术可能性。各级政府及金融监管部门要进一步引导和扶持，积极推动普惠金融供给主体主动调整传统普惠金融发展理念和思路，以金融科技为突破口，通过技术来优化改进传统普惠金融中获客、成本、风险、服务等方面的掣肘问题，以实现普惠金融的商业可持续发展。

关于治理科技在金融治理体系和治理能力现代化中的应用研究

一、引言

人类社会的发展史是一部技术进步史，一场以大数据、云计算、人工智能等科技为代表的技术手段革命正深刻改变生产与流通、消费与生活等多个领域。一方面，技术引发金融创新颠覆既有的金融模式和形态，产生新的金融工具和交易形式，对金融市场、金融机构或金融服务的提供方式造成重大影响，金融交易呈现自动化和智能化态势；另一方面，技术激发的金融创新内含众多不确定因素，在产生巨大的经济红利的同时也对金融监管水平和金融风险把控带来全新的挑战，引发的技术风险、数据安全风险和操作风险也不容小觑，对金融治理体系和能力提出更高的要求。在这样的时代背景下，以习近平同志为核心的党中央总览全局，在党的十八届三中全会上创造性地提出了国家治理体系和治理能力现代化的重要方针，在十九届四中全会上，党在历史上第一次通过中央全会专门研究国家制度和国家治理体系问题，表明党中央对推进国家治理体系和治理能力现代化十分重视。金融是国之重器，金融治理是国家治理的重要组成部分，是其在金融领域的表现形式，推进金融治理体系和治理能力现代化对于实现国家治理体系和治理能力现代化这一目标至关重要。

金融科技的迅猛发展对传统上以人工、规则为主导的金融治理构成重大挑战，金融治理面临着监管有效性不足、政策法规滞后、基础设施落后以及金融科技滥用等问题，传统的金融治理体系和治理能力无法有效应对日新月异的金融产业形态和交易模式，因此亟须突破传统意义上的金融治理框架，充分利用科技带来的契机，完善金融治理的工具和手段，从而解决金融治理体系中"治乱循环"桎梏。针对以上命题，本文提出治理科技的概念。治理科技致力于依靠大数据、云计算、人工智能、区块链等技术，构建金融科技驱动型治理体系，利用科技力量纾困金融治理体系构建和能力提升，对于推动金融治理体系和能力现代化具有重要意义。

二、桎梏：金融治理的困境与挑战

（一）金融监管制约性不足

纵观近百年的金融监管史，机会主义倾向是其显著特点。由于监管范围无法拿捏，监管尺度总是在放松监管和严格监管两种极端之间滑动，监管政策的"缰绳效应"无法得到有效体现：当金融发展蓬勃、金融机构扩张迅速时，金融监管被看作约束金融业发展的重要原因，很多人会极力主张放松监管，放松监管导致金融业如似一匹"脱缰的野马"。当负面效应累积到一定程度引发危机事件时，监管者才将手中的"缰绳"收紧，加大监管力度。这样难以形成真正有效的监管，金融监管陷入进退两难局面：一方面，无法及时根据金融市场的变化及时调整，使得相关产品、行为游离于监管和法律之外；另一方面，为遏制金融创新引发的风险而采取"一刀切"的监管方式实属因噎废食，无法推动金融创新从量变转向质变进而促进金融发展。

1. 信息不对称困局

监管建立在数据基础之上。监管者根据监管要素，如监管对象、行为和时机，从海量数据库中筛选出相应数据，然而，在技术更新迭代迅速的时代，决定监管要素并非易事，对监管时机的把握需要到位，技术更新速度之快对监管时机的选择提出更高要求。金融市场是高度动态、易变和自我调整的，过早实施监管会遏制金融创新或者扭曲技术发明的本意，监管过于迟缓则会滋生不稳定因素。被监管者往往会利用信息不对称来逃避监管，被监管者出于自身利益考量，向监管者提供的数据的真实性、全面性和及时性会大打折扣，监管者无法评估其真实运行情况，因此监管者在数据容量不大、真实性不足的前提下，实施监管方式的有效性会降低，甚至会在数据信息的制约下作出错误决策，陷入缺乏可靠信息的盲目监管和无为而治的消极监管的双重困局。监管的强制性和单向性也会助长信息不对称局势，金融机构的被动地位和监管主体的强势地位决定了平等的对话沟通交流机制的欠缺，使监管主体难以掌握金融创新的本源、金融创新的风险与收益，造成监管效果直线下降。

2. 监管方式技术性缺失

监管机构与金融机构性质的不同，决定了两者对新技术应用的激励机制截然不同。金融机构是以利润最大化、成本最小化为经营目标的法人单位,科技创新者在技术研发的过程中不断产生新事物,金融机构通常会主动把市场中的前沿技术运用到不同业务中,掌握了关于市场动态以及产品信息的一手消息,然后监管者作为政府机关的组成部门,职权法定,具有公益性,不能及时有效接触市场信息,具有天然的谨慎性,风险文化浓厚,创新基因匮乏,对新技术的使用需要经过核实、评估、试用等阶段。除非保证其真实有效,否则监管机构不愿冒险采用新技术。因此,监管机构对技术的应用是被动的,往往滞后于金融机构对技术的采用,而且没有充足的技术性手段触达新发明,监管方式有先天性的技术性缺失。监管者因技术匮乏产生相应的监管漏洞,无法对采取相应的监管措施进行检测和预警。

3. 监管理念落后

传统的"重规则制定轻业务实质、重事后监督轻预防风险、重监管指标轻数据挖掘"的监管理念已经不能紧跟金融业的变化,监管机构对金融机构的资本充足情况、资本质量、流动性以及盈利性指标提出要求,尽管这些监管指标在一定程度上可以监测各家金融机构的业务经营与发展情况。这种监管模式依赖于金融机构报送的监管数据和合规报告,存在明显的时滞性,不排除有的银行在考核期动态调整自身发展战略的可能性,不同的发展战略、管理手段和目标客户群体都有可能造成金融机构相关业务指标的变化,固定化的监管指标不仅不能对商业银行带来应有的约束作用,而且可能会造成无效监管。此外,带有"唯身份论"色彩的分类标准会使得固定化的监管指标的弊端更加显现,使得监管当局监督约束机制的作用无法得到有效发挥。宏观上注重逆周期管理和系统性重要金融机构的强化约束,监管部门在资格审查方面实施的"一刀切"政策,提高了我国金融机构业务拓展和市场准入难度。这样的资格审查标准政策门槛较高,行政审批烦琐,挫伤了金融机构经营发展的积极性。

(二) 金融科技滋生风险显现

金融科技的根本要义是新兴技术重塑了金融服务的模式、流程、逻辑。金融是目标,科技是工具,也蕴藏着隐蔽性更强、破坏力更大、传播速度更快的风险。一方面,金融科技的迅猛发展直接改变了金融风险产生和演变的逻辑,扩大了金融风险影响的深度和广度,金融风险的定价模型、评估体系等都发生了重大改变,当前金融治理体系和治理能力在面对金融风险时显得捉襟见肘；另一方面，金融科技依托新技术引发金融服务的主体、渠道和内容发生变化，给金融体系带来了结构性影响，换言之，金融科技是一种突破性的金融创新，是未来金融发展的核心驱动力量，是金融机构竞争的关键要素。金融科技对金融治理模式构成重大挑战，主要体现在以下两个方面。

一方面是信息技术风险。金融科技创新并没有改变金融业风险经营的本质，相反还引入了科技风险。技术发明的本意是提高效率、降低成本，同时也会使风险更加分散、更加难以控制，传统金融风险的表现形式，如流动性短缺、期限错配以及杠杆经营等，仍然存在并且传染性更大，风险管理的难度加大，给金融监管带来全新的挑战。此外，金融创新背后的风险隐患不可小觑，信息技术滋生的网络安全风险、数据风险以及操作风险加剧了风险等级，可能会引发更大的系统性风险，对宏观经济运行带来不稳定。

另一方面是数据安全风险。监管机构没有充分的激励去随时关注技术创新的前沿成果，导致其数据建设落后于金融机构。这种技术缺口使得监管者在实施监管过程中处于被动地位，无法准确识别风险的本质、源头和传播路径，提出的危机解决方案存在滞后性。在数字经济时代，金融服务以数据收集、传输、处理以及分析作为载体，金融科技涵盖的相关技术如大数据、云计算与数据科学是不可划分的，离不开对数据的运用，因此，数据安全问题成为金融治理的重要方面，当前数据安全风险与日俱增，不法分子想尽方法进入计算机网络系统，盗取用户和机构数据的事件屡见不鲜，数据损坏和丢失等操作风险也时有发生。数据安全风险已经成为世界各国金融治理普遍关注的重点。只有实现数据安全才能实现大数据风险与安全的平衡，确保国家安全、公共安全和个人安全的实现。

（三）金融政策法规有效性不足

1. 政策法规制定滞后

政策法规与金融创新是一对矛盾统一体。一方面，金融创新之所以被称为创新，是因为其在现行法规中不能找到相应的对应条文；另一方面，金融立法具有固定性和后验性。固定性是指在一定时期内金融法律需要保持确定性，规定了在金融活动中各方参与者应当遵守的底线；后验性是指金融立法的立论依据来自历史经验，源于或者借鉴于以往发生的金融风险事件和危机，是基于事后总结而立法。因此，金融创新产生的新的交易方式、活动和关系不能从现代法律法规体系中找出依据，而是由政策法规的内在本性决定的，政策法规供给过于迟缓导致在相当长时间内存在法律空白，一个以千分之一秒为间隔的金融交易，几个月之后监管当局才能制定相应规则，不免显得过时已久。即使是已确定好的政策法规，也因为有可能严重忽略了合法性的权利应用而遏制了金融创新成果的推广。因此，监管当局经常会陷入"金融创新—创新过度—金融风险—金融立法"或者"金融创新—严格监管—压制创新"的两难困境。

2. 政策法规执行效果不佳

有效的政策法规可以引导与规范金融市场的规律运行，提高治理部门实施治理行为的效率。尽管政策部门制定了大量的政策和法规，然而执行效果却不尽如人意。首先，在政策执行过程中，治理部门与金融机构之间存在信息不对称博弈，缺乏对政策法规实施效果的分析和评价，政策评估体系和责任追究机制也尚未健全；其次，政策法规的执行主体在于人，人是理性与感性相互交织的复杂动物，不可能做到万无一失，也很容易被人情关系左右，不可能在执行过程中做到十全十美，由道德风险引发的争端和分歧无处不在。相似的案件在不同执行者手上的处理结果可能大相径庭，正是由于政策法规的制定、执行、管理、分析都由人工操作，政策法规执行效果大打折扣，增加了沟通交流的成本。

3. 政策法规存在空白

金融科技催生了新的交易模式、中介和金融服务方式。对于一些新事物，暂时没有针对性的法律法规，现行政策法规也存在空白，欠缺对技术上的规范，更无法实现机器可读。因此，传统金融法制已严重滞后于金融科技的发展，亟待构建金融科技时代技术化、智能化的法律规范。

三、嬗变：从科技治理到治理科技

（一）科技治理内含于金融治理

科技治理的本质是将公共治理理论应用到科学技术领域。随着科技水平不断提升，与以往的科技只是被治理的角色不同，以金融科技为核心的新型科技由于其新的方法和智能手段给科技治理带来挑战，其安全隐患问题频繁显现。首先，现阶段金融业务的发展是以新兴科技和平台系统的进步作为前提条件的，在以技术为交易媒介的背景下，交易金额和交易量实现双增，未发现的或者新增的技术漏洞或者编码错误将会对市场产生不良影响。其次，科学技术的频繁迭代可能会增加操作和内控难度，技术平台的失灵或者人工失误在科技创新加速的过程中发生的概率较大。最后，金融科技凭借更新迭代快、创新程度高等显著优势，将金融行业的发展引入快车道，深刻改变了金融交易模式和行业格局，对国内各金融机构形成爆炸式冲击。大数据、云计算、区块链等新兴科技本身带有异质性、复杂性和不确定特征，在嵌入高杠杆金融行业后对科技治理提出了更高的要求。科技治理本质上强调金融科技的技术层面，是针对大数据、云计算、人工智能等新兴技术的治理。金融科技是金融与科技的深度融合以及相互渗透，过分强调金融科技的技术因素而忽视了其嵌入金融业务的本质，会使得对金融科技的治理无法做到全面客观。技术与业务交叉度极高的融合现状决定了金融治理要兼顾技术与业务两个层面，在金融与科技深度融合的今天，金融治理的内涵和外延有深刻的变化，金融治理不仅体现在对金融业实施治理行为，还应当包括科技治理，科技治理应当成为金融治理的应有之义。

（二）治理科技内涵的厘定

科学技术在适应和探索生产生活过程中作用非凡。很多学者、政客都尝试将科学技术运用于社会治理和公共政治等领域中。早在 20 世纪 40 年代末，科学技术作为行之有效的工具，已经开始应用于社会治理方面，且社会治理的科学化和现代化已经成为当代治理变革的重要指向标。北美国家最早试图将技术治理付诸实践，掀起了一场技术治理运动。这场运动主要由工程师、科学家、技术专家等拥有科学头脑和专业技能的精英参与，主张运用科学原理和技术方法来治理社会，体现的是通过科学和技术的理性，以效率和实用为基本价值目标提升社会治理的能力。金融科技时代来临过程中，科学技术的变革主要历经了"决策支持、管理信息、数据仓库、数据挖掘及大数据时代"等多个阶段。20 世纪 40 年代 Herbert Simon 教授立足于社会系统理论，融合计算机学、管理学、运筹学等多门学科，开创决策支持理论先河，其中重点强调了信息技术对决策者提供智力支持的重要性，决策者在面对海量数据信息时无法准确及时作出判断，信息技术能迅速提升决策者的能力、知识，并最终形成建议、判断。William H. Inmon 在《建设数据仓库》一文中系统性地提出了数据仓库理论，提出了一个稳定、集成、根据功能分区、可随时间维度变化的信息存储空间模型，并在随后成了"企业信息工厂"和"政府信息工厂"的奠基人。

金融科技在赋能金融业态发展过程中引发的关键变量，要求治理主体必须具有非常前沿的视角和相当专业的技能来与金融科技产生的变革相匹配，倒逼治理主体转变治理思路，迫使其转变治理模式。新兴科技是金融前进发展的动力，技术不仅是治理风险的来源因素，也是促成治理模式变革的激励条件，以科技为支撑点去考量、解决和反思金融治理面临的困境和挑战，采用治理科技以契合金融行业技术本质的工作势在必行。从本质上说，治理科技是促使传统治理体系和模式更新迭代，使其与在金融科技推动下的金融业高度兼容，进而推动治理能力现代化的一种新型治理模式。与传统的金融治理方式相比较，治理科技能够帮助实现及时、动态与平等的治理，为后续金融市场信息不对称、法律滞后性和风险泛化等问题的解决提供了可行性方案，使自上而下、以新兴技术支撑、透明并能动态预测金融风险的治理体系建设成为可能。

1. 治理科技以科学技术为基石

治理科技是以"科技"为实质的治理模式。科学技术促进生产力和生产资料发生变革。其在当代已经发生了质的飞越，出现技术拐点，生产效率大大提高。以大数据、区块链、人工智能为代表的新兴技术的日益推广及其在金融治理中的重要作用，有助于提高金融治理体系和治理能力现代化。治理科技将成熟的新兴技术运用于治理过程中，科技是金融治理的第一要义，这也是治理科技区别于传统金融治理模式的根本之处。新兴科技提供了传统治理模式无法实现的三大功能：（1）预测未来。大数据技术的掌握和利用给监管模式带来质变，通过对数据进行分析、挖掘，可以剖析事物的内涵以及相互之间本质联系。换言之，大数据技术可以在充分了解过去的基础上基于事物发展规律充分预知未来。而这种"预知"是通过大量算法模型演变而得出的结果，往往比传统意义上的基于经验或能力的"预知"更为科学和准确。监管当局、政府部门、相关组织和个人便可以及时调整目标、行为、规划、方式等，实现动态实时有效监管。（2）辅助决策。决策者受制于数据渠道狭窄、分析样本数少以及无法判断数据的真实性，无法作出理性决策。但是，随着新兴技术的普及，各类海量数据的获取变得更加容易，对其存储、挖掘、分析和研判变得可能。随着大数据、云计算等辅助数据分析工具的不断开发，可供分析、参考和使用的数据会增多，决策的可靠性和适用性也随着上一个台阶，数字技术的应用使得最优决策成为可能，对于决策层客观、理性、成熟的决策能力的培养和提升至关重要。（3）精准分析。利用大数据、云计算等技术，可以在某个领域、某项问题上，对其涉及的所有事物、数据、信息进行有效的收集、挖掘、整合和处理。这将有可能实现所谓的"精密分析"。不仅如此，大数据技术还有助于决策者进一步发现机会、降低风险、细分目标、缩短反应时间、实现改革创新，并最终获得精确的分析判断。

2. 治理科技以数据为核心驱动力

数据与信息是治理的核心要素。治理主体对数据的频率、精度、粒度的要求较高，通过数据来理解所涉及相关主体的行为，以防范系统性风险，由此选择最佳治理行为。数据也有助于理解金融机构在风险显露时的行为特征、外源性风险因素间接地传导至金融市场中甚至逐步在机构间业务网络中运行的轨迹。此外，我们可以根据收集的数据正面回应治理后金融机构的反馈程度，数据在治理体系和治理能力现代化推动中的重要性决定了必须采取行之有效的方式来实现数据的收集、传达、共享以及分析，以促进有效治理，也就是以数据为重要驱动力，依靠大数据、云计算进行数据整合、处理、建模与预警，构建实时、动态、平衡的治理模式。治理科技是以数据为核心驱动力的治理模式，治理科技的投产需依赖于高质量和复杂多样的数据，通过数据收集、数据共享、数据分析和决策，实现治理能力的有效提升。（1）数据收集。大数据技术和线上金融交易的不断成熟，使得数据收集和获取覆盖面提升。公共记录、新闻传媒和互联网数据库等途径提供了广阔的数据来源，四通八达的数据网络传递的信息经过汇总，使得治理主体可以实时捕获和收集全方位的数据。因此，可以设立作业中心，通过自建或者共有技术系统触达金融市场，一方面，对各金融机构、金融交易主体提供的数据进行真伪辨别，防止数据造假等情形；另一方面，非标准化的冗余数据也能干扰监管判断，应当精准地对其进行收集，从而建立一系列监管解决方案，完成监管分析报告、建模等工作。（2）数据共享。数据在监管当局、金融机构、交易主体、行业协会以及消费者之间共享是金融统一治理的基础，数据私有和保护会造成金融机构信息渠道不畅通并形成信息孤岛，制约治理能力的提升。可以打通数据共享障碍，促进各平台与金融机构之间合作，从多维度进行征信，实现数据互联互通和减少数据壁垒。（3）数据归纳与决策。数据是事实或观察的结果，是对客观事物的逻辑归纳，是用于表示客观事物的未经加工的原始素材。数据分析是对客观事物的发展进行逻辑归纳，对于金融治理能力的提升至关重要，在有效的数据收集和触达基础上，治理主体应利用金融科技针对不同风险类型进行信用评级，并以此识别风险。数据分析建模的核心是算法的设计和实现，治理者借助大数据和人工智能，注重算法的设计与实现过程，评估金融机构乃至个人的风险状况、资金流向、资金使用情况，为宏观决策提供直接信息。同时，区块链技术可以有效评估金融机构风险，提供即时准确的交易信息，使治理主体能够根据风险情况进行正确的深度创新或采取退市维稳决策。

3. 治理科技诠释"适应性"治理理念

"适应性"的治理理念体现了治理原则和方式随着市场环境和金融创新的改变而适时作出调整和改变，要求治理者的理念要与时俱进，不能僵硬老化，要及时更新治理思维。由于金融市场和产品是复杂多变的，治理思维不可能与金融创新同频共振。即使针对某一问题制定出相应细则，往往也会衍生出更多更复杂的新问题。因为金融市场交易者会根据相应细则所创造的确定性和安全性，迅速且理性地调整自己的行为模式，使其行为符合细则。因此，固定的治理模式只是为金融治理提供了处理问题的一般性规则，治理者的治理尺度需要灵活自由，时刻关注金融市场的动态变化，拥抱新兴技术，快速识别新型产品及其风险，及时采取有效的措施控制风险或者规范金融服务。要提升治理体系基础设施的技术功能，治理理念须从"固定性"转向"适应性"。

四、破冰：金融治理的新范式

治理科技将诱发金融治理新范式的产生，引发金融治理理念、框架、方法等发生重大变革。在治理理念上，强调树立科技思维和平等适应性理念，注重治理主体与被治理机构之间的信息沟通和交流，促进平等交流和对话，构建有利于监管协调和信息共享的监管组织架构。治理科技作为一种新型治理模式，不仅仅在技术上为治理主体提供支持，更是诱发治理范式转换的关键变量，代表着未来金融治理的逻辑演进趋势，是支撑整个金融业发展的坚实基础。随着社会进步和发展，治理科技将成为主导治理模式变革的重要力量。

（一）构建平等、实时、动态的智能监管模式

在金融科技时代，监管当局可以利用金融科技有效获取、整合、筛选信息，对监管对象进行实时、动态监管，解决信息不对称、金融法律滞后、监管规则不合理的桎梏，大数据、云计算、区块链、人工智能等技术的应用极大地提升了监管能力和效率，通过科技手段实现对监管对象有效率的

监控及监管模式的转化，例如，监管者建立兼容的 API 接口进行数据筛选并对监管机制及时进行反馈，以强化监管能力。与传统监管方式不一样的是，拥有技术支持的监管通过与多方主体合作，建立信息共享机制，解决了信息不对称和数据获得性难题，实现真实透明、动态实时的监管形式。

首先，在嵌入治理科技的模式中，治理主体可以运用科技手段获取数据，从而解决传统治理模式中数据"自下而上"的被动传输问题，监管当局与金融机构、金融交易者等治理主体处于平等的地位，形成一个有效的多元数据共享的闭环，在治理科技的帮助下，数据共享主体更加多元化，将政府、征信平台、行业协会等第三方机构共同纳入，治理模式由"单向传导"转变为多方参与的共同治理模式，层级结构更加扁平化。此外，监管当局、金融机构以及交易主体在新型的治理关系中可以开展平等的对话。一方面，金融机构可以从监管者视角理解治理的目标和导向，适时调整其经营和公司治理情况；另一方面，治理科技带来的数据共享和透明有助于杜绝金融机构数据造假，无须金融机构上传报告便可直接对监管对象实施监管。其次，利用人工智能等治理科技可以使得治理更加透明化、科学化和自动化，在人工智能的帮助下自动依据治理规则进行治理，避免由于治理滞后于金融行为而引发的风险事项，自助化的治理流程不仅有利于实时进行风险识别和预警，而且金融机构在自动化的报告系统中形成的合规报告工作量也会大幅下降，可以实时地监测并自动分析客户的交易行为，对金融犯罪和洗钱行为进行实时监控，根据实时传回的数据及时管制金融机构的危险行为，避免金融风险事件的发生和风险的蔓延。此外，人工智能的深度学习功能，使得金融机构在数据不断上传成功的过程中会学习识别角落或其他特征，一遍又一遍地经历同样的过程，直到系统最终开发出更能自主化的治理能力，人工智能还可提供自动化的投资者关系认定、市场监测和合规化监管。同时，大数据技术也可以帮助监管机构及时生成监管报告，从而有利于监管机构及时掌握金融市场的运行状况，增强监管行为的实时性和全局性。最后，治理主体在制定规则时不能根据金融机构的行为作出反应，应当尝试性地提出治理实验方法，特别是针对不断发生变化的金融市场。FCA 创造出的监管沙箱能够有效模拟金融创新行为或者产品带来的影响，实现"及时制定应急预案"的预期治理。监管沙箱为监管者在制定规则、预测未来发生情况和采取措施改进结果等方面提供多层次信息和实验空间，了解新技术在测试环境下的使用情况，为动态监管提供科学的依据。监管者可以应用新技术在运行过程中产生多维数据测试算法程序和交易模型。此外，监管者可以与金融机构、创新主体共享实验结果，可以提供合理筛选或者实验样本的历史数据，帮助其打造更适宜的交易检测系统。

（二）打造政策法规制定、执行、评估的一体化链条

基于治理科技的政策法规制定方式颠覆传统做法。大数据和带有机器学习能力的人工智能可使政策法规制定者更好地利用数据预测金融机构、金融交易者的行为，并且提前演算相应后果，根据预先设定的框架、领域和特定对象，根据算法自动化地制定细致、精准的政策法规，甚至能够一事一议。传统上以事后总结、最低原则和静态经验为依据的政策法规，以及由此引发的固定性和滞后性将不复存在，也省去了立法机关在政策解释上花费的时间。不仅如此，监管者通过数据处理标准化建设，借助算法设定，统一制定政策法规，按照一致的监管尺度进行执法，可以减少监管歧义，真正实现"法律面前人人平等"。区块链技术可以将政策法规代码化，进而通过代码来实现自动化的治理，金融机构与监管部门签订协议，作为基础的解决方案，监管机关可以提供机读形式的监管文件及其他文件，对政策法规的修改通过代码转换加以记载，会重新定义政策法规的设计、实施和执行。

首先，在政策制定与动态优化调整方面，政策制定机构先对基础场景进行科技化的重新定义，再通过构建信息共享通道将决策机构的前端平台与各商业银行的后台系统接通，从而使得治理主体从被动接受信息向主动获取信息转变，直接掌握金融机构和金融交易过程中产生的数据信息，实现信息搜集和下情上达，为政策制定提供决策依据。利用人工智能和大数据可对各个层级的动态信息实行监测并作出决策方案；金融市场的信息错综复杂、变化频繁，在业务进行过程中瞬息万变，其信息和数据的变化呈现非线性的高维度特征。只有将新兴科技运用到政策制定与动态优化调整的各个环节，才能在有效反馈的前提下保证政策法规的执行效率。其次，在政策法规执行落地与金融市场主体具体对接过程中，各市场主体通过新兴科技的强化使用与上层机构之间构建数据纽带并开放数字化设备，并以数字化生态的沟通机制为基础再接入政策法规的业务指导体系，利用金融科技的数字化赋能加快预测未来、数据分析、业务对接、监督反馈与优化调整等各个环节的共建，进一步发现业务机会、降低风险、细分目标、缩短反应时间、实现改革创新，并最终获得政策法规的有效落地。最后，在政

策法规效果评估与反馈方面，金融生态圈数据共享互联的建成，治理机构利用区块链技术无法篡改与可溯源的独特优势，对金融机构进行数据开发网络的建设，再借助大数据和云计算以及人工智能的技术特长，评估金融机构乃至个人的风险状况、资金流向、资金使用情况，为效果评估与反馈提供直接数据支撑和综合判断，从而发现政策执行的实际效果和问题，加强政策法规修订的契合度。

五、结语

传统的金融治理是基于过往已经发生的风险事件和金融危机，运用经验总结法得出一套针对金融业的治理模式，主要目的是维护金融运行基本稳定，促进金融行业发展。在瞬息万变的数字经济时代，技术是驱动社会发生变革的最主要推动力，如果没有金融科技创新的迅猛发展，传统治理理念与原则或许依然能够作为治理者实施治理行为的制度保障。以金融科技为核心的新型科技重新塑造了金融业态。传统金融治理模式不能完全跟进行业变化，而金融科技所采用的新方法和智能手段正在推动金融治理新范式的形成。

当前的治理模式存在诸多弊端。科技的演进性能够很好地契合金融科技的不断变化，因此，治理科技的应用将促进金融治理能力提升。然而，治理科技的应用并不是完全否认或者抛弃原有的治理理念以及方法，更多的是在原有治理维度下增加科技维度，聚焦科技手段全面赋能治理，从而减少传统治理模式的局限性。需要指出的是，治理科技除了可以应用于金融治理领域之外，还可适用于其他领域，如社会治理、公共治理等，为实现国家治理体系和治理能力现代化提供动力。

加强数字银行建设的路径

一、引言

党的十九大报告指出我国要建设现代化经济体系，而现代化经济体系一个重要特征就是数字经济和实体经济高度融合。数字经济是一个经济系统，主要是指区块链、人工智能、大数据、物联网等数字技术广泛应用到经济中，促进经济更高效、快速运转，给人们的生产、生活带来巨大变革。"新四大发明"① 为共享单车、高铁、支付宝、网购。除高铁以外，其他三个都是数字经济发展的成果。2016 年我国数字经济的规模就达到了 22 万亿元，可以说，作为一种崭新的经济形态，数字经济正逐渐推动经济从低质量发展向高质量发展转变，引领新一轮产业竞争的市场化浪潮。

而传统商业银行正面临着一系列困境。市场环境已经发生了很大的变化，在借款层次方面，实体经济不断下滑，很多夕阳产业可能遭到市场淘汰，但是却因为国有身份或者体量较大而获得银行贷款，而广大中小微企业急需资金。在储户层次方面，由于互联网金融以及"宝宝类"理财产品的冲击，银行的储蓄流失率比重非常高，仅互联网金融就吸引了 6 万多亿元的资金，余额宝一经推出至现在就吸引了一万多亿元的资金，以及 3.7 亿个用户。此外，商业银行传统线下网点不断被撤销，线上银行客户占比越来越高，储户手机使用频率越来越高，"躺着挣钱"的黄金时期已经结束，继续单纯依靠传统的"存贷差"模式根本无法长期维持。在实体经济更加复杂、数字经济浪潮涌现、客户金融需求多样化、外资金融机构冲击、行业跨界竞争更加激烈的背景下，转型升级已经成为商业银行的必然需求，如果不转型升级，商业银行被淘汰只是一个时间问题。与此同时，随着我国改革开放的深入，外资金融机构不断涌入，外资银行先进的发展经验可能对国内传统商业银行带来更大的挑战，要想实现弯道超车，传统商业银行

---

① 2017 年 5 月，来自"一带一路"沿线的 20 国青年评选出了中国的"新四大发明"：共享单车、高铁、支付宝、网购。

必须主动调整，抓住转型数字化、智慧化发展浪潮，构建数字银行，借助数字技术驱动商业银行迈向高质量发展。

一方面，随着数字技术的发展，客户自身的业务需求模式发生了深刻的变化，其金融需求也发生了很大的变化。另一方面，传统商业银行线下网点模式越来越不适应客户高频、随时的金融需求，客户尤其是企业对商业银行提高数字化业务的呼声日益高涨。根据著名咨询机构波士顿咨询的调研，大约有70%的企业认为商业银行的数字化、智慧化水平是影响商业银行服务水平高低的重要因素。在数字化时代，谁掌握数字化、智慧化技术优势就能在竞争日益激励的金融发展浪潮中占据制高点，可以说数字化、智慧化水平在重要性方面甚至超过商业银行网点覆盖度等传统因素。

数字化银行不是银行零售业务的数字化，也不是银行推出的其他几个数字产品，或者仅仅简单地将产品线上化。构建数字化商业银行是未来一大重要趋势，从现实来看，已经有许多商业银行和大型科技企业进行合作，比如建设银行和阿里巴巴联姻，农业银行和百度牵手，工商银行和京东结伴。因此，商业银行必须加快数字化、智能化创新的步伐，积极与数字科技企业合作，通过自主研发、合作共享、直接引进等方式提高数字化、智能化服务水平。

二、文献综述

数字银行最早起源于直销银行，近几年关于数字银行的研究逐渐增加，各大商业银行也纷纷开展数字技术的研究或者与相关科技企业进行合作，数字银行的构建受到了学术界和实务界的广泛关注。其中，关于数字银行的研究主要集中在以下几个方面。

第一，关于数字银行的概念。已经有不少学者提出数字银行的概念，但是并没有形成统一的定义。沈一飞、姜晓芳（2015）主要借鉴欧美等发达国家商业银行的特点，认为数字银行主要通过互联网为客户提供服务。他们认为数字化银行的构建必须借鉴欧美商业银行的模式，必须以客户为中心，提高信息化、自主化以服务客户，数字银行的特点主要是客户服务渠道多样化、业务信息化程度更高、业务办理流程简洁且效率更高。易毅（2017）认为，数字银行脱胎于直销银行，数字银行的构建必须由直销银行发展而来，数字银行不需要线下商业网点，而是借助互联网、移动通信技术实现业务的线上化，数字银行在类型上属于流程型银行，但是当前商业银行的数字化实践还处于起步阶段，距离真正意义上的数字银行差距甚远。丁蔚（2016）认为，商业银行转型为数字银行是时代的必然要求，数字银行就是利用数字信息技术为客户提供线上金融服务，各主要商业银行已经纷纷开始实践利用大数据、云计算，未来还将会加强区块链、金融科技等数字技术的应用。

第二，数字银行面临的挑战。从理论研究上讲，数字银行确实有较好的发展前景，但是真正实施起来可能产生很多问题。刘超举（2013）认为，技术在银行中的应用将会越来越广，欧美等国家已经走在发展的前列，我国在这方面还存在许多不足，关于数字银行的技术标准、安全评估、技术风险评价体系还处于真空阶段，银行管理人员的知识体系成长速度是否能跟上技术在银行中应用的速度是一个问题。黄润中（2018）认为，我国当前的银行采取的模式是互联网银行，通过互联网可以帮助客户解决不少业务，但还不是数字银行，我国正处于互联网金融向数字银行转变当中，而在未来数字银行时代，银行业务模式同质化现象可能成为数字银行进一步发展的阻碍。为此，银行在业务转型过程中必须注重业务的差异化竞争。高欣（2017）认为，数字银行只是一个数据储备中心和联络中心，大量的银行数据汇集到数据储备系统，而联络中心是数字银行的业务枢纽，各个业务都经过业务枢纽开展，但是未来可能面临较大的困难，要考虑客户如何留存、差异化模式如何构建等问题。

第三，关于数字银行的发展问题。叶纯敏（2015）认为，现代社会移动通信设备使用越来越频繁，尤其是"80后""90后""00后"的客户，是移动通信使用率最高的群体，数字银行必须吸引这部分用户群体，同时数字银行还必须不断提高移动接口，未来的功能还要全部包含商业银行线下网点的功能，以方便客户。黄明华（2018）认为，现代经济已经进入数字化、信息化时代，数字经济未来大有可为，商业银行在数字化时代面临的竞争更加激烈，挑战不断，必须转变原有的观念，积极融合数字技术，提升信息化、专业化程度，大力发展科技，追求业务服务的创新，同时也必须注重风险，防范技术漏洞所带来的风险。辛妍（2015）认为，在互联网时代，商业银行面临着同行以及新金融机构的竞争，转型已是必然之举，而数字银行则是一个很好的转型方向，而且银行在数字竞争中的优势十分明显，银行掌握着大量的客源以及客户资料，资金优势明显，社会认可度和信赖度高，必须建立数字驱动的业务体系。

上述文献的作者有学术界的，也有实务界的，都从不同的角度研究了数字银行的概念、前景以及面临的挑战。数字银行是未来商业银行的发展方向，数字银行可以极大地提高金融服务实体经济的效率。本文正是在上述学者以及银行实干家研究的基础上，探索商业银行未来该如何构建数字银行，以及如何避免在构建数字银行过程中出现的潜在风险。

三、市场环境发生变化导致银行必须转型

（一）金融改革势在必行

近几年，中央特别重视对金融领域的风险控制。金融是经济的血液，也是经济的命脉，金融的健康与否关乎经济能否持续健康发展下去。但是，我国金融在发展过程中产生了很多乱象，比如，在银行领域，银行最重要的功能是吸收存款，然后向实体经济发放贷款，为实体经济服务，但是随着实体经济的下滑，很多银行不愿意为以中小企业为代表的实体经济输血，银行系统大部分资金流向了表外业务，这部分资金的总量已经超过百万亿元级别，大大超过了表内资产规模，银行不对企业输血而去搞资管计划，资金流向房地产领域，这就使得实体经济融资雪上加霜。新一届政府认识到这一问题后果断出手，自 2017 年以来，相关部门已经在资产管理（包括大资管行业及非标债权领域监管、增值税监管、私募基金监管）、地方政府投融资（包括防范化解财政金融风险、规范政府债券及政府性基金）、银行（包括监督检查和专项治理、机构监管及风险监管）、证券（包括机构监管、适当性管理、衍生品管理以及证券发行交易、证券公司、基金公司、期货公司监管）、保险领域（包括机构管理、资金运用监管、业务管理、风险监管）、债券固收监管（包括债券市场、银行间、交易所债券，发展改革委主管的企业债，ABS，绿色债券，债券通）、货币信贷、支付业务、票据业务、跨境交易及反洗钱、互联网金融及类金融、司法及税收等十多个领域共出台 400 多份监管文件，与此同时，政府高层领导在多个重要会议上强调要进行金融改革、防范金融风险、规范资产管理业务，让金融回归服务实体经济的本源。在这个背景下，商业银行必须回归服务实体经济的初心，将资金投放给实体企业。

（二）数字技术得到长足发展

当今世界，金融和技术的结合度日益增强，以数字技术为代表的新一轮技术革命引起广泛关注，数字技术日常活跃，创新氛围浓厚，数字技术的应用领域不断向外拓展，产生一系列产品，促进了经济进一步发展。自

2015 年以来，我国在数字化领域取得长足进步，数字化技术已经蔓延到银行领域，数字银行可能会用机器人代替部分岗位。在机器人领域，数字技术的使用可能使得商业银行的柜员、信贷员大规模失业。2017 年底，15 家商业银行共裁员 3 万人，其中五大行就裁员 2.7 万人，并且裁员有愈演愈烈的趋势。随着支付技术的发展，现金的使用率越来越低，与此同时，数字技术的发展使得机器人的智能化程度越来越高，无须人工参与。这就导致商业银行的柜台业务对人工的依赖程度越来越低，未来银行柜员的数量必将越来越少。此外，大数据技术通过收集与企业发生各种行为而遗留下来的数据，进行深度挖掘，可以根据数据分析系统以及人工智能自动算出企业是否可以授信以及授信额度，整个过程全部实现自动化、智能化，无须信贷员参与，因此，信贷员岗位的数量也将会大规模下降。其实，数字技术在工业、物流、机械制造等领域中的应用已经非常普遍了。

（三）银行传统经营模式不可持续

银行面临着存贷利差收窄、存款流失严重、收入结构不合理等问题。中国人民银行行长易纲在博鳌论坛上表示，不久要全面放开银行存款利率，存款利率如果上浮，银行支付给储户的利息将进一步上升，负债端成本会提高。在贷款利率端，当前经济下行压力倍增，优质资产越来越少，银行、券商、互联网金融都在寻找优质资产，对优质资产的争夺必将会加剧，这就导致银行收入下降，银行存贷利差逐渐收窄。在存款流失方面，随着互联网金融、"宝宝类"理财产品的兴起，居民理财意识开始觉醒，在全民都强调理财的背景下，银行流失存款规模达万亿元。2018 年 4 月，银行就流失存款 1.32 万亿元，居民可以选择的理财产品种类非常丰富，比如"宝宝类"理财产品、互联网金融、股票、债券、信托等，其中余额宝则成为家喻户晓的理财产品。吸收储蓄是商业银行最基本的功能，也是商业银行最大的政策优势。但是，随着储蓄流失加剧，银行可能会面临很严重的流动性危机。在收入结构方面，与国外先进的银行相比，我国商业银行的收入结构存在很大不合理性，收入结构过于单一，其中利息收入仍然占据绝对优势。2017 年，工农中建交五大行利差净收入占全部收入的比重平均为 75.8%，但是投资收益等方面的比重非常低，以中间业务为例，这部分收入占比平均不足 10%。这也表示我国商业银行对国际业务、投行业务、中间业务等重视度不足，导致创新度不够、产品单一，而发达国家商业银行的中间业务收入占比高达 67%。未来，随着利率市场化完全放开，根据欧美国家的发展经验，存款利率会上浮，存贷款利差不断收窄，利息净收入也就会不可避免地下滑，其中，交通银行 2017 年已经呈现下降态势。

表1　2016 年和 2017 年我国五大商业银行收入结构　　　单位：亿元

名称	工商银行		建设银行		农业银行		中国银行		交通银行	
年份	2016	2017	2016	2017	2016	2017	2016	2017	2016	2017
利润	2791.06	2860.5	2323.89	2436.15	1840.6	1931.33	1368.83	1514.72	676.51	706.91
利息净收入	4718.5	5220.8	4177.99	4524.56	3981.04	4419.3	2746.27	2944.64	1348.71	1273.66
手续费及佣金净收入	1449.73	1586.66	1185.09	1177.98	909.35	729.03	754.33	765.17	367.95	405.51
投资收益	100.2	119.27	191.12	64.11	27.31	49.16	272.64	131.8	14.68	42.64
营业收入	6417	6757	6051	6214	5060.16	5370.41	3889.97	3938.28	1931.94	1960.11

资料来源：各上市银行年报。

（四）数字化时代商业银行还要发挥信息中介和市场信用的角色

数字银行和传统银行都是银行，都有"存""贷""汇"功能，都承担着国家一定的金融作用，但是商业银行基本上发挥着信用中介和银行信用的角色，而信息中介和市场信用的作用可以说忽略不计。信息中介和市场信用确实需要通过市场主体进行发挥，因此，未来数字银行还要担任信息中介和市场信用的角色。在发挥信息中介功能方面：信用主要是欠债与还债的关系，商业银行由于政策优势一直占据信用、资金以及信息方面的优势，商业银行扮演着信用中介、支付结算、信息中介等金融中介的角色。而这些功能中，信用中介的功能最重要，也是商业银行最核心的功能。商业银行因为政策优势，汇集全社会大部分资金，规模经济效应十分明显，能够大幅度降低资金交易的成本，也可以降低信息不对称所产生的逆向选择、道德风险，提高交易的频率。而随着数字技术的发展，一旦数字银行真正建立，数字技术将会削弱商业银行赖以发展的基础，信用中介的功能也将会得到削弱。其实，在某些互联网平台，例如支付宝、余额宝等互联网金融平台上，数据账户的优势已经部分替代了商业银行信用中介的功能，导致银行存款大幅度下滑，2014 年 4 月，个人银行存款占货币和准

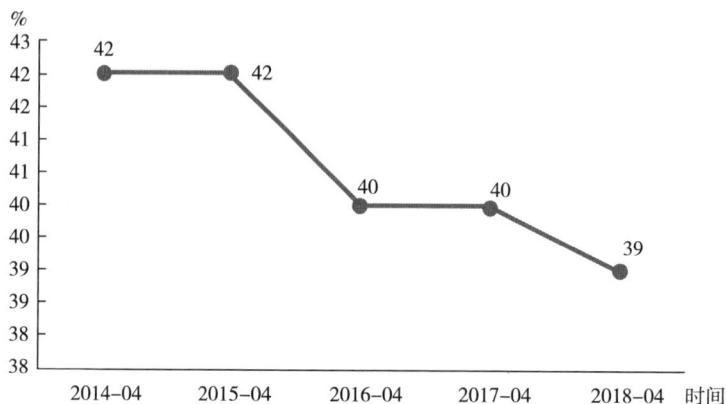

图1　个人银行存款占货币和准货币的比重[①]

货币的比重为42%，而2018年4月，这一数字则下滑至39%。不仅存款流失，支付中介的角色、融资中介的角色也都受到不同程度的影响，其中在支付方面，支付宝、微信支付已经占据很大比重。在融资方面，随着互联网金融的崛起，直接融资市场的比重得到一定程度的提升，而带来这些变化的正是数字技术的发展。信息、数据、金融科技等给商业银行带来很大冲击。在不断地冲击过程中，信用中介角色的地位慢慢下降，而信息中介的角色开始崛起。未来数字银行比较理想的状态是：银行主要收入的来源不再是存贷款利差，而是更多为客户提供的定制化服务，比如信息撮合、风险管理等信息服务。在资产负债表中，服务收入要占据主要部分。在发挥市场信用方面，在欧美国家成熟的金融体系中，商业银行的市场信用、银行信用都有各自的作用。银行信用主要是指商业银行货币创造职能，这也是商业银行最主要的信用机制。但是，随着数字银行的逐步构建，银行信用的作用逐渐降低，而市场信用的作用大大提高。数字技术的作用可以缩小交易成本，缓解信息不对称，提升风险定价的合理性，提高风险管理的效率，延伸交易可能性的边界，这就是"金融市场"，而且还不断趋向瓦尔拉斯一般均衡中所对应的无中介以及无市场情况。数字银行在经济中对银行信用起到一种"脱媒"的作用，数字银行主要起着中介、市场的作用。数字银行不像传统银行授信时过分偏向"三大"报表，而主要依赖对数据的收集、筛选、分析，这也就是大数据、人工智能的作用，即数据驱动市场。同时，数字银行还可以做类似传统影子银行的业务，比如在开展资产

———————————

① 资料来源：中国人民银行官网。

交易、投资以及同业资产等业务中形成的货币转移型信用，其实就是一种"市场信用"。

因此，数字银行的市场信用表现为利用先进的数字技术帮助客户进行数据资产管理、债权类资产交易，或者提供价格信息，方便交易双方快速、高效地完成交易。值得注意的是，数据资产和权益性资产都是资产，数据资产的重要性将上一个台阶。在数字化时代，数据的个人归属权将是一个值得注意的问题，必须在法律上明确个人数据的归属权，只有这样，数字银行才可以为个人提供金融服务。数字银行未来的重点可能是在债券的发行、销售、交易、提供信息服务等方面。数字银行承担着为那些被银行间交易市场、证券交易所市场排除在外的大量2A级公司提供融资的任务，这种非标债权资产是数字银行一大重要业务收入。此外，在价格交易方面，数字银行由于具有较高的数据资源优势，可以帮助交易双方快速了解市场的价格信息，从而承担着"价格信息提供"的职能。

穷则变，变则通，通则久。银行的经营环境已经发生巨变，这就要求商业银行必须有所行动，审时度势，进行转型，如果一味举步不前，必然难以在未来社会中持续下去。当前的金融市场面临的已不是国家什么都兜底的环境，在国家不断强调去杠杆、去刚性兑付的背景下，如果商业银行经营不善，资不抵债，很可能会倒闭，而构建数字化、智能化银行可能是商业银行未来的转型升级方向。

四、数字银行未来发展构想

（一）数字银行的内涵

所谓数字银行，主要是指以大数据、区块链、物联网、人工智能等数字技术为支撑，继续深化"以客户为中心"的服务理念，利用数字技术等互联网手段24小时不间断为客户提供金融服务，从而建立起一种高黏性的银行客户关系的银行。数字银行也是数据驱动型银行以及智能化商业银行。

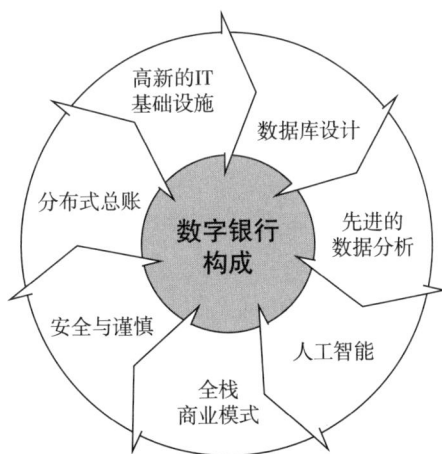

图2　数字银行的构成

数字银行在服务效率上更加高效，在服务渠道上更加多样化，在服务理念上更加人性化，在服务客户上更加普惠，在客户信息保护上更加安全。对于数字银行，并没有严格的标准，未来的数字银行至少应该包括以下七个方面：（1）高新的IT基础设施。这些基础设施的特点是要灵活、安全性高，尤其是在风险管理方面，能够实时地为数字银行提供业务技术支持。（2）数据库设计。IT基础设施是数字银行业务的技术支持，而数据库设计则是IT基础设计的基础。数据库设计要有收集、处理、分析海量级数据的能力，能够随时应用不同的互联网方法。按照区块链技术的发展态势，未来的数据库设计大概率基于分布式总账框架进行设计。（3）先进的数据分析。数字银行发展的一个重要前提就是数据的发展。未来数字银行处理的可能是海量级、亿兆级别的数据，这些数据质量参差不齐，这就要求未来的数字银行拥有先进的数据分析技术，能够辨别数据质量高低与价值大小，能够在短时间内建立起客户画像，对客户有一个清晰的认知，从而预测客户的商业价值，进而为其提供相应的金融服务。（4）人工智能。数字银行是在拥有海量数据的基础上，通过先进的数据分析手段，分析出客户画像，通过人工智能及时、迅速掌握客户需求，然后给出最好的服务，所以数字银行在一定程度上也可以称为"智能银行"。（5）全栈商业模式。大家对这种模式可能比较陌生，很多人甚至都没有听过，只知道全栈工程师。简单而言，这种模式就是为客户建立好全套银行服务，客户不需要了解过程，而直接知晓最后的结果，避免了各种复杂的流程给客户造成较差的体验度。这种模式的目的是提升客户端的体验度。因为银行有很明确的分工，其部分产品的客户体验度可能并不十分让客户满意，也许这其中有监管的缘故，因为监管强调重视客户资金安全，重视防范非法集资、洗钱、欺诈等风险，所以在一定程度上降低了部分产品的体验度。这就需要从中找到一种平衡，而数字银行必须使二者同时达到最优。（6）安全与谨慎。数字银行的基础是数字技术，但是其安全性不容忽视，金融机构的技术风险很大，稍不注意就会给用户造成很严重的损失。其实，无论是数字银行，还是传统银行的线下模式都是如此，构建数字银行时就必须考虑到在设计IT基础设施时，防止客户数据遭到泄露、滥用、误用等违法违规行为，不能轻易被黑客攻击。（7）分布式总账。这主要是基于区块链技术的发展，减少交易过程中发生的成本，提高交易效率，所以在数据库设计时，未来这种设计大概率是基于分布式总账框架进行的。

数字银行的两大特征就是数字化和智慧化，其中，智慧化主要表现在大数据和人工智能方面。大数据具有数量庞大、非结构化、时效性强等几个方面的特点，构建新型的技术架构以及智能化的算法，对数据进行深挖分析的过程为：从外部收集数据，建立数据仓库，进而清洗数据，对数据进行深度挖掘，根据不断迭代的算法，智慧化地得到结论，通过执行系统作用于客户或者潜在客户，并提供特定的金融服务（见图3）。这是大数据和人工智能在提供金融服务方面的应用。数字银行完全可以利用这套技术帮助小微企业实现大数据融资，帮助个人实现所需的金融服务。

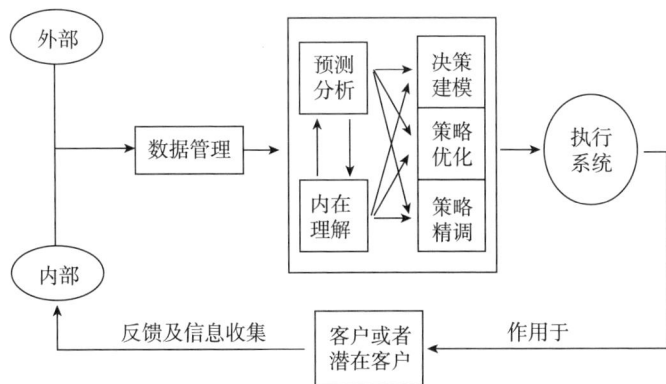

图3　大数据应用分析决策过程

除了提供金融服务外，在营销方面也可以实现精准化。未来客户的需求有两大特征，一是单个客户趋势比较明显，二是多样化需求较为突出。这就需要数字银行建立客户精准营销体系，这种体系主要基于对客户精准定位之后采取特定的营销方法，既有对单个客户的关注，也有对多样化需求的认可。数字银行的精准营销体系可以提前判断出所有客户的爱好、兴趣、资金水平、购买力和购买欲望，根据精准的、不断迭代的算法得出客户需要的金融服务并且向其进行推荐，确保其在合理的渠道、合理的价格范围内获得金融服务。数字银行精准营销的基本理念框架如图4所示。客户获得某项金融服务或产品之前必须要经过三个环节：首先是认识产品，其次是对产品产生兴趣，最后是付费购买。在认识产品时，客户一般都会在互联网上进行关键词搜索，了解其基本属性、功能，再考虑是否需要购买。这个阶段就会产生一些搜索数据，银行可以初步判断出客户的兴趣爱好，加之银行本身就有客户的收入流水、资金信息，再结合客户的其他数据，银行完全可以利用人工智能计算出客户金融需求，并对其进行定性提供。这就是一套完整的 CRM 系统。

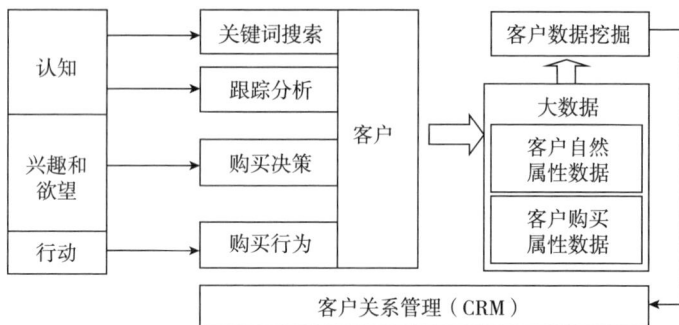

图4　银行大数据精准营销理念

在物联网技术方面，其最大的作用就是解决动产融资问题。物联网技术的作用是借助 GPS、射频识别技术等手段对动产进行识别、定位、跟踪、实时监控，再对整个过程形成的数据进行处理，管理实现实时化、系统化、智能化，企业、银行等多个主体可以全方位地感知与监督动产储存、变动情况。物联网可以实现资金流、信息流、物流"三流"合一，这种技术可以在控制风险的前提下解封百万亿元级动产融资市场，做得比较好的金融机构有平安银行和江苏银行等。物联网推动供应链金融模式见图5。

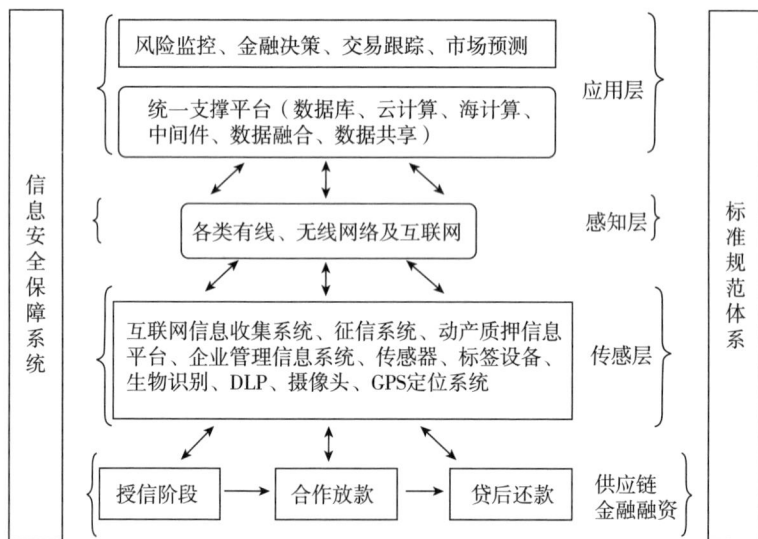

图5　物联网+供应链金融融资模式

（二）数字银行未来发展趋势

大数据、物联网、区块链等数字技术已经取得一定的发展。首先，结合数字技术的发展特点以及银行的发展现状，未来数字银行的发展趋势是渠道一体化，商业银行有直销银行、网上银行、客户服务中心、ATM、柜台、手机银行、微信银行等多种渠道触达客户，通过整合渠道资源优势，未来数字银行可以实现数据收集、整理、行为分析、金融需求分析，并自动提供相应的金融服务，继而实现业务的全方位、一体化、全自动化。其次，数字银行未来还会注重产品的场景化、生态化。这也是数字银行的业务和商业银行的传统业务比较大的区别，商业银行的传统业务场景化程度不高，开展业务时需要花费大量的人力、财力等成本，而数字银行在一定程度上类似于互联网公司，主要基于场景化来设计产品，在产品类型上更加偏向移动化。同时，数字银行不仅局限在银行业务上，还会和保险、证券、基金、信托等领域结合。再次，数字银行未来的服务模式和现在的主流模式会有一点区别，主要表现在服务方式上，远程服务占据一定比重，由客户经理通过视频、电话、语音等渠道为客户提供服务，方便、快捷的远程服务和亲切、温馨的柜台服务共同构成数字银行的主要服务方式，远程视频服务可以帮助商业银行缩小银行网点的规模，极大地降低银行的经营成本。最后，数字银行跨界合作的现象会增加。几家大型商业银行已经和 BATJ 大型电商在诸多领域开展合作，其中在支付方面，通过银行网银、手机银行支付的比重非常低，而支付宝和微信支付占据前两位，这就决定了未来在支付方面，银行和第三方支付的合作将会加快，实现多方共赢的局面。

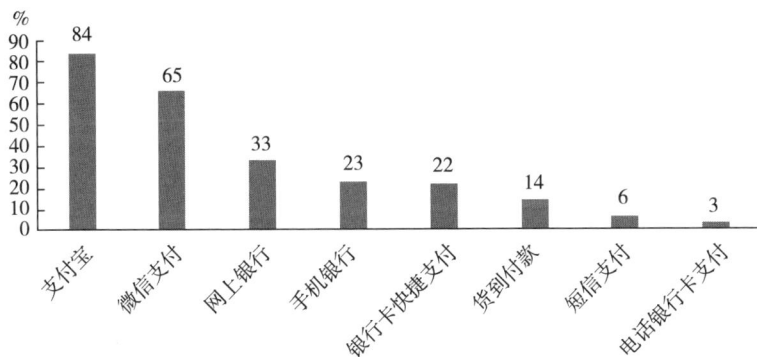

图 6　不同支付渠道占比①

---

① 资料来源：《2017 中国电子银行调查报告》，同一用户可以选择多个支付渠道。

（三）构建数字银行可能存在的问题

1. 与金融科技企业相比是否具有竞争力

技术型公司和传统金融已经在诸多领域开展合作并且取得了较好的成绩，但是也有一些技术型公司进军金融领域，开展诸如消费金融等业务，这对未来数字银行的发展有一定的冲击作用。在业务经营方面，数字银行最大的竞争对手就是一些金融科技企业，因为这些企业具有技术上的优势，业务经营范围较广，工作流程简洁，可以将获客、生产、销售、服务等集中起来，比如，一些金融科技企业做消费金融业务，可以在短短几年时间里，获客数百万乃至千万，从资金供给到获客再到运营形成了整体，而且金融科技企业由于工作环境、成长空间、薪资待遇等优势明显，会吸引不少顶尖人才，如果商业银行不做改变的话，这些优势可能会导致未来数字银行在市场化竞争中弱于金融科技企业。

2. 数据分析技术能否过关

数字银行比较重要的一块就是数据分析系统。正常而言，电商对于客户数据的收集、筛选、分析、发送能力要远远强于银行，比如京东，当客户浏览京东商品时，手机会接到推送该类商品的信息，所以客户的黏性比较强，淘宝也同样如此。但是，银行是否建立该套系统，还值得商榷。银行的线下、线上客户信息比较零散，难以全面进行收集，对数据的分析难度更高。这是横亘在数字银行面前的一道难题。

3. 过高的风控与较快的业务增长需求能否达成平衡

虽然银行的坏账率一直在攀升，但是银行的风控体系一直都是金融市场主体中最严格的，无论是小贷，还是互联网金融平台无一不在学习银行的风控体系。但是，过严的风控体系往往会限制业务发展的速度，在未来数字银行中，现有的业务流程是否会发生重大改变很难说，如果不发生重大改变，在业务不断增加时，业务处理能力对银行是一大考验。

此外，存在的问题还有：数字银行之间能否实现差异化竞争，各家数字银行的优势能否触达客户；现有的银行业务种类不足，未来能否及时满足客户多样化的金融需求，对长尾客户重视度是否足够；等等。

五、关于发展数字银行的若干建议

（一）加强战略研究，明确转型方向

数字化时代是未来发展方向，银行转型成数字银行也是重要趋势。数字

银行不简简单单地是一个业务的改进，而是服务模式的创新，构建数字银行需要重塑银行的前台、中台、后台系统，需要银行所有部门共同参与，这就需要商业银行提高业务部门的协同性。有些互联网企业在部分领域的数字技术的应用已经比较成熟，这些企业也是银行的重要竞争对手，但是商业银行的安全性较高，资金实力雄厚，应该积极发挥这一优势，加强学习，提高技术水平，这种水平不只是在数字交互方面，而是在数字业务层面。数字技术发展还不是很成熟，虽然已经有商业银行在实践，但还只是停留在初级阶段，各个银行的研究部门需要加强对大数据、区块链、物联网技术等数字技术实际应用的研究，早日进行前瞻性的布局。商业银行应该用更加长远的战略眼光，加快数字银行建设步伐，向各个部门、各级组织灌输数字化概念，坚定转型方向以及转型路径，在数字化实践中把客户需求、客户的体验度放在第一位。

（二）强化移动端应用，优化客户体验度

App 端的使用率远远超过 PC 端的使用率，手机成为人们最不可缺失的重要工具，各种手机程序也纷纷得到开发，手机银行未来将在银行与客户联系中占据重要的位置。客户使用手机银行办理业务将大大降低银行的成本，提高业务办理的效率。手机银行具有方便、快捷的特点，各大银行均推出了手机银行。随着手机性能的日益增强，屏幕清晰度加强及大屏化趋势，手机银行甚至可以改变整个银行业。因此，数字银行中手机银行的作用不言而喻。但是，商业银行的手机银行体验度比较差。2017 年各大商业银行的手机银行整体流失率超过 40%，手机银行中的功能使用最广也是用户最在意的是转账功能，其他功能就显得无足轻重，各大商业银行的手机银行最大的不足就是不懂客户的需求，虽然近几年商业银行也在不断优化手机银行，但是却无法达到理想的效果，而最主要的原因是没有站在用户的角度，比如有些手机银行的子页面太复杂，有些手机银行甚至没有将转账、余额查询等最基本的功能放在最显著的位置，因此，商业银行必须加强对用户的调研，了解用户对手机银行最基本的诉求，然后有针对性地对手机银行进行优化，从而提升手机银行的客户体验度。

（三）加强科技研发，提高技术水平

商业银行大部分业务主要是依靠传统的线下网点生存，因此，很多银行的 IT 系统还是以前 IBM 大型机时代以及传统的 IOE 架构时代所流行的设计与架构，这种集中式架构远不能满足银行日益数字化的要求，也无法支撑数字银行时代客户的金融需求。数字化时代要求商业银行必须加强科技研发，从根本上对业务模块架构进行改变。为此，可以对核心系统进行"减肥"，将分散的核心业务模块统一至中台，进而建立一套新的核心系统，此前传统的互联网系统可以逐渐退出，或者干脆直接抛弃原有的核心系统，新建一个互联网系统代替原来柜台业务模式的核心系统。同时，要保证技术的安全性，防止出现致命 BUG 导致整个系统出现漏洞从而瘫痪或者被黑客利用。而需要做的就是如何将商业银行现有的业务通过技术手段，实现线上化、简单化，让客户能够轻易地学会使用手机银行、网上银行进行业务操作，同时在操作过程中还能够保持较高的安全性。数字银行还需要在通过数字渠道触达客户方面下功夫，让客户积极主动接触数字银行，先从体验开始，体验数字银行的相关业务，然后使用。避免浪费大量的线下网点成本，减轻银行负担，使得商业银行人员能够发挥最大的效应。对于固定模式的业务尽量采用系统、人工智能来解决，促进业务办理效率的提升。最终建立商业银行的数字生态系统，促进商业模式的优化。所有这些都需要通过技术手段解决，都需要加强技术投入，同时，还需要防范技术产生的风险。

（四）发挥业务特色，形成业务品牌效应

总体而言，银行的业务同质化现象比较严重，传统的"存、贷、汇"占据绝大部分业务。但是，各大商业银行均有自己的业务特色，因此，商业银行在数字化后，还要保持原有的业务传统，提高优势业务的占比，形成差异化竞争，打造自己的特色品牌，比如，兴业银行在同业业务上遥遥领先，兴业银行应该积极发挥这一优势，在打造数字银行过程中注重同业业务的数字化建设。招商银行的零售业务、中信银行的对公业务都是各自的优势，因此，这些银行在数字化过程中要注重偏向对优势业务的投入，建立起差异化竞争优势，避免同质化现象，而在发挥业务特色的同时需要注重客户体验度的提升。

（五）加强风险机制建设，提高风险防范水平

数字银行的发展前景十分广阔，创新空间也比较大，因而也面临较大的风险，稍不注意可能会对客户的财产带来损失，因此，必须提高风险防范水平。首先，要根据商业银行的风险控制机制，结合数字化实践过程的特点，从源头控制风险，数字银行需要从数据收集、数据分析、产品设计、

服务机制等角度建立全方位的、全流程的风险控制机制。其次，在业务风险机制方面，要有针对性地对各个业务可能产生的风险进行防范。这不仅是响应国家控制金融风险的号召，更是数字银行保持持续发展的要求。最后，数字银行要有一定的风险容忍限度，道德风险、操作风险可以通过一定的纪律手段化解，但是有些业务风险则难以避免，对于数字业务要有一定的容忍度，建立责任认定和追究机制，使得数字银行在未来业务开展中可以大胆创新，服务实体经济。

（六）重视对长尾客户群体的服务

传统"二八法则"决定了商业银行主要服务于全社会 20% 的高端客户群体，但是，随着经济的下滑，这些群体已经无法支撑商业银行保持持续高增长的态势，这也决定了商业银行必须开始注重为长尾客户群体提供金融服务。同时，数字化银行也为长尾群体提供金融服务提供了可能，当数据孤岛被打破后，数字银行利用大数据为中小微企业、低收入群体提供信用服务，中小微企业过去产生的历史数据经过特定的算法后，数字银行可以判断出企业的信用高低，根据信用评分给出相应的授信额度。因此，银行在数字化过程中必须要注重长尾客户群体。

六、结论与建议

当前我国经济环境发生了很大变化，银行传统商业模式很难维持下去，经济环境的变化要求商业银行的目标必须进行调整，而商业银行目标的调整必然引起行为的变化。数字银行是未来商业银行转型的方向，在数字银行时代，银行可以很轻易地收集客户的数据，然后进行筛选，利用人工智能对客户数据进行分析，针对分析的结果提供定制化金融服务。数字银行具有高服务效率、多样化服务渠道、人性化服务理念，注重服务中低收入群体。数字银行首先要具有较先进的 IT 基础设施，进行合适的数据库设计并且还需建立先进的人工智能系统进行数据分析，在客户信息保护方面更加谨慎与安全。商业银行要加强对客户金融服务需求以及银行服务方式的调研，然后以客户为中心优化产品或服务。商业银行可以缩小现有银行网点的规模，加大智能化投入力度，建设小型智能化网点。在风控方式上，商业银行要由现在注重贷前调查到注重贷前贷中贷后全流程风控。商业银行除了对自身软硬件进行升级外，还必须加大对客户的教育力度，指导客户如何在线上进行操作，以便客户更好地获得金融服务。

数字金融与低碳金融：互融燃点、共促体制与共生机制研究

——以商业银行为例

一、引言

应数字经济和低碳经济发展的需求而产生的数字金融和低碳金融各有其特点与功能。数字技术是商业银行优化发展模式、提升风险管控能力、降低管理成本最有效的手段之一，数字金融的核心内容是数字技术在金融业中的应用；低碳化则是商业银行发挥社会职能、推进社会和金融高质量发展的一种要求，低碳金融的核心内容是金融，数字技术的出现及低碳目标的提出，要求将金融所有的经济活动必须进行一次重启，即两者对金融特别是商业银行的影响是基础性和全面性的，重视这两者的研究涉及金融特别是商业银行的发展方向、发展目标及措施等重大战略问题。

各家商业银行对于数字金融和低碳金融都特别重视，但更多地侧重于对两者单独的应用与管理，而对两者进行联动，特别是在找出两者共同点的基础上构建相应的管理体制、形成较大弹性的运行模式等方面，缺少相应深入的研究，其结果容易导致各行其是，极大地抵消了两者的正向效应。因此，在步入新的历史阶段、践行新的发展理念、构建经济发展新格局的战略背景下，必须对数字金融和低碳金融进行深入的关联性研究，充分揭示其内在的互融共生的规律，构建引导与管理的体制与机制，以充分发挥各自的优势，推动社会主义市场经济高质量发展。

二、文献综述

（一）关于数字金融与低碳金融概念的研究

欧阳文杰（2021）认为，数字金融是指以大数据、区块链、人工智能等为主的新一代技术在金融领域充分应用的金融，是从技术手段的视角来展示金融发展能力与水平的一种形式，通常也称为数字化金融，即技术成

为金融的基因，通过数字技术的应用改变金融的运行模式、风险管理方法以及成本控制手段，是金融走向高质量发展必须应用的手段①。陆岷峰（2021）认为，低碳金融就是围绕低碳目标所开展的一系列金融业务活动，与平常所提的绿色金融是近义词，但绿色金融在提法上偏重理念化，而低碳金融则偏重可操作性。习近平主席 2020 年 9 月在联合国大会上宣布我国 2030 年实现碳达峰、2060 年实现碳中和。"双碳"目标具有明确的质量目标和强烈的刚性时间要求，同样，低碳金融也就具有相对应的特征，低碳金融所有的活动与行为必须为"双碳"这一目标服务，提供相对应的产品。相对于传统金融而言，商业银行必须进行一次深层次的改革与创新②。王婷婷（2021）认为，数字金融侧重于技术应用，低碳金融侧重于金融运行的质量与要求。数字与低碳既可以作为一种目标，也可以作为一种手段。两者共同点是利用金融手段推进经济与金融目标的实现，两者之间呈一种正相关关系③。徐阳洋（2021）认为，发展数字经济和低碳经济，推动数字金融与低碳金融，这两项工作目标自改革开放以来达到了一个前所未有的高度，这两者的发展可以说是引发社会经济、金融企业及所有市场主体必须实现重启的影响因素。也就是说，任何市场主体如果不能实现数字化、低碳化，就有可能面临被市场淘汰出局的风险，当然商业银行表现得最为明显④。

（二）关于低碳金融与数字金融关系的研究

陆岷峰（2021）认为，数字金融与低碳金融两者是不同赛道上的金融概念，前者是一个集合概念，包括了所有的金融，因为所有的金融都存在技术应用问题，后者也同样是一个集合概念，因为低碳是对金融业的全面要求。因此，两者互相依存、互相支持，都是为商业银行高质量发展服务的，之间不存在相互冲突的基础。正因为如此，要更多地关注两者互融机

---

① 陆岷峰，欧阳文杰. 数据要素市场化与数据资产估值与定价的体制机制研究［J］. 新疆社会科学，2021（1）.
② 陆岷峰. 构建新发展格局：经济内循环的概念、特征、发展难点及实现路径［J/OL］. 新疆师范大学学报（哲学社会科学版），2021（4）.
③ 陆岷峰，王婷婷. 数字技术与小微金融：担保与风险转移模式创新研究——基于数字技术在商业银行小微金融风险管理中的应用［J］. 当代经济管理，2021，43（3）.
④ 陆岷峰，徐阳洋. 经济双循环背景下中小企业的机遇、挑战与成长的着力点［J］. 西南金融，2021（1）.

制的构建，实现两者相向而行，形成合力，助推社会主义经济高质量发展[①]。葛和平等（2021）认为，数字技术的应用，如果没有低碳理念或低碳原则约束，可能转化成社会经济发展的反作用力，成为加剧社会碳排放量的放大器，激化社会经济发展的各种矛盾。所以，数字金融一定要以绿色理念为底色，坚持低碳原则，只有坚持正确的发展方向，才能有正确的数字技术运用的目标与场景[②]。赵越等（2021）认为，如果过多强调低碳要求的原则，有可能扼杀数字技术在金融运用中的创造性、主动性，不能让数字技术成为金融业创新发展、激活金融生产力的基本动能[③]。周军煜（2021）认为，数字金融绝对不能是脱离正确目标的技术应用，数字技术本身没有社会性，但是在运用的场景与方向上会体现出不同的社会性。因此，正确的选择是要有符合低碳要求的数字金融，有数字技术充分应用的低碳金融，只有这样，数字技术的应用才会越来越广，其对社会的价值才会越来越大，同时，低碳金融的发展也才有了强大的数字技术作支撑，低碳的目标才更容易实现[④]。

（三）关于数字金融与低碳金融协调发展的研究

陆岷峰（2021）认为，应全面推进商业银行数字化，以商业银行数字化水平的提升来提升低碳金融的发展质量。在两者关系上，应当坚持数字金融发展优先的原则，不能搞运动式低碳金融发展[⑤]。陆岷峰、徐阳洋（2021）认为，体制是规范金融行为的制度与原则的总称，有什么样的体制就会有什么样的金融，因此，深化商业银行体制的改革是处理好数字金融与低碳金融关系的关键。商业银行必须逐步构建有利于数字化、低碳化目标实现的体制与机制，且这种体制与机制还要随着环境的变化而不断深化

---

① 陆岷峰，周军煜. 金融治理体系和治理能力现代化中的治理科技研究 [J]. 广西社会科学，2021 (2).

② 葛和平，陆岷峰. 高等院校构建以金融科技为核心的金融学科建设路径研究 [J]. 金融理论与实践，2021 (6).

③ 赵越，欧阳文杰，陆岷峰. 基于经济双循环战略背景下数据资产经营管理体制机制构建研究 [J]. 大庆师范学院学报，2021, 41 (5).

④ 陆岷峰，周军煜. "双循环"背景下资金流动堵点的形式、成因与治理——基于部分 A 股上市银行 2011—2020 年季度财报 [J]. 福建金融，2021 (2).

⑤ 陆岷峰. 经济发展新格局背景下数字经济产业的特点、问题与对策 [J]. 兰州学刊，2021 (4).

改革和优化①。徐博欢（2021）认为，必须着力构建调节商业银行持续发展的管理机制，即通过市场对商业银行的经营行为进行有目标的调节，充分发挥市场价值规律、竞争规律等对商业银行行为的决定性作用。要尽可能控制和减少对商业银行经营行为的行政干预，使商业银行的行为更加符合市场经济发展的规律与要求②。陆岷峰（2021）认为，要大力推进商业银行平台化建设的速度，通过平台化来推进数字化，进一步提高发展低碳金融决策的科学性和有效性。因为商业银行的平台可以说是数字金融的集中载体，可以突破金融交易时间与空间的限制，将金融的供需交易在虚拟空间中瞬间实现，大幅度提高金融交易效率，使数字化和低碳化的目标实现得到更加可靠的保障③。

现有的研究成果对数字经济、数字金融、低碳经济、低碳金融的基本概念进行了较为深入的探讨，对于其发展的重要性、迫切性进行了深度的剖析，对之间的关系也进行了较为明晰的梳理，特别是对两者互融共生的路径作了一定的研究，对于在新的历史阶段科学发展数字金融和低碳金融具有十分重要的指导意义。但是，当前的研究成果中关于数字金融与低碳金融的研究明显缺少系统性、专题性和关联性，对商业银行的整体战略部署缺少方向性指导。特别是一些研究成果就数字金融或低碳金融分别进行较深入的挖掘性思考，但就两者之间关联性的研究则不多，甚至在两者发展的方向与措施方面得出的结论存在明显相互冲突，使实际工作难以操作，在一定程度上抵消了金融整体发展的成果。本文认为，数字金融和低碳金融是我国金融业发展到特定历史阶段必须经历的过程，两者之间虽然发展重点不同，有些方面还具有一定的冲突性，但由于两者共存于商业银行这同一载体当中，要实现两者功能的最大化，实现互融共生，必须树立统一的发展目标，构建相互适应的体制与机制，深化金融供给则结构性改革，积极发挥市场机制的调节作用，通过在推进数字化过程中实现低碳化，在低碳化目标实现过程中推进数字化进程，最终构建一个有利于社会主义市场经济高质量发展的健康的金融生态④。

———————

① 陆岷峰，徐阳洋. 低碳经济背景下数字技术助力乡村振兴战略的研究 [J]. 西南金融，2021 (7).

② 陆岷峰，徐博欢. 中国资本市场健康、稳定、持续成长的路径研究——基于中国股市性质评判与预测指标构建的实证研究 [J]. 武汉商学院学报，2021 (1).

③ 陆岷峰. 商业银行高质量发展与金融科技创新应用研究 [J]. 西部金融，2021 (3).

④ 陆岷峰，周军煜. 金融功能的近代史演变与现代金融地位的研究——基于中国共产党对金融工作的百年领导与金融发展历程的回顾 [J]. 金融理论与教学，2021 (1).

三、推动数字金融与低碳金融协调发展路径研究

数字金融与低碳金融两者发展的侧重点有所不同，但都共存于商业银行这一载体并都是为商业银行的发展服务的。要平衡好两者之间的关系，变分力为合力，找到两条线之间的交叉点或最大公约数，必须通过目标设计、管理体制和调节手段变革、平台建设、评估标准建立等一系列措施，将合作过程的互融点点燃，突破合作过程中的困境，从而推动两者协调发展。

（一）科学设置数字金融和低碳金融发展的共同目标及其关联发展指标

发展战略与发展目标是一切经济主体的行为导向，目标具有引领作用。具体到数字金融和低碳金融，其总的目标应当是一致的，即都是为中国特色社会主义市场经济发展服务，实现社会经济高质量的发展。在这个总目标下，两者的分目标是有所差异的，或出发点不同，或工作重点不同。数字化金融主要是大数据、区块链等技术在金融中应用，以提升金融的运行效率，降低管理风险及成本；而低碳金融一方面是对金融本身提出低碳的要求，另一方面是要求金融机构通过各类金融手段来推动全社会低碳经济的发展。显然这两个具体目标是两个赛道，虽然是一个终点。但是为了确保这两个赛道间不交叉、不对立、不互相抵消对方的正能量，形成合作合力，相互促进发展，就需要在确定两者发展目标上进行科学的设计，力求共同性目标最大化。

一是将高质量发展作为数字金融和低碳金融发展的最终目标。只有两者的最终目标是一致的，在共同发展中才会产生更多的融合与协同。实现高质量发展是当前中国特色社会主义发展的最重要的终极目标之一，从一定意义上讲，高质量发展是低风险、高效率、稳增长的综合代名词，将其作为终极目标，也充分体现了数字金融和低碳金融的本质特征要求，两者的发展都是立足于金融，而金融是社会主义市场经济的微观要素之一，高质量发展当然也是数字金融和低碳金融的发展目标和要求，两者在总体目标方向上是完全一致的，当然其具体行为、方式可能会有所不同，甚至会产生局部冲突，但从根本上来讲，最终是殊途同归的，共同的目的就是推动中国特色社会主义高质量发展。

二是要保证数字金融和低碳金融发展总目标下的具体规划、计划、策

划不走样、不变形，特别是在转化为具体行动时要始终坚持高质量发展的总目标落地不偏航。这要将数字金融、低碳金融高质量发展目标体现在各商业银行的发展战略规划当中，要通过阶段性的年度计划、具体策划，将总目标的要求在各项业务活动和管理工作中充分体现出来，不断提升目标落地的执行能力，要通过完善各类制度、奖惩办法等，将规划、计划、策划和行为予以约束和固化，从而保证总体目标落地生根并转化为具体的经营行为。

三是要尊重数字金融和低碳金融差异化发展目标的现实。数字金融和低碳金融两者属于不同种类的金融，过度将其同质化是不恰当且也是不现实的，因此，应当充分保持其各自己发展的特点与规律性，特别是在不同时期，两者的发展重点也各不相同①，对于其个性化的目标特征要给予充分的保护。这也是为实现最大限度的共同目标提供有效的保障。

四是要在确定数字金融和低碳金融的具体发展目标时，寻求两者最大的公约数和共同点，其分类指标要尽可能寻求互融性、互补性，而不宜选择对立性或极端化指标，要多设置有利于对方目标实现的引导性指标。

五是要对数字金融和低碳金融的发展目标不断进行优化。要积极做好目标的维护和优化工作，要随着环境的变化不断地优化和调整数字金融和低碳金融目标的管理体系，保持管理与目标及环境变化的一致性。

六是要保持数字金融和低碳金融发展的体制与机制上的协调与共振。要对数字金融和低碳金融实行同规划、同措施、同检查、同奖惩，保持数字金融与低碳金融发展的路径和机制的融合性。

（二）不断推进商业银行管理体制改革

发展数字金融、低碳金融均是商业银行的一种金融行为，前者是一种手段，后者是一种金融产品，都属于商业银行的经营管理范畴，而要保持两者的科学发展、协调发展，商业银行必须制定相应的业务与行为准则，作为商业银行当前发展与增强竞争能力的重要抓手。

一是要将发展数字金融和低碳金融作为商业银行的核心竞争力来培育。商业银行的机构林立，机构间的竞争也十分激烈。商业银行在激烈的市场中要求得生存，当前，应当将大力发展数字金融和低碳金融作为加快发展、

---

① 陆岷峰，徐阳洋. 科技向善：激发金融科技在金融创新与金融监管中正能量路径 [J]. 南方金融，2021（1）.

健康发展的"双轮",前者解决技术手段,后者解决发展方向,"双轮"的发展,必然大大提升商业银行的核心竞争能力。二是要积极推进数字金融和低碳金融的专业化管理,培育专业化人才①。要通过"高精尖"人才的引进,夯实商业银行发展数字金融和低碳金融的人才基础,通过构建优秀的引人、用人机制,不断提升数字金融和低碳金融发展的科学性。三是要积极完善数字化、低碳化发展的考核奖办法,通过制定激励与约束机制,支持商业银行所有的业务从业者能正确、科学地处理数字金融与低碳金融发展的关系,摆正两者的发展定位,推进数字金融与低碳金融的融合。

(三) 发挥市场对数字金融和低碳金融发展的调节作用

中国特色社会主义既要通过市场"无形的手"发挥基础性作用,又要通过政府"有形的手"进行重点调节。推动数字金融与低碳金融的发展,必须更多地依靠市场机制的作用,不断推动数字金融和低碳金融的发展及结构优化,构建在市场机制作用基础上的数字金融和低碳金融的发展模式,并同时符合政府、银行、经济主体间的共同利益。只有这样,其发展才更具有可持续性。

一是充分发挥价值规律、市场竞争规律的基础性作用,将数字金融和低碳金融发展作为商业银行生存或发展之道。数字金融、低碳金融的关键词都是"金融",必须按照金融发展的基本规律来运行,虽然二者各自服务的对象、侧重点有所不同,但接受市场规律的调节与作用的基本原理是相同的。数字金融和低碳金融的发展只有按照价值规律、竞争规律等市场的基本规律发展,才有坚强的生命力,才能保持不断创新、不断变革,持续提高金融的服务质量,进一步激活金融生产力。

二是加大财政、税收、物价等经济工具的运用。数字金融和低碳金融的发展除了面临规模增长等速度问题外,更主要的是两者结构的协调发展②。科学发展数字金融和低碳金融,除了注重市场规律作用外,还要注重加大政府的财政、税收、物价等经济工具的应用,通过成本的约束来调整两者的发展方向及结构比重。特别是对于低碳金融,在其发展初期,更需要政府的扶持与引导,从而进一步放大低碳金融在低碳经济发展和金融数

---

① 陆岷峰,徐阳洋.互联网金融:运行轨迹、风险溢价与治理启示——以中国网贷行业发展过程为例 [J]. 南都学坛 (人文社会科学学报), 2021 (1).

② 陆岷峰. 新计划经济:特征、作用、应用场景与研究建议——以商业银行为例 [J]. 北京财贸职业学院学报, 2021 (2).

字化进程中的作用。

三是加大金融工具的运用，不断提升金融产品的技术含量①。数字金融与低碳金融的实质是两种工具在商业银行中的不同应用，一种是技术工具在金融中的应用，另一种是金融工具产品在低碳经济发展中的应用。这两者的融合点实际上是在金融产品上。因此，应通过不断提升金融产品的技术含量，从而增加金融产品应用的针对性和有效性，将数字金融与低碳金融的发展目标在具体行为上有机地结合起来。在设计金融产品时既要考虑先进技术的应用，更要兼顾低碳经济发展目标的要求，最终，通过金融产品的规模扩大，实现数字金融和低碳金融的同步发展和同步发挥作用。

（四）大力强化商业银行平台化建设

平台化是商业银行数字化重要的实现形式和载体，也是数字金融和低碳金融步入快速发展、高质量发展的首要条件。商业银行的平台化建设水平在各个行业中处于相对领先地位，但行际之间发展水平差距较大，基于多种因素的影响，中小金融机构平台化建设相对落后，平台的功能、运行速度等还有很大的差距。同时，市场经济中其他微观要素的平台化建设水平也参差不齐。通过商业银行的平台化建设，一方面可以为商业银行发展数字金融、低碳金融提供必要的互融基础和前提条件，另一方面也可以推动全社会平台化建设水平，提升整个社会经济运行效率。

一是要充分认识现阶段平台建设的重要性。因为商业银行的平台是数字金融、低碳金融目标和业务的共同的载体，两者之间互相覆盖，也就是说，数字化在低碳金融中可以得到全面应用，而低碳金融在商业银行数字化过程中也必须全程体现，两者可以得到最大限度的融合。建设的平台可以打破两者之间时间与空间的限制，可以共享同一数据信息源，在技术手段应用上又可以互相支撑，可以节约大量人力、物力、财力，极大地优化业务流程和服务流程，实现数字金融与低碳金融发展信息的实时对接，从而避免两者发展中的冲突，增加两者发展间的包容性、协调性。

二是推动数字金融和低碳金融产品的广泛应用。在无技术不金融的时代②，无论是数字金融还是低碳金融，其功能的实现都是通过产品价值的实现而实现的。平台可使得商业银行数字金融和低碳金融产品直接与需求者

---

① 陆岷峰. 关于金融科技银行与其生态体系打造的研究 [J]. 区域金融研究，2021（4）.

② 陆岷峰，周军煜. 公司治理视角的区域法人银行机构不良贷款形成机理、实证及应对措施研究 [J]. 金融教育研究，2021（2）.

在虚拟空间中实现交易，突破时间与空间的限制，特别是场景金融的构建，使客户接受金融服务变得更加方便、简单。

三是充分体现低碳目标原则。平台是实现低碳金融目标最直接、最有效的手段，避免了过去金融发展过程中拼网点、拼机构、拼投入、拼人员的粗放式做法，有利于金融的绿色底色更加浓厚。

商业银行加强平台化建设最主要的是要应用数字技术，通过搭建最先进的核心系统，不断完善、丰富系统功能，借助于云服务，实现信息资源储存最大化、信息交流实时化、数据处理科学化、平台功能多样化。同时，要根据业务的发展需求，不断优化、升级平台的功能，以适应业务发展的需要。此外，各商业银行还应当在加快平台建设的基础上，构建数字金融和低碳金融发展的常态化协调机制，配置专业化人员，对数字金融和低碳金融的发展进行实时监控，对存在的矛盾实时采取措施加以协调。

（五）实行数字金融与低碳金融互检评估制度

数字金融与低碳金融的评价不仅取决于个性目标实现的程度，而且在更大意义上取决于对方发展的质量与水平。因此，要通过对方指标发展的情况对数字金融和低碳金融进行互检式评估，通过评估指标体系的建设，确立新的导向目标，引导双方在发展过程中，均以对方的有效发展成果作为本身政策取舍的重要依据①。

1. 对数字金融低碳化的评估。数字金融的本意是数字技术在金融业中的应用，从而改进金融的运行模式，提升风险管理的水平，优化业务流程及有效地控制管理成本，实质上是金融的数字化②。数字技术虽然不能直接作用于低碳金融，但是却通过商业银行这一载体，对低碳金融的发展有着不可忽视的作用。因此，在"双碳"目标下要发展低碳金融，必须注重数字金融作用的发挥，同时，在对数字金融发展的评估上，要充分体现是否有助于低碳金融的发展。一是要重点关注数字技术是否助力商业银行对低碳客户的选择。商业银行在支持低碳经济发展中，重要的一点是金融服务的客户是否为低碳经济的主要作为者，数字技术在金融中的应用，首先要将服务的对象中的低碳者通过技术手段从客群中优选出来，作为商业银行

① 周军煜，陆岷峰. 中国民营银行发展窘境与破解之方——兼论构建中国社区银行群体的必要性与可行性［J］. 成都行政学院学报，2021（1）.

② 陆岷峰，欧阳文杰. 金融开放对商业银行货币错配风险的影响研究——以 17 家上市商业银行为例［J］. 武汉金融，2021（11）.

重点支持服务的对象。二是要重点关注数字化是否助力低碳金融的风险管理。发展低碳金融不得不面临有些行业和企业要退出市场或转型，这将给商业银行带来较大的金融风险，因此，数字金融在商业银行低碳化过程中，既要支持低碳经济发展，更要通过技术手段的应用，实现本身真正的低碳化，降低低碳金融的风险本身就是一种减少社会资源浪费的低碳行为。三是要重点关注数字化是否对传统的低碳金融模式进行优化。绿色金融实质上是低碳金融的另一种提法，绿色金融理念一直是影响我国商业银行行为的重要因素，而数字金融的发展，有利于绿色金融理念转化为低碳金融的具体行为目标的实现，因此，要重点关注数字金融是否推动着低碳金融发展模式的优化，提升低碳金融的服务效能。四是要重点关注数字化是否助力降低低碳金融发展和管理成本，要通过低碳金融的数字化，有效地管控低碳金融的成本，从而极大地提高低碳经济发展的质量①。

2. 对低碳金融数字化的评估。低碳金融是为低碳经济发展所提供的金融服务活动的总称。低碳金融的本质是金融，低碳是对金融的一种要求与约束，而低碳金融的数字化，则是衡量低碳金融的运行效率与质量的一个维度②。对低碳金融的数字化评估，一是关注在发展低碳金融中是否将数字化作为主要的发展手段，即低碳金融要充分应用最新的大数据、区块链等技术，提高金融的服务质量与水平。二是关注各项数字技术手段与低碳金融融合的程度，关注低碳金融中的数字基因是否覆盖业务的全流程，并能根据不断出现的新的业务需求，进行融合性应用③。三是关注在低碳金融发展中，数字化是否作为最主要的手段被加以运用，同时还要关注其应用是否推进了全行业的数字化发展。四是关注低碳金融中数字化创新应用的情况，关注是否在低碳金融产品创新、风险管理及成本控制等方面进行了创新性应用④。

①　陆岷峰. 金融依赖性与危机传染：全球金融风险规避研究——基于市场经济微观主体视角[J]. 福建商学院学报，2021（1）.

②　陆岷峰. 经济新格局下都市圈经济与都市圈金融协调发展研究［J］. 广播电视大学学报（哲学社会科学版），2021（2）.

③　赵越，陆岷峰. 数据资产：价值链生成与经营模式的设计研究［J］. 海南金融，2021（9）.

④　曹梦石，徐阳洋，陆岷峰. "双碳"目标与绿色资本：构建资本有序流动体制与机制研究［J/OL］. 南方金融，2021（6）.

四、结语

数字化、低碳化是我国"十四五"战略规划及 2035 年远景目标中重要的目标之一，且实现这两个目标既具有高质量的内容要求，还具有很刚性的时间限制。这体现在商业银行的应对措施上就是要大力发展数字金融和低碳金融。两者的终极目标都是为实现金融业及中国特色社会主义市场经济高质量发展目标服务，但在不同历史时期、不同发展阶段及具体行为上，两者发展的着力点与方法还是有一定差异的，有时甚至还会产生冲突。因此，必须注重数字金融与低碳金融的协调发展，不断寻找两者的互融燃点，构建两者共促体制与共生机制，从而有力地推动金融数字化和社会经济低碳化目标的实现。

我国中小微企业健康生态培育与
数字化应用

一、引言

中小微企业是我国企业生态中最重要的组成部分之一，其在我国 GDP 增长、税收贡献、就业岗位创造、创新突破等方面所起的作用逐年提升。而在步入新的历史阶段、践行新的发展理念、构建新的发展格局，迈向第二个百年奋斗目标过程中，中小微企业的作用有了新的价值与使命，承担了更大的社会责任，是当前落实党中央最新战略的最有效的主体之一，特别是在三次分配、共同富裕的大路上，通过大力发展中小微企业，调动全民投资的积极性，增加中低层收入，有利于形成具有可持续性的共同富裕、全面富裕的道路。

在当前发展的不确定性因素增多的历史背景下，中小微企业的发展还面临许多新的困难，在原有的问题尚无彻底解决的背景下，又增加了许多新的发展要求与变数。比如，"双碳"目标对中小微企业发展提出了更新更高的约束性要求，数字化转型更是对中小微企业发展提出更多新的挑战。在这个大背景下，2021 年 7 月 30 日，中共中央政治局会议以及相关文件重点提出支持"专精特新"中小微企业发展，将"专精特新"中小微企业与科技强国、解决"卡脖子"技术等科技战略放置于同一高度，北京证券交易所的成立更是着力解决中小微企业融资难问题的实锤动作。种种迹象表明，在政策层面推动中小微企业的高质量发展、积极创造发展环境已成为当前各部门、各行业的中心工作。因此，当前研究中小微企业从传统的粗放型发展转向高质量转型成长具有十分重要的历史意义和重大的现实价值。

二、文献综述

（一）关于中小微企业社会价值贡献的研究

陆岷峰（2021）认为，中小微企业规模小、人员少、机制灵活，对市场信息嗅觉灵敏，市场意识强，转型速度快，吸收新生事物水平高。赵越（2021）认为，中小微企业的创新能力一般较强，模仿能力也很强，能够根据所有的资源、信息尽可能创新产品和服务方式，在业务交易工作中，服务质量相对较高。曹梦石（2021）认为，中小微企业由于数量巨大，解决了社会上大量人员的就业问题，而且这些人员文化素质一般相对较低，就业十分困难，因此，中小微企业对就业而言起到了社会稳定器的作用，这一作用是社会其他组织形式无法替代的。陆岷峰（2021）认为，中小微企业在我国企业组织中数量占比在99%以上，小企业主构成了我国企业家队伍中的大多数，虽然单个企业掌管的资源的绝对额不是很大，但中小微企业作为初始企业表现出极强的生命力，企业主在实践中积累了丰富的企业家精神并不断壮大了的中国企业家队伍。

（二）中小微企业生态圈存在问题的研究

徐阳洋（2021）认为，我国中小微企业生命周期太短，平均为一年半到三年，而国外中小微企业的生命周期平均较我国的中小微企业生命周期长一到二倍。中小微企业生命周期短，意味着是以极高的社会成本和高退市率为特征，必然造成社会资源的极大浪费，属于一种低层面、粗放式的管理与发展。陆岷峰（2021）认为，中小微企业因本身规模小，抗风险能力差，一旦碰到市场的动荡，中小微企业因规模小而无法形成足够的市场风险抵抗能力，因而，其发展韧性不足、韧劲不强，死亡率较高。正因为如此，中小微企业的融资难、融资贵问题始终得不到根本的解决。王婷婷（2021）认为，中小微企业所从事的行业大都是劳动密集型的企业，人员少、规模小，特别是高技术企业很少，大都是生活、生产服务型企业，呈粗放式发展，科技含量低，难以形成坚强的核心竞争能力。

（三）数字技术与中小微企业管理关系研究

葛和平（2021）认为，中小微企业为数字技术的应用与发展提供了更大的空间与市场，是推动数字技术创新发展最有效的动力，中小微企业发展中的新问题、新矛盾不断对数字技术的发展提出新的需求。陆岷峰（2021）认为，数字经济是我国社会经济发展到特殊历史阶段的一种新型特殊形式，在数字经济时代，数字技术管理已经解决了传统思维、传统方法无法解决的许多问题，是当前解决中小微企业发展最有效、最快捷的方法与手段。徐阳洋（2021）认为，数字技术在中小微企业管理中是全方位、多层面的，不仅限于中小微企业内部的管理，中小微企业的生态管理也必须充分运用数字技术，这样才能取得更好的效果。

（四）实现中小微企业高质量发展路径的研究

陆岷峰（2021）认为，科学的中小微企业管理体制、机制、方法是提升中小微企业发展质量的关键，中小微企业高质量发展很大程度上影响着中国经济高质量发展的进步，现在全社会已步入高质量发展新阶段，为中小微企业的高质量发展提供了一个良好的外部生态环境，形成了无形的约束与督促机制。赵越（2021）认为，全面支持小微企业发展，不是说因其小而支持，搞大包大揽，这并不是真正的市场经济，而应当实行差异化政策，精准施政，分类管理是精细化管理的一种重要形式，更是管理好中小微企业的有效路径。陆岷峰（2021）认为，必须发展最优质的中小企业，其他的交给市场调节，坚持政府"有形的手"与市场"无形的手"同时发力，但更主要的是要依靠市场机制的基础性、根本性调节作用，不断提升中小微企业的市场意识与适应市场的能力。

综上所述，我国的中小微企业多年来的历史贡献与诸多的中小微企业研究成果密不可分，特别是在中小微企业解决融资难、融资贵等方面不断出台新的支持政策，在小微金融方面不断创新经营模式。但就现在的中小微企业研究的成果的局限性来看，很多没有站在历史发展的战略高度，而是过多聚焦中小微企业发展中的具体问题，缺乏将小微企业发展放在国家发展新阶段、新要求、新使命上进行及时定位，特别是在当前我国全面进入新的一百年奋斗目标征途上，全面实现中小微企业高质量发展已经显得十分迫切。本文的创新点：基于历史发展的逻辑，认为中小微企业进入高质量发展的新阶段，各方面条件都已具备，而在实现中小微企业高质量发展的路径上，数字技术的发展为实现数字化转型提供了必要的条件。本文具体论述了大数据、区块链、人工智能、物联网、5G 等技术在中小微企业迈向高质量发展过程中的具体路径，即必须以数字技术为抓手，提升中小微企业的数字化程度，构建以数字技术为核心的中小微企业管理体制与机制，不断提升扶小政策的有效性和针对性，提高市场杠杆作用的精准度，重点扶持一批"专精特新"的中小微企业的发展，提升中小微企业发展的平均质量，增强优质中小微企业的整体核心竞争能力。

三、中小微企业走向高质量发展的目标模式

从低级向高级、从粗放到精细、从低质量向高质量发展是人类社会进步的必然趋势。我国社会经济各个方面已经步入高质量发展的新的历史阶段。同样，中小微企业群体终极发展的目标要求也必须是高质量发展。当然，中小微企业高质量发展目标是一个集合名词，还要由具体的子目标、细目标来体现，同时，目标确定后最主要的是实现目标的路径和手段，只有当目标和路径与手段相呼应时，目标的实现才能有可靠的基础。

（一）中小微企业高质量发展的基本目标

中小微企业高质量发展既指个体企业，也指企业的群体。高质量发展的指标有很多，既有绝对指标（比如利润额），也有相对指标（比如人均创利），既有商业性指标，也有社会责任指标。在诸多指标中，最能体现中小微企业发展质量或发展韧性、韧劲的指标主要包括以下六个方面。

1. 企业群体生命周期。这是反映中小微企业群体生态健康与否的最重要、最综合的评价指标，当然也是高质量发展的最重要指标。生命周期短说明发展质量不高。生命周期长不应当是企业出生率高、死亡率也高，而应当是出生率高、死亡率低。同时，中小微企业的生命周期至少要保持世界上中小微企业生命周期的平均水平，达到生存期五年以上。随着社会经济的发展，生命周期应不断延长，这是中小微企业生态圈是否健康的最主要标志。

2. 企业经营模式。中小微企业的生存能力很大程度上取决于经营模式是否先进，是否能不断优化，综合经营成果是否不断增多。在现代经济中，只有具有先进模式的企业，业务流程实现最优化，才能不断扩大经营成果，提高市场的适应能力和竞争能力。这是企业提升效能最直接的手段。

3. 企业的产品服务。中小微企业产品和服务质量是企业立足的根本。在互联网时代，企业的产品更多强调的是极致、赢者通吃的理念，没有一流的产品与服务就没有未来的市场。产品与服务除了具有最基本的功能外，综合回报、附加值以及用户体验越来越受到消费者的关注。这是企业生存与发展的基础。

4. 企业技术创新能力。在现代市场经济条件下，从一定意义上说，每个市场主体的创新能力决定着其竞争和生存能力。创新能力包括但不限于制度创新、产品创新、文化创新、管理创新的能力，一句话就是，在各个

维度上企业都必须处于行业的前沿，处于世界的一流，否则，就无法与高质量企业同日而语。这是不断增强企业发展动力的源泉。

5. 企业内部管理水平。这主要包括企业的管理效能、决策水平、员工行为规范等。好的中小微企业能做到公司治理结构完善、公司治理管理能力优、重大决策正确、执行能力强、运行效率高等。这是企业生产经营活动全过程高质高效的保证。

6. 企业经营成本控制。中小微企业的财务连续性是企业生命长短的核心，只有具有不断的现金流，企业才能不断扩大再生产，形成财务资源的积累，也才能不断增加竞争能力。财务成果是一个企业经营能力与水平的最终成果体现。

（二）数字化是中小微企业高质量发展的关键

中小微企业高质量发展的目标确定后，最主要的问题就是通过什么样的手段来实现。当前，我国的中小微企业纷纷通过加大改革力度、引进高精尖人才、加大新产品的研发、强化内部管理等措施，不断提升企业的核心竞争能力，并取得了一定的成效。但就社会经济形势来看，数字技术是全面推进中小微企业生态圈健康发展、步入高质量发展快车道的基本战略。

1. 打通中小微企业的生态体系。数字技术是一项通用技术，可以适用于各种不同的场景，对所有行业、企业都具有极强的渗透能力。随着全社会数字经济的发展，一方面，中小微企业这个群体需要与全社会的数字化同步；另一方面，中小微企业如果不能数字化，将会被市场淘汰出局。而数字技术可以将中小微企业生态圈与社会经济各主体生态圈有机地连接起来，促进中小微企业在全国甚至全球价值链、供应链中保持良性循环，实现中小微企业与世界经济发展同频共振，保持中小微企业始终跟上时代发展步伐。

2. 强化中小微企业的群体管理。中小微企业群体规模庞大，结构复杂，个性化企业较多。对于这样的群体，通过传统的自然人管理会显得力不从心，也无法实现对这个群体管理的精准化、实时化。自然人管理主要是事后的管理。而数字技术却可以实现对中小微企业群体实行全面、系统、快速的管理，无论是分类、统计还是个别画像，在数字技术面前都会显得十分简单和便捷。因此，数字技术对于中小微企业群体管理而言是一种最简单的管理工具。

3. 提升中小微企业的创新能力。数字技术在中小微企业中的应用最大的优势之一是可以持续提升中小微企业的创新能力。一方面，现在的数字技术是最先进的技术手段。另一方面，数字技术本身也在不断创新、完善。数字技术一旦应用到中小微企业当中，与现行的制度、管理、产品、服务等会产生若干不同的组合，从而出现许多新的管理和发展方式，有力地推动中小微企业创新能力的大幅度提升，特别是中小微企业的产品创新，更是数字化直接推动的产物。

4. 优化中小微企业的业务流程。平台化是数字技术应用的重要特征，在传统的业务模式下，中小微企业的业务流程很长，很多业务要经过多个中间环节才能实现。而在平台化的背景下，中小微企业的产供销可以打破时间与空间的限制，在虚拟空间的平台上实现直接的供销交易，而企业的内部管理也通过平台实现多人同时处理业务，业务流程大幅度优化，提升了管理效能。

5. 降低中小微企业的经营成本和经营风险。数字化的中小微企业，由于管理中人工智能的应用，不断提升企业的自动化程度，而且由于管理流程的节省以及管理方法的数字化，都会大幅度减少人力成本及管理成本，从而提升企业的经营收益。而在中小微企业的风险管理中，通过大数据设立预警指标体系，对企业所有的经营活动的风险管理完全实现数字化、线上化、实时化，更有利于企业经营风险的有效管控。

6. 提高中小微企业的管理效能。管理效能低是中小微企业的通病，而在数字化的管理系统当中，很多信息是实时的，可以直接传导到目标客户，在选择目标客户时，通过数字化可以更加精准地找到客户，而在企业的内部管理中，更多应用物联网、大数据、区块链等新技术，不仅节省人力投入，更可以提高办事效能。在决策过程中，过去更多地凭经验，在数字化背景下，更多的是用数据来说话，而且这个数据还是真实、全面的，有利于提升决策的科学性。因此，数字化可以大幅度提升中小微企业的管理效能，带来的结果是财务能力的提升。

由此可见，数字技术在中小微企业中的应用有利于中小微企业高质量发展目标的实现，将进一步夯实中小微企业高质量发展的基础，随着数字技术手段的发展，宏观经济进入高质量发展的新阶段，中小微企业高质量发展不仅必要，而且可行。数字化技术与外部环境为中小微企业的高质量发展提供了可能性与条件。

（三）以数字技术为抓手推动中小微企业高质量发展

以数字技术推动中小微企业生态圈的健康发展，重点是对中小微企业的生态状况进行多维度、全面、客观的评估，解决中小微企业本身的综合竞争能力，破解发展中的融资困难，不断提升中小微企业政策治理的有效性，充分发挥市场在中小微企业生态圈发展中的基础性作用，重点培育好中小微企业中的长板群体，形成群体带头效应。

1. 科学分类，夯实基础：精准对中小微群体进行画像。中小微企业的生态整体情况及个体生存状况，对于制定政策、优化环境等至关重要。在传统技术条件下，无法实现对行业、对企业进行穿透式管理，而在数字技术应用条件下，可以通过大数据等多种工具的运用，将中小微企业的行业和个体状况进行全面、深入的了解。一是对中小微企业整个行业、区域布局通过大数据等统计出来，要有若干个标的，越多、越细、越全面越好。二是在此基础上进行适当的分类统计，运用人工智能等技术，针对这些数据信息，及时得出若干行业发展报告。三是要将各类指标数据及时更新，能够做到让小微群体的画像不仅是平面的，而且是立体、多维度的，让所有使用小微企业数据的关联方，都能够精准地对行业、企业、产品有一个客观、全面的了解。四是能满足各方面名单制管理的要求，要通过大数据统计、计算、分析等功能，让所有的管理者能随时得到想要的名单以及信息。

2. 精准评估，数据支持：解决中小微企业融资魔咒。在大数据得到充分发展之前，解决中小微企业融资难、融资贵问题本身就是一个伪命题，因为在当时的背景下，金融机构与中小微企业完全处于信息不对称的状态，金融机构也无法对服务对象进行及时的跟踪管理，因此，中小微企业的金融服务成本高、风险大、管理不可控，无法形成批量化、标准化、流程化金融服务，尽管出台了若干支持中小微企业的金融政策，但并没有从根本上解决中小微企业发展中的金融服务问题。在金融科技得到充分发展和应用的今天，技术突破了传统的金融思维，解决了常规情况下想解决而无法解决的问题。大数据可以使金融机构准确地了解服务对象的真实情况，通过多维度的数据信息，准确地对每个目标客户进行画像，通过技术手段可以将营销目的直达客户，同时，通过大数据，可以实时了解企业的运营情况，有效地加强对客户的风险管理。运用区块链技术可以实现对目标客户信息的跟踪，通过智能合约以技术手段加强对信用的约束，实现供应链过程中各参与主体的信息实时共享而且具有高度的保真性。通过物联网可以对服务对象的物质形态进行全流程的管控，有效地提升风险管理能力。通过人工智能可以解决长尾客户经营成本高的问题，实现批量化经营，实现数字员工替代自然人工作，将自然人从繁重的计算、管理中解放出来。此外，5G技术解决了信息传输的速度等问题，大大提高了业务流程的运行效率。因此，在新的金融科技的支撑下，可以实现金融机构承做中小微企业、普惠金融、长尾客户方面业务的低成本运行、低风险操作，实现业务的标准化、批量化，做到风险与成本可控，从而使中小微企业解决融资难、融资贵有了坚实的技术基础，也使这个多年来未解的魔咒得以解决。在新的金融科技背景下，如果部分中小微企业仍得出不宜融资等结论，一定是企业本身的问题，而非金融机构的主观意识。解决中小微企业的融资难问题并不是因为其小就必须支持，而是因为其有社会价值才能得到支持。因为，在发达的金融科技背景下，错杀服务对象的概率十分小。

3. 政策跟随，综合运用：提升科技在政策治理中的效用。为了着力解决中小微企业发展中面临的各种困难与困境，各级党委、政府以及金融机构可谓煞费苦心制定出台了若干扶持、促进中小微企业发展的政策，甚至还上升到立法层面。从实际情况来看，这已经取得了很大的成效，但并未最终彻底解决中小微企业发展中所面临的一些困境，从资金缺口看到，仍有近24万亿元的敞口。当然这当中有部分需求可能是不合理的。这与政策制度的针对性、精准施力等有十分重要的关系。再进一步深究，这主要是由于制定政策的依据、数据不充分，对未来的预期不准确。金融科技的广泛应用可以解决政策制定的盲目性并能精准用力。一是金融科技可以为政策制定最全面、最细致的事实依据，让市场所有信息能第一时间在政策设计上得到反映，同时也能保证政策的有效性、针对性、联动性，可以准确地反映中小微企业群体发展中存在的问题，使制定的政策能直达病灶，提高政策的有效性。二是可以提供动态的情况，及时调整政策。中小微企业是不断发展变化的，而政策的时滞性往往影响政策的执行效果，金融科技、大数据等可以实时地将中小微企业发展的动态情况进行全面的反映，有利于提升政策的时效性。三是可以对未来情况进行精准预测，提升政策制定的前瞻性，特别是大数据、人工智能在中小微企业生态管理中有着极强的自我学习能力及精准的预测判断能力，使制定的中小微企业管理政策的适用性更长远。四是可以全面反映中小微企业与其他群体之间的关系，提升政策制定的系统性、关联性和科学性。大数据不仅可以全面反映中小微企业之间的关系，更可以将中小微企业群体与其他社会经济组织的关联性进行系统性分析，因而，可以进一步提升政策的可行性。

4. 数字渗透，全面管理：不断提升中小微企业发展韧性。中小微企业生态圈的健康发展离不开所有个体企业的健康发展，因此，数字经济将会使所有的经济主体必须按下重启键，即必须全面引进数字化管理，实现数字化转型。只有所有企业的数字化水平提升了，整个中小微企业的生态圈的数字化水平才能整体提升，因此，推进中小微企业数字化转型迫在眉睫。一是提高中小微企业对数字化转型的认识。中小微企业群体本来规模小、资源十分有限，而进行数字化转型一般会有较大的投入，不仅包括资金，还有人才等。因此，对于众多的中小微企业而言，加大数字化转型投入是一个痛苦的选择。但数字化是历史发展大势，迟投入不如早投入，被动投入不如主动投入，因为数字化带来的企业发展变化是必然的，数字化抛弃你时连招呼都不会打，因此，中小微企业要处理好正常发展与数字化转型的关系，量力而行，适当加大数字化转型的投入。二是选准数字化转型的切口。中小微企业间的差异很大，因此，推进数字化转型需要根据企业的自然状态，找准切口，发现优势，分清主次，有序进行。比如，商贸型小微企业宜选择大数据为切口，通过大数据的应用及时掌握了解客户的需求信息、了解客户的消费爱好，同时也可以大力发展区块链技术的应用，运用技术推动供应链金融的发展。三是综合应用各类数字工具。有条件的中小微企业可以根据企业的整体发展战略，提升数字化转型的发展规划，尤其是发挥数字技术在企业发展模式上的创新与应用，要通过技术的应用进一步优化业务流程，有效地控制风险，大力降低经营成本，从而提升中小微企业的整体核心竞争能力。

5. 小中选大，好中选优：重点培育最优质的中小微企业。没有差别就没有政策，就无法激励群体不断、持续向高质量发展迈进。提升中小微企业高质量发展的水平，重要的一个方法就是发展好当中的优质群体，通过优质群体发展的加速度，带动群体平均水平的提高，同时也能引领群体的高质量发展。长板理论也表明，现代数字经济条件下，企业群体质量的高低，不取决于短板而取决于长板，即是否掌握了最先进的技术、理论与人才。从我国的中小微企业发展政策来看，也是在做长长板方面做了大量的工作，无论是国家提出的专精特新计划，还是小巨人行动，无一不是通过发展优质的小微企业推动整个群体进步发展的思路。在金融科技得到广泛运用的背景下，更要利用金融科技手段为培育专精特新企业提供服务。一是要充分运用大数据等技术手段，多维度、全方位精选出真正的具备高精特新的中小微企业，只有选准了，才能让真正有发展潜力的企业得到更多的政策支持，也才能使其得到更快的发展。二是运用数字技术对高精特新的群体实行动态化管理，及时将优质的中小微企业补充进入专精特新的群体。而对那些已经进入专精特新的中小微企业，由于多种原因，发展质量与水平不能与时代同步、不符合专精特新的要求时，要及时退出，形成一种精准的有进有退的机制，始终保持专精特新群体的高科技、高创新一流的中小微企业的水平。三是要及时运用现代数字技术将专精特新的小微企业的经营模式、管理经验、产品技术在中小微企业群体中进行复制、传导。一定要将少数企业的资源转化成群体的资源，发挥专精特新企业群体的社会作用。

6. 技术作为，优胜劣汰：发挥技术手段提升市场基础性作用。市场经济条件下，由于中小微企业群体众多，发展中会存在一定的盲目性，上项目常常跟风，重复投资现象较为普遍，同时还有布局不合理、结构失调等问题，造成社会资源的极大浪费。这也是诸多中小微企业生命周期短的重要原因。充分发挥市场的基础性作用，更要注重数字技术引导中小微企业在发展中坚持正确的发展方向，运用数字技术及时向市场发布供需情况的信号，从而引导中小微企业在发展中能科学布局、科学决策。一是坚持需求导向，要充分利用大数据等技术，及时发布市场各类产品的需求，通过需求信息的发布，引导中小微企业进行科学的选择、定位；二是要坚持价格导向，通过数字技术将各类产品的价格、成本通过平台及时进行发布，通过价格信息，中小微企业分析本企业的发展优势，决定发展规模、发展策略；三是坚持竞争导向，通过信息技术对市场状况的分析、监测，强化对竞争秩序的维护，保持中小微企业有个公平的竞争环境。在公平的竞争环境下，中小微企业必然会提高市场的灵敏度，让企业更科学地进行决策，延长生命周期，减少社会资源浪费。

四、结论与建议

（一）结论

1. 中小微企业高质量发展已经提到议事日程。没有中小微企业的高质量发展就没有我国社会经济的高质量发展，持续推进中小微企业生态圈健康成长是当前社会各界必须共同解决的一道必答题。

2. 坚持个体及群体中小微企业高质量同发展。中小微企业的高质量发展是整个生态圈的全面高质量发展，当然，这是基于所有个体中小微企业的健康成长的。两者必须同时抓。

3. 科学确定中小微企业高质量发展目标至关重要。高质量发展目标决定实现高质量的途径与手段，中小微企业的生命周期长短是高质量发展最综合的一个指标，而企业的发展模式、管理成本、经营效益、产品服务等也都是高质量发展的子指标。

4. 数字技术的应用最契合中小微企业高质量发展的目标。数字技术作为最先进的应用技术，渗透力极强，对社会经济的发展起到全面性和基础性的作用。而数字技术的应用将有助于中小微企业高质量发展目标的全面实现。

5. 数字技术必须嵌入中小微企业生态圈发展全过程。其不仅要应用到对中小微企业的生态圈的全面管理，还要应用到个体中小微企业生产经营活动的全过程，不是单个数字技术的应用，而是多个数字技术的全面应用。

（二）建议

1. 加大对中小微企业数字化转型的政策扶持力度。中小微企业的数字化转型不仅是中小微企业本身的事，更是我国社会经济转型升级、全面推进数字中国、提升我国国际竞争力的重要路径，基于中小微企业规模较小等现实情况，各级财政宜对进行数字化转型的中小微企业实行差别化的财政补贴，鼓励更多的企业尽早加快数字化转型。

2. 加快数字技术应用成果向中小微企业转化。数字技术的应用带有很强的专业性和高科技性。因此，要积极推动产、学、研、企的联合，建立公共实验室，联合、整合分散在各中小微企业中的研究力量，进行合作攻关，要积极创造数字技术的应用成果向中小微企业转化的环境。

3. 加强数字技术人才向中小微企业的流动。要积极推动大型企业、科研院所等数字化人才与中小微企业的结对帮扶，加大对中小微企业数字化人才的培养力度，夯实中小微企业数字化的基础。

经济学视角的数字小微金融

一、引言

小微企业是我国经济体系中的微观主体，是实现宏观经济平稳较快发展的中坚力量。据小微企业名录统计，截至 2017 年 7 月底，我国中小微企业数目达到 7328.1 万户，对 GDP 的贡献度已超过 60%，并创造了 50% 以上的出口收入和税收。近年来，随着我国经济增速趋缓，小微企业发展环境恶化。长期以来，我国中小企业所获贷款数在全国银行贷款份额中的占比徘徊在 10% 左右，无论在何种行业、哪一个阶段，中小企业融资难现象都普遍存在，不过是困难程度有所差异而已。当前小微金融模式的风险识别、信用记录和数据处理的成本都非常高，靠线下定期频繁访问客户、高密度的物理网点来抵达小微企业群体的传统模式难以符合普惠金融的内在要求，不具备商业可持续性，与小微企业金融服务需求相比仍存在较大差距。

传统金融机构之所以没有深度解决小微金融服务模式难题，主要原因是缺乏数字技术的有力支撑。数字技术，特别是大数据、云计算、区块链、人工智能等技术的发展可以极大地提升金融机构的服务能力。小微金融数字化后诞生的数字小微金融模式，天生携带着"普惠基因"。金融机构可依靠数字技术手段精准获客，对小微企业的风险进行全方位、全流程控制，云计算、指纹识别、人脸识别、语音识别等技术，能够保证向小微企业提供金融产品时的资金安全、信息安全，从根源上解决金融机构小微金融服务中成本与风险约束以及信息不对称掣肘。现代技术在小微企业融资中的全过程运用，极大地降低了金融成本，提升了经营效益。

二、文献综述

（一）小微金融定义的研究

刘兴赛（2012）指出，小微金融业务是指为金融资产在 1000 万元到 5000 万元的目标客户提供的授信不超过 500 万元的金融业务。因此，大部分商业银行将小微金融业务与汇兑、投资理财一并划分到零售银行业务范畴内。李凌（2014）指出，我国小微金融源于 20 世纪 90 年代政府和非营利组织主导的小额信贷项目，主要解决欠发达地区人群和小微企业的金融服务需求，包括贷款、理财活动、小额投资和其他增值服务。21 世纪以来，信用合作社、小额贷款公司等机构逐步涉猎小微企业贷款业务，开启了小微金融追求社会经济价值和可持续发展的新时期。

（二）小微金融发展困境的研究

伴随着小微企业的不断成长，其资金需求也会逐步变大，巨大的资金缺口将直接阻碍小微企业进入更高发展阶段。巴曙松（2012）指出，面向大企业的金融改革已经取得成效，小微企业在发展过程中仍然受到大企业的挤出效应影响，尤其是当经济增速和小微企业盈利双双回落时，商业银行、农村信用合作社等机构向小微企业发放贷款时谨小慎微。事实上，小微企业融资难题一直困扰着国内外学者，一些国外学者都对其做了理论与实证分析，"麦克米伦缺口"（Macmillan Gap）的提出首次集中阐述了小微企业的融资困境问题。产生该现象的主要原因在于政府的宏观政策，若中央银行制定的基准利率小于市场的均衡利率，中小微企业的资金需求就会由于金融资源配置效率不高和总量不足而形成巨大资金短板。"麦克米伦缺口"在金融制度上实质上是一种市场失灵，由于存在融资壁垒，小微企业作为市场上资金需求者在寻求融资时会遇到很大障碍，导致资金供给与需求失调，无法达到帕累托最优。市场之所以会失灵，很大程度上是由于大型企业占据绝大部分金融资源、小微企业的信息不透明以及更高交易成本等。国内对于小微企业融资难困境的研究起步较晚，20 世纪 90 年代国内学者开始探讨小微企业的融资难问题，并形成了一系列的文献和研究成果。

1. 间接融资困境。王岳、赵庆国（2009）对中小企业的间接融资模式进行 SWOT 分析，指出长期以来中小企业的间接融资存在很大的短期缺口，长期缺口更加突出，资金匮乏使中小企业错失扩大再生产的契机，降低了其经营效率，而造成这种现象的关键在于缺乏高质量基础设备、担保体系不完善和财务报表失真。卢高翔（2012）从中小企业的间接融资现状和特征进行分析，指出金融市场中普遍存在"惜贷"甚至"不贷"现象。我国大部分中小企业都具有民营性质。当中小企业遇到资金缺口时，银行贷款仍然是绝大部分中小企业的首要选择，然而民营企业却很少从银行渠道获得贷款支持。据统计，一般商业银行的规定是先满足国有大型企业融资需求，其次是中型企业，最后才考虑私有小微企业。近60.5%的中小企业没有满足过期限为1~3年长期融资需求，即使获得长期贷款，其资金满足率也通常较低。

2. 直接融资困境。吕劲松（2015）指出，中小企业的资金来源中直接融资比例较低、核准周期长，以自有投入为主。从2014年上半年在中小板和创业板上市的45家企业的统计数据来看，从企业申请IPO到最终上市的平均周期为2.7年，仅一成企业获得IPO融资资格。李经纬、张协（2014）指出，企业直接融资的方式有发行企业债、VC、私募股权、创业板上市以及其他融资方式。由于以上融资方式硬性要求较高，与中小企业的自身特点不相符合。中国证监会推出的中小企业私募债是专门破解中小企业特别是民营企业融资困境的金融创新工具，然而投资者、证券承销商以及金融监管部门出于规避风险的考量，倾向于具有国资背景的城投企业发行私募债，而把部分经营状况良好、基础设施健全的中小企业拒之门外。

3. 民间金融融资困境。我国长期存在以城乡分隔和差异为特征的二元不平衡状态，造成经济体系与金融体系也存在明显的二元背离趋势，经济体系形成以大型国有企业为代表的国资企业体系和以中小企业为代表的私人企业体系，金融体系则产生了以商业银行、证券公司等金融机构为代表的正规金融和以各种社会放贷机构为代表的民间金融。陈艳杰（2018）认为，中小企业的民间借贷融资方式是在一定的地理区域内中小企业向自然人或者民间机构筹措资金、填补资金缺口的行为。一般而言，中小企业的融资需求呈现"短频快"特点，商业银行核准贷款周期长，且不容易获得，因此中小企业通过民间渠道获得融资的比例较高，民间借贷的融资效率高于直接向商业银行和其他金融机构融资的效率。民间借贷的年化利率是商业银行利率的四倍左右，使用民间借贷融资的中小企业的财务风险和经营风险往往都很高。

（三）小微金融发展对策的研究

现阶段，学术界对于小微金融发展的政策研究成果层出不穷，不同的学者针对政府平台、金融机构经营理念和市场作用等方面纷纷阐述观点。有专家认为，政府必须要发挥宏观调控作用来解决由于信贷配给和信息不对称造成的市场失灵问题，弥补市场机制缺陷，利用行政手段来营造良好融资环境。尹丹莉（2011）强调加强对政府采购的认识，按照规定份额提前购买中小企业销售商的产品、项目及材料。财政政策方面，对于市场前景良好的生产和建设项目给予贴息，对中小企业新增员工和培训活动给予适当补贴，利用财政贴息杠杆，为中小企业的贷款提供保障。中小企业担保课题组（2012）指出，经过十多年的发展，中小企业担保行业已经成为中小企业服务体系中不可或缺的重要一环。政府应继续对担保行业进行扶持，建立财政资金支持中小企业的架构，明确中央政府和地方政府的责任，提高财政支持路径的多元化和体系化，达到信用担保机构行政化导向与市场化运作平衡状态。邢乐成、梁永贤（2013）认为，从国内金融市场环境看，商业银行仍然是中小企业寻求外部融资的主要路径，必须从制度上转变其经营理念和方法。首先，放宽信贷配给和财政资金约束，免除业务税，实时监控放贷流程中的风险暴露；其次，对中小企业信贷规模进行定向宽松，按照一定比例计入监管总规模和相关经营指标内；最后，创新固有产品和流程，开发具有针对性和普惠性的贷款新品种。

　　综上所述，已有的关于小微企业金融的研究成果，都从不同的角度给出了小微金融的定义及其运行特点。从现有研究成果看，学者的关注点主要集中在现有融资渠道下小微金融的困境。此外，在对小微金融发展对策的研究上，绝大多数文献强调优化外部运行环境，着重强调政府和传统金融机构对于破解中小企业融资难问题的作用。近十年，伴随着数字技术的飞速发展和成熟应用，数字金融（Digital Financial）引起广泛关注。"数字"是指"数字化"，是计算机、通信、移动互联、大数据处理、云计算等一系列相关技术进步的统称。传统金融机构之所以没有深入小微金融领域，一个重要原因是技术欠缺。利用现代数字技术提出中小企业融资困境解决方案是一个理论创新，将成为小微金融未来发展的趋势。

三、数字小微金融从根本上破解小微企业融资难题

（一）传统小微金融模式的发展瓶颈

　　小微企业在向银行等金融机构申请贷款时会面临信贷配给。信贷配给在金融市场上广泛存在，即在信贷市场上的融资需求只有一定比例能够实现，剩余借款者即使付出再高的价格也不能足额获得资金。传统经济学理论认为，信贷市场上调节资金供需的是利率机制，当贷款需求大于供给时，利率就会上升；反之，则利率下降。市场供求相等时的利率代表均衡利率。当达到均衡利率时，信贷资源得到有效分配。然而，信贷市场上却经常性地出现信贷配给，这就表明信贷资源供求不相等是普遍、广泛的存

在。Stiglitz、Weiss（1981）指出，银企之间由于信息不对称引发的道德风险和逆向选择迫使银行在一定条件下选择信贷配给。因此，银行提供的贷款量不一定与贷款利率呈正比关系，信贷配给也可以是一种长期均衡的现象。

当前，我国商业银行等传统金融机构在提供小微金融业务方面面临的问题较多，小微企业依然无法从现有的资金供给渠道中获得足够的融资支持。其原因既有金融机构的"成本和风险"考量，也有小微企业自身存在的财务不规范、经营风险大、生命周期短等方面的问题。

1. "成本和风险"约束

国内大多数商业银行对待小微金融服务还是基于传统的思维模式，对于服务效率、人员投入、资产定价等方面仍受传统金融模式的影响和约束，基于成本与风险考量，金融机构发展小微金融业务缺乏动力。小微企业的生命周期短，通常为 3~5 年，又由于缺乏资金和设备，无法向商业银行等金融机构提供固定的抵押物，还款能力较差，还款意愿较弱。另外，多家小微企业往往是由一个实际控制人控制，企业之间、企业与担保公司之间、企业与放贷机构之间看似没有联系，但是容易构成挪用资金、虚假担保、虚假交易等内在关联风险。国内小微金融模式处于起步阶段，只有少数银行专门成立小微金融事业部，专业化程度较低，在当前小微金融体系尚不成熟的背景下，金融机构经营小微金融业务面临较大风险，金融机构的小微企业贷款不良率比大中型企业高 2~3 倍。

在放贷成本方面，长期经营实践中，商业银行形成了一套固有的信贷流程，信贷体系的标的是大型企业、政府平台或者大项目。从融资方提出申请到经办行（支行或二级分行）根据申办材料判断是否符合基本准入条件，再到信贷员进行贷前实地调查，给予贷款企业信用评级以及确定业务方案，形成调查意见并制成意见审批表报送上级分行审批，最后到经办行发放贷款等，整个信贷流程包含经办行、一级分行多个层级，企业调查、信用评级、信贷管理等多个业务条线，还要经过第三方担保公司、支付公司等多个外部机构联合操作，而小微企业的融资需求呈现短、小、频、急的特点，因此，商业银行在给小微企业发放贷款时会额外承担大量人力、物力、财力成本。

2. "信息不对称"掣肘

国内学者将小微企业融资难的困境普遍归咎于作为市场交易参与者或者契约签订者的中小微企业比金融机构掌握更多的信息。陆岷峰（2010）

指出，在信贷市场上，由于信息非对称，银行无法甄别所有投资风险，只能通过上调利率的方式覆盖承担的额外风险，迫使一部分信用较好、风险程度低的优质企业被"挤出"，筛选出的是那些打算支出高利率但是风险高、还款意愿不高的中小企业。一般而言，小微企业多为民营企业，没有规范的财务报表。在小微企业和银行的借贷关系中，商业银行通过"老三表"（财务报表、税表、存货表）和"新三表"（水表、电表、工资表）等结构化数据来了解小微企业真实情况，部分小微企业随意编制财务报表，隐瞒企业真实状况，甚至在某些地区形成了"包装文化"，对于银行需要的材料和信息，小微企业都进行包装。仅仅依赖这些数据，商业银行很难作出全面的评价。这种信息不对称使得以稳健经营为核心的商业银行对于小微企业的贷款需求谨小慎微，甚至拒绝健康成长的小微企业的融资申请。

（二）发展瓶颈的解决方案——数字小微金融

1. 数字小微金融发展必然性分析——基于经济学原理视角

传统模式之所以碰到障碍，最大的难点在于传统金融机构的双重绩效目标。金融机构同时实现社会效益和经济效益是非常困难的。实现较好的经济效益需要较高的价格，即贷款利率较高，这时社会效益就会很低。小微企业和低收入人群的风控投入、信息识别和收集费用都比较高。传统金融机构的做法是以高成本定期频繁访问客户，靠线下高密度的物理网点抵达低收入弱势群体。既要尽可能降低提供服务成本又要促成社会绩效是比较困难的。

如图 1 所示，在信贷市场中，理想状态下金融机构供给曲线是 S，与小微企业的需求曲线 D 相交于 (Q', r^*)，这时信贷市场的均衡利率为 r^*。但是，由于存在银企之间信息不对称引发的道德风险和逆向选择以及金融资源的稀缺性，金融机构的实际供给曲线为 S'，当利率超过 r^* 这一点时，金融机构的预期收益就会减少，因此，供需差额 $(Q'-Q^*)$ 只有通过信贷配

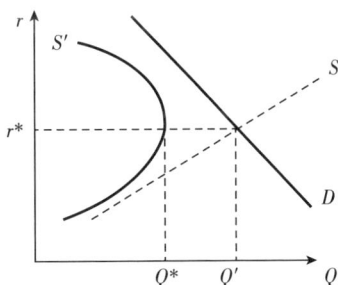

图 1 小微企业信贷市场供求曲线

给来填补。若 $(Q'-Q^*)$ 差值过大，则小微企业的融资缺口将进入"超常态"。

近年来，随着金融和数字技术融合趋势不断加深，未来金融业将会逐步嵌入创新基因，并在此基础上开展服务创新、产品创新和模式创新。数字化金融业态已涉及了我国与存、贷、汇相关的几乎所有的金融业务，成为金融体系中不可或缺的组成部分，代表了未来金融业的发展方向。与此同时，这些先进的数字技术也分散了小微信贷的风险，促进信贷市场的金融机构供给向右移动，即从 S' 移动到 S'' 使得信贷配给程度从（$Q'-Q^*$）减小到（$Q''-Q^*$）。

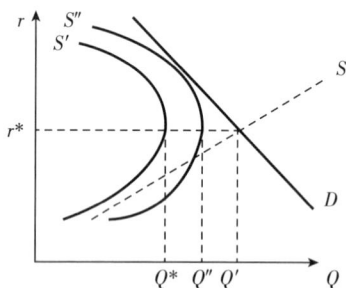

图 2　数字技术推动供给曲线向右移动

从规模经济角度分析，金融机构的生产成本曲线呈 "U" 形，即金融机构业务量达到规模经济条件时，其短期和长期边际成本曲线中边际成本呈现不断上升趋势，也就是说金融机构的经济效益将会不断变小，表现出规模不经济。然而在经济数字化大背景下，数字小微金融的金融服务提供方式与传统方式有很大不同，数字小微金融是虚拟服务业态，服务基本不受时间和空间的限制，其成本投入大多是一次性的，且大多用于软件维护与开发、设备购置费用和数字技术引入等，可变成本趋于零。因此，伴随着业务量的不断上升，数字小微金融模式的平均成本呈下降趋势，边际成本曲线逐渐向下倾斜，其规模经济效应愈加明显（见图3）。

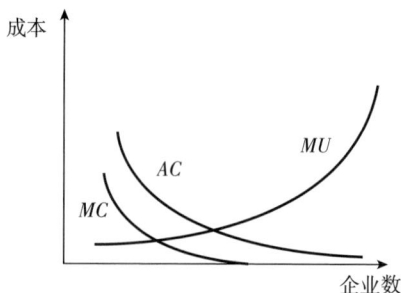

图 3　数字小微金融模式的边际效用（MU）与边际成本（MC）曲线

2. 数字小微金融的特点

数字技术给小微金融插上了翅膀。在科技金融推动下，小微金融大步迈向数字化转型之路。数字小微金融可降低金融服务成本，提高金融服务效率。这些特质所展现出的低成本、低接触、高覆盖和可持续的特性无不证明数字小微金融是达成解决小微企业融资困境目标的重要途径。

（1）可获得性是指客户可以基本不受时间和空间的限制，随时随地获得金融服务，反过来说，就是金融服务可有效抵达目标企业。金融成本下降有助于提高金融服务的需求和供给，从而提高金融服务可获得性，此外，还通过扩大服务群体和"可接触点"提高可获得性。传统小微金融依赖于实体网点的铺开和信贷员的现场走访，每一家金融机构提供的金融服务都是有限的，数字化小微金融可以完美地打破时间和空间的限制。

（2）可负担性是指对于有适当金融服务需求的群体，金融服务的价格可以接受。大数据、云计算等技术手段在小微金融中的应用，可以以更少的人工和干预成本，实现对借款企业贷前、贷后还款能力和还款意愿的层层审核，既能缩短业务流程，也能提高贷款质量。对于以人工成本为主要成本的社会放贷机构来说，这会产生颠覆性的效果；对于小微企业来说，这意味着可以以较低的借贷成本获得金融支持，提高可负担性。

（3）全面性是指金融服务不仅要面向从未享受到银行服务的企业，还要面向未全面享受到银行服务的企业。另外，数字小微金融实现的路径是传统金融服务加数字技术，也可以是数字经济加金融服务。对于后者，由于依托互联网/移动互联网的电子商务平台和社交平台以及其他交易场景，可以方便地满足金融服务场景化需求，不仅包括金融服务群体更加大众化，而且包括金融服务品种更加多样，如第三方支付、小额理财等，弥补传统小微金融服务品种的不足，解决传统金融"最后一公里"中所遇到的瓶颈问题，加速小微金融的发展进程。

（4）商业可持续性是指金融机构在提供金融服务时不需要接受政府补贴，财务上可做到自给自足。数字小微金融应当是市场化概念，并非慈善救济。因此，数字小微金融不能过度依赖行政补贴和财政扶持，应该是一种发挥市场主体力量的负责任金融模式。这是由小微金融服务对象的弱势性、金融的强专业性以及经济和社会的双重绩效目标共同决定的。

3. 数字小微金融的经济社会价值

（1）深入挖掘数据，降低信息不对称产生的成本

针对小微企业真实数据不易收集、难以辨别、很难评级等困难，利用

大数据、云计算、区块链等技术所具有的数据量巨大、分布式账式、快速便捷、容易捕捉的特性，可以突破传统的以财务信息为基础的信用评级模式约束。使用大数据技术收集多源数据，除了传统银行信贷系统的数据信息之外，还包括反映信贷市场贷款方信用状况的其他因素，如社会关系、行为数据、地址信息等，尽可能深入广泛挖掘贷款人的信用信息。首先，收集和整合基础数据库中的资源，这些来源于第三方合作伙伴的数据包括传统结构化数据（如银行和信用卡）以及非结构化数据，如法律记录等。其次，收集用户授权数据，如电话费、水费和煤气费等从生活渠道中提炼出来的数据以及调整问卷等。最后，收集来自互联网的公共数据，例如通过 IP 地址，大数据自动挖掘海量原始数据，对数据库中的原始数据进行数学建模，提取特征变量以形成不同的特征值，然后将其放入不同的特征数据子库中，并根据相应的百分比计算最终的信用评分。这样可降低由于信息不对称而产生的道德风险和逆向选择成本。蚂蚁金服充分挖掘阿里巴巴三大电商平台上的小微企业售货数据，根据其行为特征统计信用评分、评判信用额度，为其提供小额贷款服务，使过去无法通过传统金融渠道获得贷款的小微企业可以便捷地获得贷款服务，同时使得操作成本大幅下降。数字技术在信用评分领域的竞争也加大了征信业的竞争，极大地降低了征信服务的成本，征信查询费用由过去的每单 25 元降到了每单 10 元，并在未来会进一步降低。

表 1　传统银行、小贷公司与蚂蚁微贷的比较

项目	传统银行、小贷公司	蚂蚁微贷
客户实际年化利率成本	15%以上	6.7%
单笔信贷成本	2000 元	2.3 元
审批周期	最快 3 天	最快几分钟
不良贷款率	2%~3%	>1%

资料来源：根据公开资料整理。

（2）识别信贷风险，重塑风控模型

商业银行在给小微企业放贷时，风险控制能力尤为重要。风控部门需要鉴别小微企业是否真实、是否具有还款意愿、在当前状况下还款能力有多少，需要建立并及时更新风控模型，根据所获数据对客户设置标签，进行分组，以此来确定授信额度、授信周期和借款利率，与借款人的风险状况相匹配。银行可以利用大数据、云计算等技术充分挖掘互联网底层海量技术，还可以和拥有用户数据库的互联网巨头合作，挖掘客户信息、产品交易信息以及第三方平台、征信、借贷行为等领域的风险数据，在此基础上建立风险控制模型，对资产负债业务进行实时监控，在接近风险阈值时及时报警，为风险管理者提供决策依据，有效防范系统性风险，使风控机制更具有预先性和实用性。在反欺诈领域，银行根据小微企业行为数据，设定技术参数、IP 地址、地理位置，预测可能的欺诈行为。

（3）降低金融机构贷款成本，减轻企业负担

小微企业属于长尾客户，其融资需求呈现短频且分散的特点，对于长尾客户，只有通过技术手段，依靠自动化设施，实现批量化运作，才能大幅降低金融机构成本。在人工运作环境下，不仅成本极高，对于金融机构来说经济效益也较低。银行利用大数据、云计算、人工智能等金融科技，实现自动化放贷，可从根本上改变银行放贷审批的基本业务模式和流程。此外，还可以改变整个销售模式、获客方式，例如，通过信息化平台在线获客，将征信数据、政务数据、第三方平台数据、经销商数据、财报数据等进行采集、分析、运用，实现人工智能，线上开展客户获取、风险评估和信息审核等服务，在服务过程中，线上线下紧密衔接和数据共享也成为基本的客户体验。数字小微金融的本质特征之一就是利用现代数字技术实现金融机构小微金融创新产品的批量化、集成化生产和销售，从而大幅降低小微企业的融资成本，降低小微企业融资负担。

四、结论与建议

（一）推动数字小微金融生态体系建设

加速开发和应用数字技术，推动数字小微金融生态体系的不断完善。首先，传统金融机构应不断拓宽其提供金融服务的边界，积极加入数字小微金融体系建设中，下沉技术和资源优势，增强对小微金融领域重点服务对象的同业数据和资源倾斜。其次，深化数字小微金融价值链延伸，大批量培养金融科技公司以垂直对接风控模型开发、征信体系、行为预测等核心技术，加强金融机构与数字企业、电商平台的深度合作，发挥各自优势，不断提高数字小微金融的科技元素。最后，不断将生活场景嵌入数字小微金融中。进一步提升数字小微金融服务的专业性、体验性和可获取性，拓宽数字小微金融体系的服务范围。

（二）加大数字小微金融产品创新力度

金融产品是金融机构与小微企业的桥梁，商业银行等金融机构要发展数字小微金融业务就要加大产品创新力度，完善产品应用体系。长期以来，由于金融抑制，我国金融机构的金融创新一直处于较低水平，一方面，产品创新的主动性不足；另一方面，机构内部不具备充足的创新权限。因此，商业银行需要改变当前产品组合的理念，主动提供现有的设计出来的产品让客户选择，并通过差异化的定价提供不同的要素组合方式，为小微企业提供个性化产品和服务。要进一步下放产品创新的权限，在限定范围内将产品创新权限完全下放给小微金融部门，主动对接小微企业需要的产品。

（三）提升数字化经营能力

商业银行在日常经营活动中积累了大量的数据，但是，由于商业银行的业务类型众多，产品体系较为复杂，其积累的数据长期散落在内部各相关部门中，尚未建立起内部数据仓库和数据体系以实现数据的互联与共享，甚至一部分商业银行仍在摸索数据库建立和整合的具体方法。随着大数据不断应用于市场，大数据也在金融领域中发挥着越来越重要的作用，可以共享的外部数据也越来越多，这些数据包括企事业单位和个人的数据，若商业银行将这些数据与内部数据整合起来，就可以用于创新银行业务以形成自身的绝对优势。所以，商业银行理应抓住时代发展的脉搏，通过建立内部数据仓库，寻求与政府平台数据以及企事业单位数据共享的途径，有效运用大数据，树立数据资产理念，加强数字化经营能力。

（四）加大数字化基础设施投入

加大金融机构数字技术基础设施投入与建设，目的在于实现信息共享、增加行业内竞争，拓宽电子通信技术应用渠道，使金融机构能够凭借较低的成本为小微企业提供更为优质的金融服务。金融机构应该通过增加金融信用信息基础数据库的接入机构，整合工商、税务、公安等职能部门的信息，进而构建全覆盖社会信用信息体系；通过积极引入服务小微企业的征信机构，完善小微企业的电子信用档案，进而实现金融机构的信用数字化管理。同时，加强对光纤、无线网络信号、移动基站等通信技术的建设，简化数字设备使用方法，为全面推进数字小微金融提供厚实的技术高速公路。

（五）优化小微企业生存的政策环境

进一步减少小微企业税收并下调贷款利率，推行各项减税措施。小微企业面临的融资难、融资贵问题仍未从根源上得到解决，税费负担重、贷款利率高是横亘在小微企业发展道路上的绊脚石。小微企业是创新发展的活水源泉、促进就业的主要渠道和持续发展的主力军。近年来，尽管我国不断采取减税降费的措施，为小微企业等诸多市场主体创造了更加宽松的政策环境，同时，通过逐步建立降低小微企业税收负担、促进小微企业创新和支持小微企业融资的政策体系，为小微企业进一步发展提供助推力，但是，降税减负的措施仍存在施展空间。财政部、税务总局、银保监会等相关部门可以进一步出台优惠财政税收政策，降低小微企业生产经营和研发成本，提高小微企业创新积极性，专门审核小微企业的贷款利率，减少经营负担，构建普惠金融政策体系。

数字小微金融依托互联网媒介，依托大数据、区块链、云计算、人工智能等数字技术驱动，进行产品和流程创新，并解决实际场景需求，特别是解决传统金融没有覆盖或者覆盖不足群体的金融需求，从本质上讲这具备普惠的内生基因。当前，数字小微金融正处于理论探索期，必须提高数字技术的开发、应用和普及，给予服务于小微企业的金融机构与数字化企业政策扶持，实现对发达国家在小微金融服务方面的"弯道超车"。

金融科技推进商业银行高质量迈入新时代

一、中国银行业 70 年高速度发展历程回顾

伴随着新中国成立 70 年来中国经济发展，中国银行业过去 70 年已经经历了高速度发展阶段，成了中国金融体系的主导和经济发展的支柱力量。与世界各国银行业发展相比，中国银行业过去 70 年的发展步伐迈出了"中国速度"。

在机构增长速度方面：截至 2018 年 12 月底，中国银行业金融机构数量达到 4588 家，登记在册的全国银行物理网点近 22 万家。其中，国有大型商业银行 6 家、股份制商业银行 12 家、城市商业银行 134 家、民营银行 17 家、农村商业银行 1427 家。

在规模增长速度方面：截至 2019 年 12 月底，中国银行业金融机构资产规模高达 290 万亿元，跃居世界首位；负债规模达到 265.54 万亿元。

在创新发展速度方面：中国银行业在过去 70 年里经历了多次重大创新发展，新中国金融"从无到有"走向"真正的银行"，再走向商业化改革，紧接着迎来"黄金十年"，而后再次蝶变。

在对外开放速度方面：截至 2019 年 10 月末，外资银行在中国境内共设立了 41 家外资法人银行、114 家母行直属分行和 151 家代表处，外资银行营业机构总数达到 976 家，近 15 年累计增长近 5 倍，资产总额为 3.37 万亿元人民币。与此同时，共有 23 家中资银行在超过 60 个国家（地区）设立了 200 多家一级机构。

二、银行业由高速度发展向高质量发展迭代的逻辑

作为中国金融体系的主导力量，中国银行业伴随着中国经济的高速度发展而发展壮大。站在新时代中国经济迈向高质量发展的时代"关口"，中国银行业需要从主观和客观两个层面思考的是从高速度发展向高质量发展转变的内在逻辑，以更好地服务于中国经济高质量发展。

（一）中国经济高质量发展的客观要求

党的十九大报告指出，我国经济已由高速增长阶段转向高质量发展阶段，正处在转变发展方式、优化经济结构、转换增长动力的攻关期，建设现代化经济体系是跨越关口的迫切要求和我国发展的战略目标。中国特色社会主义进入新时代，社会主要矛盾已转化为人民日益增长的美好生活需要和不平衡不充分的发展之间的矛盾。截至 2019 年，我国国内生产总值为990865 亿元，其中，第一产业增加值为 70467 亿元，第二产业增加值为386165 亿元，第三产业增加值为 534233 亿元。

中国银行业发展所依赖的宏观经济形势正在发生巨大的变化，这也正是中国银行业寻求高质量发展的客观基础。中国银行业需要立足于这一客观基础，紧紧围绕社会主要矛盾的变化，解决好金融服务实体经济过程中发展不平衡不充分的矛盾，提升高质量服务实体经济的水平和能力。

（二）中国银行业发展转型的主动作为

在新时代背景下，中国银行业内部竞争压力开始凸显，对外开放竞争日趋激烈，金融科技成了银行业最大新增变量，商业银行唯有积极主动谋求发展转型，化压力为动力，才能顺应新时代发展的需要。

第一，中国银行业内部竞争压力凸显。一方面，随着利率市场化改革进入深水区，银行业的息差空间将不断缩小，考验着商业银行的资产定价能力和盈利能力。在高速发展阶段，中国银行业依托于庞大的线下物理网点优势不断扩大吸储和放贷规模，其营业收入中 70%～80% 来源于息差收入，也保持着高速的盈利增长。随着贷款定价机制（LPR）的调整，商业银行的风险定价能力将直接决定其盈利能力的强弱。另一方面，银行不良贷款规模不断增长，高速度发展带来的不良贷款规模成为隐忧。截至 2019年，银行业不良贷款规模高达 24135 亿元，商业银行亟须通过市场化手段降低不良贷款规模，实现资产质量的提升。与此同时，数千家中小型商业银行面临的区位优势正在被金融科技所侵蚀，金融科技所带来的马太效应正在形成，缺乏竞争实力的中小型商业银行或将面临着被兼并重组的命运。

第二，中国银行业对外开放竞争日趋激烈。随着改革开放的步伐不断加快，金融业的市场准入、业务范围、市场竞争、市场退出等领域开放的大门越开越大，中国银行业将与来自全球的先进银行业机构同台竞技，过去追求高速度的粗放式发展模式已经不具有市场竞争力。中国银保监会修订发布了《中国银保监会外资银行行政许可事项实施办法》，推动了更高水平的对外开放，同时也促进外资银行参与推动社会经济高质量发展。中国银行业唯有在风险管理、资产定价、产品创新、服务升级、精细管理等多个方面修炼内功，重塑竞争实力，才能够在国内外激烈竞争中提升自身的发展空间。

第三，金融科技已成为行业发展的共识。近年来，随着大数据、云计算、区块链、物联网、人工智能、5G等核心技术在整个金融业发展过程中的深度迭代和创新应用，金融科技正在改变传统金融的商业逻辑，重新定义银行服务社会的方式，拓宽银行的服务边界，提升银行的供给能力。中国人民银行出台的《金融科技（FinTech）发展规划（2019—2021年）》，从顶层设计的战略高度明确提出未来三年金融科技工作的指导思想和发展目标，也为商业银行发展金融科技指明了方向。各商业银行纷纷将金融科技列为全行发展战略，通过自设金融科技子公司、与外部科技公司战略合作等多种方式加大对金融科技的人才、技术、资本投入，主动谋求金融科技发展先机。全国共有数十家银行直接或间接设立金融科技子公司。这一方面对银行自身发展进行赋能，另一方面也可实现金融科技能力输出。

三、金融科技：商业银行高质量迈入新时代的"砝码"

习近平总书记指出："中国特色社会主义进入了新时代，我国经济发展也进入了新时代，基本特征就是我国经济已由高速增长阶段转向高质量发展阶段。"为了更好地服务于我国经济在新时代下高质量发展，中国银行业金融机构应积极借助于金融科技这一制胜"砝码"实现自身高质量迈入新时代，与中国经济实现"同频共振"。

（一）开放化战略

以数字经济为代表的新经济形态、新经济模式不断涌现，商业银行服务用户的外部实体经济生态已经发生了翻天覆地的变化，新的模式、新的技术、新的需求不断产生。商业银行去过封闭的系统、封闭的生态、封闭的服务、封闭的渠道已经不能适应市场需求的变化，亟须进行开放化发展战略。首先，商业银行应积极抓住开放银行的发展机遇，从顶层设计的战略高度制定开放银行发展战略，明确开放银行发展中长期目标和举措；其次，以金融科技为基础，打通开放银行系统，与各参与主体共建共享开放的金融生态圈；最后，以用户为中心，打造O2O线上线下相结合的全方位开放金融服务体系。

（二）精准化运营

精准化运营是商业银行借助于金融科技实现高质量发展的内在要求。"用户找网点转变为网点找用户"的观念已经成为客观现实，倒逼着商业银行积极转变传统的运营思维，在获客、营销、风控等方面实现精准化运营。其中：在精准获客方面，根据不同年龄阶段、不同区域、不同需求、不同场景的潜在用户进行分层管理，通过协调过滤、关联规则、知识推荐等算法精准触达潜在金融需求用户；在精准营销方面，通过智能化营销系统对用户特征和产品特征进行有效匹配，根据用户风险偏好进行精准风险定价，提升产品和服务的成交率；在精准风控方面，通过大数据算法对个人用户、企业用户进行用户360°画像，由因果强相关的信用记录、财务数据分析向因果弱相关的用户基本信息、兴趣爱好、社会特征、消费行为、动态特征挖掘分析转变，对用户的违约风险进行精准预测和防范。

（三）场景化应用

随着以数字经济为主导的新经济业态不断涌现，以互联网/移动互联网为驱动的生活场景所衍生的消费互联网和以物联网为驱动的生产场景所衍生的工业互联网已经和正在成为商业银行业务的"主战场"，"无场景不金融"的时代已经到来。场景金融是商业银行流量、用户、业务、信息的入口，这就需要商业银行在发展过程中建立自己的场景金融生态。一是要以场景服务为载体，提供给第三方场景合作商技术接口调用，通过开放 API、SDK 等系统服务形式搭建开放式场景平台；二是广泛接入以吃穿住行用为主的生活场景服务商和以产供销为主的生产场景服务商，基于不同的业务场景创新开拓银行业务领域；三是以场景用户为中心，将产品和服务嵌入场景平台中，并快速迭代场景化产品和服务，增强场景用户的黏性和体验，提升用户活跃度。

（四）定制化服务

随着外资金融机构准入门槛不断降低，金融产品和服务的丰富度不断提升，市场个性化需求不断涌现，利率市场化进展不断深入，整个银行业所面临的同质化竞争压力不断凸显，亟须重塑定制化服务能力，以增强自身核心竞争力。商业银行在重塑定制化服务能力过程中，一是要重视并组建专门部门对市场用户的研究，通过大数据技术对用户金融需求点进行深度挖掘；二是要提升金融产品和服务的创新设计，为不同风险偏好、不同消费习惯的用户提供差异化、个性化、特色化的定制服务；三是要在合规前提下增强金融产品迭代能力，通过敏捷开发缩短产品迭代周期，以满足用户的需求体验。

（五）流程化管理

随着银行业市场化竞争日趋激烈，商业银行以粗放式规模取胜及获取盈利的能力不断被削弱，亟须通过精细化发展实现降本增效。大力发展流程银行，对银行信贷、运管、信用卡、人力、客服、财务等业务进行流程化管理是提升商业银行精细化发展的有力举措。以数字员工为例，数字员工借助于机器人流程自动化技术和 AI 能力，可以实现对基于规则、重复、耗时的业务流程的完全或部分替代，衔接业务系统断点，实现 7×24 小时全天候自动化运作，从而解放劳动力，是对商业银行内部基础低效的工作岗位进行替代优化的重要抓手，以实现精细化管理的目标。商业银行在高质量发展过程中：一方面大力推动全行内部组织管理体系的扁平化改造，全面梳理内部岗位设置和业务条块整合，改善当前银行部门林立、机构烦冗的状况；另一方面将大力聘任数字员工作为全行人力资源管理体系的重要组成部分，针对现有业务流程痛点问题进行改造。

（六）集成化技术

银行业属于信息高度密集型的行业，未来商业银行在金融科技方面的核心竞争力就体现在对信息的处理能力上。这就需要商业银行加大对大数据、区块链、物联网、云计算、人工智能、边缘计算等前沿技术的研发和运用，通过技术集成来完成信息的生成、传输、处理、交易等环节，解决交易过程中的信息不对称问题。不同的技术在商业银行交易信息处理的不同环节承担不同的处理角色：通过互联网/移动互联网、物联网实现原始信息的生成；通过云计算、边缘计算实现信息存储和计算；通过区块链保障信息传输过程的不可篡改和可追溯；通过大数据实现对信息的清洗、挖掘、分析；通过人工智能提升信息的处理效率并降低信息处理成本。商业银行通过以上金融科技集成的技术流实现信息流的真实、准确、有效、安全，以实现金融供求双方的信息对称。

（七）智能化系统

系统是支撑商业银行业务经营管理的基石。通过近 30 年的信息化建设，商业银行均搭建了符合自身发展需要的内部闭环核心系统，满足当前开展金融业务的需要。但随着商业银行向数字化、智能化方向进行升级迭代，商业银行业务的创新发展越来越受制于传统核心系统，给传统 IT 架构带来了严峻的挑战。商业银行的高质量发展直接依赖于智能化核心交易处理系统，它将是银行各类业务运营的基础。因此，商业银行要充分评估传统系统的适应性，加快核心系统的智能化改造或重建工程，明确技术路线，加强开放能力建设，在软件和硬件基础设施上要与金融科技未来发展趋势相匹配。

（八）复合化人才

随着金融科技在银行业中的广泛运用，商业银行业务经营的科技含量将不断提升，基础的工作岗位将被取代。这对未来银行从业人员的复合能力提出了更高的要求。这不仅需要银行从业人员具备专业的经济金融知识，更需要对大数据、区块链、物联网、人工智能等科技在银行业务场景中应用的逻辑具有专业的洞察力和分析力。一是要将金融科技人才队伍建设列入全行人力资源管理中长期核心目标，逐年调整和优化人才梯度和结构，在数量上提高金融科技复合型人才比例，在质量上提升金融科技复合型人才管理能力；二是积极与专业领先的高等院校进行产学研合作，共建金融科技人才储备库；三是大力引进国内外知名互联网科技人才，借鉴和吸收其先进的科技能力和实战经验。

互联网小贷公司生态现状与优化路径

一、引言

在金融科技的迅猛发展下，我国金融业已经逐步过渡到人工化、智能化阶段，互联网金融将告别粗放式发展模式，迎来精细耕作的新时代。互联网小贷主要针对广大国民和中小微企业小额应急金融需求，具有申请门槛低、贷款程序简单、融资频率高等独特优势，给金融服务带来巨大的创新性和自由性，是公认的实现普惠金融的最佳途径之一。在金融支持实体经济发展的战略引导下，2018年全国两会再次提出深入开展"互联网+"，利用民间资本支持拓展普惠金融业务，着力解决中小企业融资难、融资贵难题。随着互联网金融进入精细耕耘新时代，大企业集团纷纷抢滩登陆互联网小贷高地，通过布局互联网小贷来对接互联网浪潮，利用其独特优势来撬动整个企业集团的发展，互联网小贷引领的亿万元蓝海市场正扑面而来。将互联网小贷与传统小贷和商业银行贷款进行对比不难发现，互联网小贷在适用对象、授信流程、风险管控方面存在优势。这场互联网金融的变革将会给传统金融机构，甚至是整个金融格局带来翻天覆地的变化。

表1　互联网小额贷款、传统小额贷款和商业银行贷款比较

名称	互联网小额贷款	传统小额贷款	商业银行贷款
适用对象	中小微企业、广大国民	农户、中小微企业、农村金融机构	信誉较高、实力雄厚的大型企业
授信流程	调取授信企业的采购、销售、交易积累下来的海量客户数据，评估后即可通知放款	借款人提出申请，实地考察调查审查，集中审议与审批，与借款人签订合同后即可提供信用	审查借款人资格、经营状况、财务水平等指标

名称	互联网小额贷款	传统小额贷款	商业银行贷款
风险管控	利用大数据建模方式设计风险模型，评估每笔贷款风险大小	管理人员对于借款人的资产负债状况、生产经营进行跟踪检查和定期检查，分析借款人的偿债能力变化，然后形成书面分析报告	严格实施贷中、贷后的审查工作，实时监控企业资金流向，通过质押担保、资产审查等方式降低不良贷款率
资金来源	自有资金，银行、信托及各种资产证券化融入的资金	自有资金及来自不超过两个金融机构融入的资金	储户存放在银行的资金及自有资金

然而，随着新一轮监管文件的下发，互联网小贷牌照发放的阀门被关闭。随着一切金融活动都必须持牌经营主旋律定调，仅存的互联网小贷牌照必然进入存量争夺时代，存量网络小贷牌照被疯狂争夺。互联网涉及业务繁多，经营范围广阔，但缺乏专业的人才，加之相关法律政策尚未跟进，使得监管难度增大，因此，规范互联网小贷发展势在必行。

二、文献综述

综合各地金融监管部门文件，我们给出互联网小额贷款公司的定义：互联网小额贷款公司是指不吸收公众存款，以自有资金发放贷款，利用互联网平台寻找有融资需求的客户，综合运用平台收集的关于客户经营、销售、网络消费等行为数据以及即时场景信息等，分析借款客户的信用风险，确定放贷方式、额度、利率，在线上完成整个贷款申请、资质评估、贷款发放、贷款收回的一体化小额信贷公司。互联网小额贷款公司是一种新型互联网业态，诸多学者对该领域进行了研究，共同寻求行业发展路径，为优化互联网小贷生态提出建设性意见。

（一）关于传统小额贷款公司生态现状

王建文（2013）认为，小额贷款公司的产生源于农村金融服务普及率较低以及中小微企业的融资供不应求，小贷公司逐渐在建设农村资本市场、规范民间资本发展和服务中小微企业等方面发挥了积极作用。然而，传统小额贷款公司在市场准入、资金来源等方面遇到很大障碍。王未卿等（2015）针对传统小额贷款公司自身特有的优势与劣势，以及实体经济转型发展赋予的机会和挑战，提出在互联网金融时代背景下传统小额贷款公司的发展思路。赵丹（2015）认为，小额贷款是服务小微企业及欠发达地区经济发展的一种有效手段，是普惠金融的表现形式，覆盖传统金融机构不能惠及的中小微企业以及中低收入人群，并从互联网金融时代创新现象，从用户画像、风险管控和信用体系建设三个方面总结出传统线下小额贷款公司的发展现状。张榉成（2017）从农村金融信用风险控制角度，结合"农户+信用+平台"模式，分析了小额贷款公司在农村金融的发展现状以及小贷公司对于农村信用体系建设的利弊。

（二）关于互联网小贷生态的研究

陆岷峰（2014）认为，与传统小额贷款公司的业务模式相比，互联网小贷最大的优势是依托互联网实现跨区域经营，通过电子化、移动化、便捷化的创新渠道实现经营场所平台化、虚拟化，在全国范围内广泛开展业务。互联网小贷利用互联网顶层设计，申请贷款及贷款发放不再拘泥于传统小额贷款公司实体场所的限制。随着互联网技术推动产业升级趋势进一步深化和监管水平与时俱进，对于整个贷款流程，客户都可以在网络上通过互联网技术、移动通信工具等远程渠道完成，客户可自助完成贷款申请与信息提交，大幅度减少互联网小贷公司放贷过程中的成本。在互联网新时代，拥有互联网入口就拥有绝对优势，而借助互联网为客户提供服务正是将服务模式从被动信息推送转型为主动信息沟通。凌越（2016）在互联网金融与小额贷款公司结合的大背景下，分析了阿里小贷的运行模式：阿里小贷运用"水文模型"对企业进行授信，即通过收集的数据与历史数据、行业数据进行横向及纵向比较，实时监控每一笔贷款的风险大小。相比而言，商业银行需要审查借款人资格、条件以及经营状况、财务水平等指标，进而推断其信用风险的大小。这通常需要十几个工作日到几个月不等的时间才能完成，授信流程较烦琐，放款周期很长。商业银行授信后会对借款企业严格实施贷款审查工作，实时监控企业资金流向，通过质押担保、资产审查等方式降低不良贷款率。吴强（2016）认为，互联网小贷公司依托于拥有线上线下应用场景或者居于产业链的核心位置的企业而设立，涉及领域包括电子商务行业、金融机构、互联网企业、产色特色鲜明的其他行业，凭借多年交易积累下来的海量客户数据，利用平台营销、链式开发、对接供应链上下游平台来系统化获客、批量化降低开发客户成本，控制小微企业贷款管理成本。随着线上供应链金融模式的兴起，以商业银行为核心的线下融资模式的弊端逐渐显现，互联网小额贷款公司在融资周期、融资时间、融资频率等方面开展线上供应链金融模式有独特优势，可明显提高线上供应链金融模式的运行效率。

（三）关于互联网小贷生态的优化路径

马和青（2016）采用数据模型研究法和实地调查研究法，分析了互联网小贷公司的信用风险失控问题及原因，并从互联网小贷公司内部管理体制和宏观运行环境方面分别提出风险控制措施。邓玲婉（2016）深入分析互联网小额贷款公司当前互联网金融专项整治背景下暴露的风险，认为信用风险、监管风险和运营风险制约了小额贷款公司的进一步发展壮大，互联网小贷应当利用大数据建模方式，利用大数据的收集、整合、处理分析技术设计风险模型，通过去差异化统一口径对借款企业留存数据进行整合，同时结合互联网技术掌握借款企业经营信息，对接社会征信平台，准确判断第一还款来源，确定贷款利率和还款期限覆盖信用风险，同时对消费者的消费习惯、身份地位进行分析，了解借款企业的财务状况、销售状况，借助大数据以及数学建模的方法严格审查风险，达到有效控制风险的目的。

前人对于小额贷款公司的研究主要是从传统小贷公司的角度提出了小额贷款公司在互联网金融浪潮中的发展现状，从资产证券化和传统供应链金融与小贷结合的角度分析小贷公司的业务模式。本文结合时代背景，从互联网小贷生态系统的运作模式、缺陷和优化路径三个方面来深度剖析互联网小贷生态系统，并结合与生产生活场景密切联系的资产端创新来优化互联网小贷生态发展路径。

三、互联网小贷生态现状

面临经济下行压力大、融资渠道狭窄、业务监管模式受限、信用管理体系不健全等多方面的困境，传统小贷公司转型升级迫在眉睫。中国人民银行发布的《2017 年小额贷款公司统计数据报告》显示，2016 年全国小贷公司主要指标，包括公司数量、实收资本和贷款余额等，相对于 2015 年呈现负增长态势，行业竞争激烈，传统小贷公司发展艰难。2017 年全国小额贷款公司共有 8551 家，贷款余额为 9799.5 亿元，相比于 2017 年初，小额贷款公司共计减少 122 家，同比下降 1.4%，贷款余额上升 526.7 亿元，同比上升 5.7%，在全国小贷公司数目下降的情况下贷款余额反而上升，这是因为互联网小贷利用自身优势大力发展小额贷款业务，在一定程度上弥补了传统小贷公司业务开展乏力的不足。

表2　2015—2017年全国小贷公司相关数据

时间	2015年末	2016年末	2017年末
全国小额贷款公司数目（家）	8910	8673	8551
贷款余额（亿元）	9411.5	9272.8	9799.5
实收资本（亿元）	8459.29	8233.9	8270.33
从业人员数（人）	117344	108881	103988

与传统小额贷款公司的业务模式相比，互联网小贷最大的优势就是获客面广，可以依托互联网实现跨区域经营，在全国范围内广泛开展业务。此外，部分互联网小贷公司是由国内领先的电子商务平台设立的，拥有平台留存的大量企业和用户数据，共享平台建立的信用评估标准体系，风控能力极强，还能有效降低不良贷款率。随着互联网技术推动产业升级趋势进一步深化，抢占互联网小额贷款高地成为传统小贷转型发展的捷径。

另外，上市公司纷纷布局互联网小贷。零壹数据统计数据显示，截至2017年11月底，24.12%互联网小贷公司由上市公司直接入股，25.63%的网络小贷公司由上市公司直接入股，即市场上49.75%的网络小贷公司具有上市公司背景，这些上市公司或为网络小贷公司的发起人，或为其他主要股东，或者为关联企业发起设立，发起人或股东都经营规范、实力强大，拥有线上线下应用场景或者居于产业链的核心位置，上市公司涉及领域包括电子商务行业、金融机构、互联网企业、产色特色鲜明的其他行业。这些行业巨头大多处于产业链的核心位置，布局小贷公司之后，凭借多年交易积累下来的海量客户数据，有针对性地为企业、消费者提供信贷服务，提高产业链整体运行效率，同时，运营产生的借贷利息也成为公司新的利润增长点。

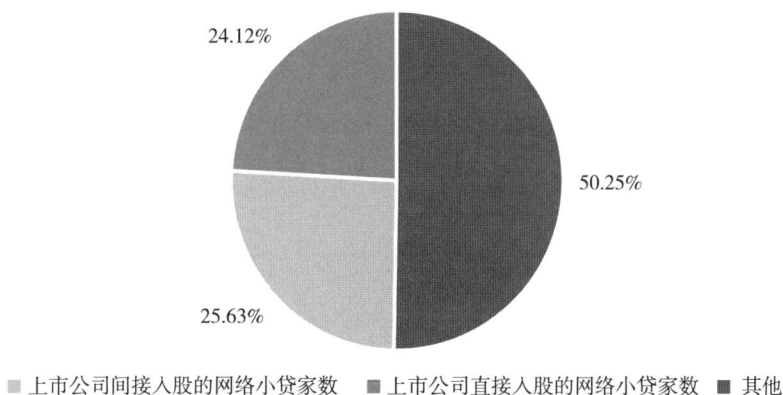

24.12%

50.25%

25.63%

■ 上市公司间接入股的网络小贷家数　■ 上市公司直接入股的网络小贷家数　■ 其他

图1　2017年底上市公司入股网络小贷公司概况

（资料来源：网贷之家）

四、互联网小贷生态系统运作模式

（一）基于电子商务平台的生态系统运作模式

国内大型电子商务平台出于为上下游企业提供融资服务的目的纷纷设立互联网小贷公司，需要融资的上下游企业可将交易过程中产生的电子仓单、订单以及应收账款质押给互联网小贷公司，从而获得日常经营或者扩大生产规模所需资金。供应商上游企业向电子商务平台提出融资申请，电商平台查阅融资企业的财务、销售、采购等数据，初步估算出对融资企业授信的额度。融资企业在自身的融资额度之内申请贷款，整个过程都在线上完成，平台受理融资企业申请，委托互联网小贷公司发放贷款。一般互联网小贷公司设置的年利率较低，控制在20%之内，日利率违约很低，还款方式很灵活，可分期还款。部分电商平台对于风险的控制能力较强，若发生违约，可及时将应收账款变现，违约损失可控。一些电子商务平台都设有支付结算系统和融资系统，电商与上下游企业的资金结转业务是通过支付结算系统来完成的，融资企业向电商平台贷款时，互联网小贷公司负责将资金从自身账户转移到供应商账户，充分实现资金隔离。

1. 融资模式

处于供应链条中的核心企业通常会采取赊销货款的方式与供应链上游企业交易。这些上游企业可将应收账款提前转让给电子商务平台，从互联网小额贷款公司处获得销售回款，可有效缩短应收账款回收周期，提高经营效率。从互联网小额贷款公司处获得融资根据交易过程中产生的电子仓单、订单以及应收账款，降低了中小微企业的融资门槛。

具体而言，供应商上下游企业通过电商平台将货物销售给买家企业（核心企业），核心企业采用赊销方式购得货物，形成供应商应收账款，并将应收账款信息提供给供应商企业；供应商企业收到后将应收账款信息提供给电商平台，在线提交融资申请。电商平台根据平台留存的融资企业的资信状况等其他信息，对企业的信用风险进行评估，对评估合格的融资企业授信，安排小额贷款公司发放贷款，应收账款到期后，买家企业归还贷款本金和利息，融资过程完成。

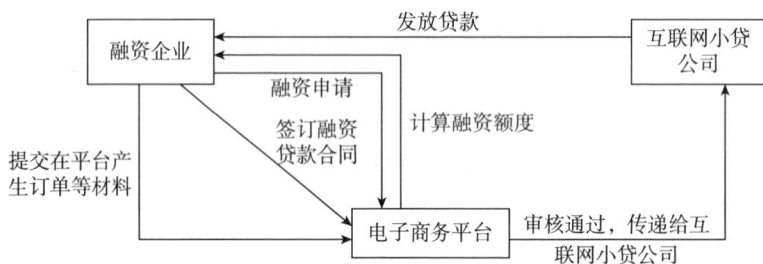

图 2　基于电子商务平台互联网小贷公司运作模式

2. 风险分析

随着"80 后""90 后"成为消费市场的主流力量，新兴的消费观念也应运而生，赊购消费成为一大热点。与传统线下零售方式不同的是，电子商务平台的出现大大缩短了产业链条，剔除经销商的分红后，直接让制造商实体店与消费者对接。融资过程中存在的风险点：第一，核心企业与供应链上下游企业虚假交易，伪造订单和贸易合同，借此来合谋骗取贷款，增加信用风险。第二，借款企业遇到经济周期下滑、行业前景不乐观或者货物销售不顺利的情况，造成不能及时归还借款。第三，借款企业可能不把资金用于生产经营，而是投向非生产经营，借款资金流向不明确，增大违约风险。第四，互联网小贷公司发放贷款时，审批流程不规范、贷款定价不合理等操作风险突出。

（二）基于 P2P 平台的生态系统运作模式

2016 年发布的《网络借贷信息中介机构业务活动管理暂行办法》规定，"网络借贷金额应当以小额为主"。P2P 平台借款规模被"限额令"制约，单笔借款被限制在 20 万元与 100 万元之间，P2P 平台只能经营小额、分散业务。各家平台为打破规模限制，避开限额令对于业务规模的制约，在业务模式上与互联网小贷公司深度对接，形成"互联网小贷+P2P平台+借款客户"模式。互联网小贷牌照成为P2P平台竞相争夺的资源，不少P2P网贷平台寻求与网络小贷公司的深度对接，收购网络小贷牌照，通过网络小贷公司开展业务。

在互联网小额贷款公司与P2P网贷平台合作过程中，互联网小贷公司负责开发并提供借款项目、履行贷款担保责任，也可推荐存量客户中的优质客户给P2P平台，及时将合作的小微企业近况提供给平台，减少信息不对称。这种模式风险系数低，互联网小贷公司股东承担连带责任，对贷款本息提供担保，小贷公司按照一定额度缴纳风险准备金。互联网小额贷款公司与P2P网贷平台的目标客户有重合部分，两者协同发展能提高双方平台质量，有效填补金融服务漏洞，补充征信数据的空白，发挥1+1>2的作用，践行互联网金融服务小微理念。通过与P2P网贷平台合作，互联网小贷公司的线上融资规模得到增长，从而有效规避了监管部门对于互联网小贷公司的融资杠杆率在1.5~2倍时不得设立分支机构的限制。

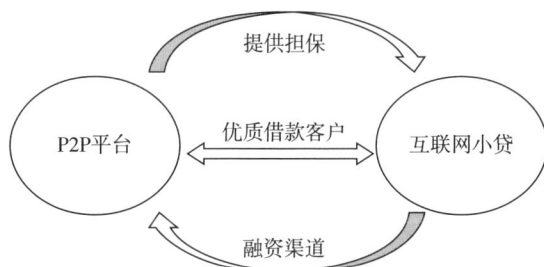

图3　P2P平台与互联网小贷运作模式

另外，互联网小贷公司可利用P2P网贷平台的信息撮合功能，通过信贷资产收益权转让方式，形成一条全新的融资渠道，解决有项目、无资金难题。互联网小贷一方面可快速搭建资金融通的渠道，连接借款人与贷款人，并且可在全国范围内放贷，另一方面可利用平台大数据开发优质客户，将信用审核过关的客户推荐给P2P平台，为P2P平台提供借款人来源，并且提供担保，使得P2P平台可专注于自身平台建设，实现业务分工。由于互联网小贷公司为P2P网贷平台提供担保，可帮助P2P网贷平台保持中介平台性质。另外，P2P网贷平台可以获得互联网小贷公司的优质客户资源，快速获得资产端，且对于增信和风险控制颇有益处。

五、互联网小贷生态运行缺陷

（一）互联网小贷生态主体的缺陷

金融的内生性及脆弱性要求金融行业所有组成部分都要建立对非系统性风险的防控机制。然而与传统金融机构相比，互联网小贷普遍存在着风险管控体制问题，主要表现在以下三个方面。

一是在互联网小贷内部管理体制设计上，由于互联网小贷公司定位模糊以及资本逐利本性，互联网小贷公司开展的现金贷业务变成了低门槛、高利率以及伴随着暴力催收的纯粹现金借贷服务。互联网小贷公司通过收取账户管理费、风险保证金、信息核查费等费用变相拉高利率，现金贷业务的利率普遍超过了40%，甚至部分超过了300%，由于现金贷业务的授信群体大部分是无稳定收入来源、缺乏社会征信数据、无法获得银行授信的长尾群体，信用风险高，加上畸高利率的存在，使得债务人的还债负担进一步增加，不得不通过借债还债的方式减轻债务。根据《我国现金贷发展情况报告》数据，互联网小贷开展的现金贷业务中有200万借款人存在多头借贷情况，其中在一个月之内连续借贷超过十家平台的借款者超过50万人。多头借贷用户陷入连环债务链中，总负债额不断积累，其违约风险也逐步加大。

二是互联网小贷在业务程序上存在诸多风险点，部分互联网小贷公司没有严格按照程序对贷款者进行贷前审查，导致违约率极高，通过极端催收的方式来降低违约概率，社会影响恶劣。互联网小贷公司发放贷款时，审批流程不规范、贷款定价不合理等操作风险突出。借款企业若遇到经济周期下滑、行业前景不乐观或者货物销售不顺利，可能会不能及时归还借款。部分贷款资金流入房地产和股票市场，加大风险传导。

三是融资渠道窄、杠杆率限制一直制约互联网小贷公司的发展，互联网小贷公司的资金来源只能来自自有资金、股东和合作金融机构，融资杠杆率为1.5~2倍，不得设立分支机构。这些规定不利于公司发放贷款，扩大业务规模。对于源源不断的中小企业的资金需求，放贷资金的供给量远远小于资金需求量。尽管互联网小贷公司可以通过资产转让项目在证券交易所挂牌交易，以此募得资金，但是随时可能被监管部门叫停，存在较大政策风险。

（二）互联网小贷生态环境的缺陷

自 2015 年以来，随着互联网技术的快速普及，互联网小贷凭借着较低的融资门槛以及简单便捷的操作流程，覆盖传统商业银行的辐射盲区，为中小微企业提供金融服务。其业务规模的飞速发展引起国内舆论和监管层的普遍关注，迫使监管部门加紧填补行业规范空白。2017 年前，全国六个省份陆续出台了关于互联网小额贷款的规范性文件，对注册资本、股东背景、业务模式等公司基本情况作出相应规定，以支持互联网小贷的发展。2017 年 5 月，中国银监会官网宣布将《网络小额贷款公司管理暂行办法》列入全年立法计划。关于互联网小贷行业的法律政策比较滞后，市面上的网络小贷公司资信状况、公司治理结构良莠不齐，若发生行业前景不佳、企业经营不善的意外状况，则可能引发有关人员卷款潜逃的风险。网络欺诈行为日益增多，诈骗团伙呈现集团化特性，盗用客户信息虚假申请贷款的现象普遍。互联网小贷涉及业务繁多，经营范围广阔，缺乏专业的人才，加上相关法律政策尚未跟进，使得监管难度增大，经营风险难以预测，想要形成统一的法律体系较为困难。

2017 年 11 月 21 日，互联网金融风险专项整治工作领导小组办公室下发《关于立即暂停批设网络小额贷款公司的通知》，规定不得新批设网络小额贷款公司。监管当局无法掌握对网络小额贷款公司的行政监管力度，只能对互联网小贷牌照发放"一刀切"。对互联网小贷压制过猛，不仅会扼杀这一互联网金融新业态，还会使小微企业融资渠道断流，对经济发展起负面作用。另外，由于互联网小贷生态创新能力强、业务范围广，而且存在地方金融监管部门与中央金融监管部门监管重叠现象，致使互联网小贷领域监管效率很低。

六、互联网小贷生态优化路径

（一）优化互联网生态主体的建议

1. 提升网络信息技术，增强硬实力

对于互联网小贷公司而言，低门槛、融资频率高是吸引广大国民和中小微企业客户的优势，应当提高网络技术水平，不断完善互联网小贷公司的授信评估系统，采取更加精细的方式对不同企业授信，降低不良贷款率。

网络安全是互联网小贷公司稳健运营的前提，要构建网络防火墙，确保用户信息安全。另外，网络小额贷款公司可通过与银行、信托、保险等金融机构合作来增强硬实力。通过合作，不仅银行等机构可以获得更加广泛的客源、更加丰富的数据资料和更宽广的业务范围，互联网小贷公司资金来源不足的问题也能得到解决。

2. 促进资产端创新，注入发展活力

积极对接供应链金融、消费金融等新兴金融模式，打开资产端关口，当前用户利用互联网消费的需求和线上购物的能力正不断上升，潜力并没有完全释放出来。同时，处于线上供应链核心位置的电子商务平台的数据处理、客户画像技术也不断增强，互联网小贷应抓住机遇，积极实现业务创新与场景化对接，切实提升自身团队建设、大数据处理技术和模型开发能力，打通资金连接渠道，对外输出风控能力和信息技术，探索资产端创新模式，扩大业务规模。中小企业以及消费者的融资需求是互联网小额贷款公司的主要业务来源，识别其融资需求是互联网小贷的基础性工作，也是资产端创新的重要来源。应该识别出融资难且优质的群体和非融资难群体的融资需求，基于场景化数据分析，利用高效、方便的服务，尽可能地满足用户的融资需求，不断拓宽对外围用户的吸引能力。另外，互联网小贷公司在发放贷款时也要准确判断欺诈风险，有效实现营销反作弊，拒绝主观恶意群体的融资申请，强化业务流程。

3. 发掘细分领域特征，分析场景属性

不同行业细分领域有着不同的特征，其生产模式、客户群体、公司结构有着显著差别，对于互联网小额贷款的风险控制要求也不同。例如，制造业对于借贷便利性和成功率有较高要求，借贷行为具有大额、集中的特点；而对于零售企业来说，由于其订单数量较多，对于资金流动性需求很高，因此，产生的融资需求呈现小额、分散的特点。互联网小贷公司应当深入分析生产生活场景，归集企业融资特性，研发出符合行业特征的交易产品，满足融资需求。

（二）优化互联网生态环境的建议

1. 监管环境

互联网小贷结合了互联网技术、金融和电商平台三大属性，其业务范围覆盖传统商业银行业务辐射盲区，原有的监管框架不能适应互联网小贷的健康可持续发展，明确监管主体和监管职责、持续更新监管政策是互联网小贷稳健发展的基本条件。以监管任务合理分工为起点，以实施监控行业状况、及时补充文件规定的形式定期更新监管主体的分工任务，持续将互联网小贷新业务、新模式、新理念置于监管框架之中，确保不留监管盲区。与此同时，监管当局要及时研究互联网小贷的动态发展，识别其中潜在的风险，建立风险预警机制，强化风险防范措施。对互联网小贷平台进行实时监督，借助权威信用评级机构定期公布机构信用评估结果，开展不定期审查，对互联网小贷的财务状况、资金流向和信用评估水平作出强制性要求。监管当局还可以对互联网小贷的交易资金流向和用途进行合规化监控，保证其业务流程、贷款流向安全合法。

2. 法律环境

针对互联网小贷存在的突出法律风险，必须加快出台有针对性的法律条文来加以防范。一是尽快制定互联网小贷的市场准入和退出原则，对于互联网小贷的信息披露、注册资本、股东权益、管理人员等多方面进行严格综合管制。二是制定互联网小贷的网络信息安全标准，包括对互联网小贷的网络运行环境、平台数据管理、客户资金安全、贷款流向等，都要有严格标准化规定。三是对资产或者业务比重大的互联网小贷公司，针对其资产来源和资产配置方向有所控制，提高风险准备金数额，控制其高风险资产的数额以及聚集度，对于资金集中度较高、来源广泛的互联网小贷企业，严格规定其信息披露标准。

引入生态系统概念考察互联网小贷可以全面考虑互联网小贷内部机制和营运状况，从互联网小贷生态主体和环境入手，促进互联网小贷生态系统的良性健康发展。互联网小贷凭借获客面、产业链、大数据等方面的多重优势迅速占据市场份额。这场互联网金融的变革将会给银行体系，甚至是整个金融格局带来颠覆性的改变

金融科技在供应链金融风险管理中的运用

一、引言

在市场经济条件下，企业的一切经济活动均可表述为供给与需求的关系、上游与下游的关系、服务与被服务的关系，从一对一的角度来讲构成了一个封闭的供应链，但现实经济生活中，供应链是不封闭的，而是开放式的，即按照供给的资金、信息或物质可以无限延伸、拉长或拓展，从一定意义上说，市场经济中的一切经济活动，如果仅仅从供需角度来表述，均可抽象为供应链的关系。

金融意义上的供应链具有特定的内涵与外延，它是指在市场经济中，经济组织之间产生的一种供需关系，其链条长而复杂。供应链金融是指根据供应链中各经济要素的融资需求，由金融机构开展的票据融资、仓单质押、保理等业务的总称，当然也包括了结算等相关业务，但这主要是指为经济组织提供的融资服务。

供应链金融的发展，对于推动供应链上的企业扩大交易规模、提升交易效益、解决核心企业的上下游中小微企业的融资困境、支持实体经济的发展具有十分重要的意义，对于优化金融机构的金融资产、拓展收入渠道也具有十分重要的帮助，其社会价值远远大于经济价值。但是，供应链金融与其他金融产品相比，由于是基于供应链中的信用逻辑进行资金支持，其风险相比较要高得多。在整个社会资金仍处于卖方市场的背景下，金融机构往往会选择风险权数较小的一些抵押类贷款的项目，供应链金融的高风险性会反制供应链的发展。因此，科学有效的供应链金融风险管理体制、机制对于推动供应链的成长与发展十分必要。

供应链金融的风险管理一直是国内外金融机构研究与探索的重点，积累了很多的经验与方法，但是，面对复杂性在加强、链条在无限拉长、链接点在无限增多的情况，单凭传统的管理手段及经验是无法应对供应链金融中的风险的，大数据、区块链等金融科技手段，不仅在技术上已经十分成熟，而且应用场景也已经基本具备，积极将金融科技引入供应链金融风险管理中，着力解决供应链金融中的风险识别、预警等难题，提升供应链金融管理水平，以金融促进供应链企业的发展是十分必要且可行的。

二、文献综述

（一）供应链、供应链金融、供应链金融风险的研究

赵晨阳、张玲玲（2019）结合国外关于供应链金融研究成果，认为供应链金融最初的表现形式实际上是票据贴现，后来变迁为贸易融资形式，物流金融是其发展的高峰期。国外的供应链金融的发展大致分为三个阶段：以存货质押为主的起步阶段，以存货质押为主、以应收账款为辅的发展阶段，以物流为主、以金融为辅的繁荣阶段。国内的供应链金融的发展较国外大约迟一个世纪，也经历了三个阶段，即以合作集资为主要特征的起步阶段、以存货质押为主的发展阶段、以"金融科技+金融"为主的蓬勃发展阶段。宋华、杨璇（2018）在分析供应链金融风险来源时，主要从内部与外部两个角度来分析，外部引发的风险原因主要是国家宏观经济形势的变化、产业政策的调整、不同时期的战略目标以及不可抗力的自然因素；内部引发的风险原因主要是供应链中的企业经营的不确定性、恶意欺诈、经营失败等。赵晨阳、张玲玲（2019）认为，供应链金融是以链上各主体利益最大化为目标，通过对有持续经济往来的链上参与者的整合，通过中介机构来监督并控制货物权，使得资金进行链上流动，并通过自我约束机制，及时清理不适当者，使得成本和风险可控、可接受的一种融资模式。陆岷峰、徐阳洋（2019）认为，供应链中的金融风险主要是供应链上交易主体间进行的虚假贸易，面临经营真实性带来的风险、由于交易主体进行财务造假或操作失误形成的操作性风险和道德风险以及供应链链条过长可能引发的人力成本过高的风险等。单文涛、王永青（2018）在分析供应链金融风险时认为，供应链金融的风险最主要的是核心企业由于经营出问题引发的链条风险和供需企业双方共同合谋签订无真实贸易背景的合同欺诈风险，至于形成的原因也归纳为两条，一是法律不规范、不完备，二是社会信用体系缺失。倪风华（2018）认为，供应链金融中的风险主要为贷前调查可能会存在的欺诈风险，主要表现为人为因素，如调查不全面、不科学，还表现为商业银行与企业之间合约设计上可能存在的风险，因为供应链上主体较多，交易形式不断创新，合约很难穷尽所有的可能性，这就为合约存在的风险留下隐患。

（二）供应链金融风险管理研究

单文涛、王永青（2018）认为，在应对供应链金融风险管理策略上，首先要创造强化供应链风险管理的法律和制度环境，其次要打通商业银行的信息与政府各部门信息通道，最后要优化商业银行供应链业务中的各项流程，同时要加强对供应链金融风险管理的规范化及监督管理，甚至将这方面人才的培养也作为供应链风险管理的重要措施来抓。宋华、杨璇（2018）认为，加强供应链金融风险管理可以分别从网络和业务结构、交易与管理流程、声誉资产和信息治理三个维度深入开展，同时要整合供应链金融架构，在具体措施上，要加强供应链网络的搭建，主动管理并协调好供应链上企业的交易行为与活动，同时要将信息治理能力提到议事日程上。陆岷峰、徐阳洋（2019）认为，金融科技中的区块链与供应链天生耦合，能有效地治理供应链中的各种风险，比如区块链的可追溯和不可篡改性的功能可以很大程度上解决供应链金融中的信息不对称问题；区块链具有去中心化的分布式存储结构特征，通过海量数据的如实记录以及不可篡改，可以有效地防范供应链金融中的信息造假；区块链技术的可追溯性以及智能合约的应用可以提高供应链业务中的效率；区块链的共识机制以及智能合约在一定程度上可以降低供应链交易活动的业务成本。杜竞欣（2019）认为，物联网作为一种集资金、信息、物流为一体的先进技术手段，可以对供应链金融所产生的风险进行有效整合与监控，可以减少金融机构与供应链上企业的信息不对称而引发决策失误的可能性，同时，有利于扩大金融机构对供应链上企业的授信能力，从金融机构来讲又可扩大业务范围，开发出更多的新的金融产品。

（三）金融科技与供应链金融风险管理研究

倪风华（2018）认为，运用大数据进行供应链金融风险管理，对供应链企业要进行高门槛的准入制度，对企业的各类信息要通过大数据进行严格的审核；在贷前、贷中、贷后都要构建预警指标；供应链上各企业之间、银行与企业之间要有规范的合约，明确责任与法律边界；对于参与各方要强制信息的收录与处理。杜竞欣（2019）认为，通过物联网可以有效地控制好供应链金融中的有关风险。在具体措施上，他主张构建"物联网+银行"的融合创新体制与机制，通过物联网中的传感器等技术手段的运用，提升供应链金融的风险管理的技术水平，对于供应链金融的风险控制流程实行数据化控制，同时，通过标准化、流程化等提高风险管理工作水平。陆岷峰、徐阳洋（2019）在通过区块链技术解决小微企业供应链金融风险方面提出具体建议：不能单一地运用一种金融科技手段，而要将多种金融科技手段进行混合使用，发挥各自的优势；政府及金融机构要加大对金融科技基础设施建设的投资，共同研发新的产品与手段；积极引导商业银行与供应链上的核心企业的系统进行衔接，促进相互融合；加大金融科技产品研发的政策支持力度，加大国际上一流的金融科技人才的引进，提升国内金融科技人才队伍的总体素质水平。

上述关于供应链金融的研究，构建了供应链金融存在的基本理论基础，对供应链金融风险产生的根源及管理方法与模式也进行深入的探索，就金融科技在供应链金融中的运用已有所涉及，应当说对于推动供应链金融的发展、强化供应链金融的风险管理发挥了积极的作用。但是，现有研究的不足在于没有将金融科技在防范化解供应链金融风险管理工作中的作用放到应有的高度，对"金融科技+供应链金融风险管理"融合方法与方式的研究不多，尚未充分揭示供应链金融风险管理的难度与难点。正因为如此，我们有必要对物联网金融风险的特点进行精准挖掘与描述。研究结果表明，供应链金融风险管理中的难点恰恰是金融科技发挥作用最有效的场景，本着强化供应链风险管理的目标要求，构建"金融科技+供应链金融风险管理"新模式，正是本文对当前供应链金融研究的创新贡献。

三、金融科技在供应链风险管理中的运用

（一）供应链及供应链金融的运营模式

供应链是企业之间的贸易往来的一种关系，由若干个节点构成，具有复杂性、延伸性、关联性等特点，与供应链相对应的金融服务则是供应链金融。传统体制下的供应链金融主要有三种运营模式：第一种是应收账款融资，即下游企业以对上游企业的应收账款为押物向银行申请融资的一种行为，前提是供需双方的合同是真实、可靠的；第二种是保兑仓融资，即卖方向金融机构承诺对拟出售产品进行回购的前提下，买方以仓单作为押物向银行申请融资的一种行为；第三种是动产质押融资，即融资企业以动产为押物，由第三方机构进行监管，向银行融资的一种行为。这三种融资模式均有特定的规定条件与前提，随着我国经济与国际经济黏合度的提升，供应链经济得到快速发展，对供应链金融也产生了旺盛的需求。

（二）供应链金融风险特征

供应链金融的风险具有一般金融产品的共有风险，诸如利率、道德、信用、操作风险等，但由于供应链金融的服务对象及方式的不同，又与一般金融产品的风险有所差别，即使是同一种风险，也表现得更具有非典型性。

1. 履约保证风险。供应链融资是以供应链中的核心企业为背书，对核心企业的上下游企业提供融资的一种金融服务，同其他信贷产品相比，一般是以核心企业票据为担保措施，是一种信用逻辑的融资行为，显然，这与强抵押等信贷产品相比风险显然要大得多，当前商业银行无担保的金融产品主要是消费金融产品，其设计原理是以高利率、高收益来覆盖风险的，而供应链金融由于有核心企业信用背书，其利率相对较低，从信用风险角度来讲，供应链金融的实质是以企业的商业信用来兑换金融机构的银行信用。显然这两种信用的含金量是不可能相同的。同时，票据还面临交易的真实性、票面的真实性等风险。

2. 核心企业的风险。供应链金融是以核心企业有能力承担供应链上由其所衍生出的信用规模为前提的，而这个假设往往不确定因素很多。在市场经济不确定因素增多、国内外经济面临复杂多变的情况下，核心企业也不会"大而不倒"，从市场情况来看，国内的上市公司、大型国有企业均出现较多的市场风险。由于核心企业的风险，影响整个供应链上企业的正常运转，而受核心企业影响的企业，又会影响其上下游企业的正常运行，这样，层层传导造成多个供应链及若干企业资金断裂的风险。

3. 票据欺诈风险。供应链金融是通过资金流、物流、信息流互相交换实现的，实现这种交互的一个重要的形式是票据。票据既是一种物质形态的等价物表现形式，也是银行进行融资的依据，换句话说，票据是可以变现的工具，是一种等价物。正是因为票据具有特殊功能，驱使了很多犯罪分子不惜以身试法，进行疯狂的票据作假，而这在供应链金融领域表现尤甚，不仅数量多，而且金额巨大。此外，上下游企业间也会互相串通，签订没有真实贸易背景的合同，骗取银行贷款。这类贷款往往会被当事企业转贷或投资，无疑会加大贷款机构的信贷风险。

4. 约束力差风险。供应链上的企业质地有很大差别，而企业间的关系又主要是经济上的关系，经济关系的往来主要靠企业家的个人信用品质来作支撑，排除不可控因素外，少数企业经营者出于个人私利往往以违反市场规则为代价，赚取不当得利，而市场对这种行为缺少较强的约束力，以个人信用为链接点筑成的链条脆弱性较大，又无较强的约束力来改变这种状况，加大了供应链金融的风险。

5. 放大拉长风险。通常情况下，金融风险一般表现为项目风险，往往是一事一险、一企一险。但是，供应链金融中的供应链是无限拉长的，供应线不仅仅是在国内，还可能涉及国外，同时，链上各个企业要素既可能是其生态链上的核心企业，又可能是其他链上的承接主体，这种拉长、放大、纵横交错的供应链一旦发生风险，必然有巨大的放大效应，其影响面可能是系统性的。

6. 管理能力风险。一般的项目风险管理对于管理者来讲，凭经验及一定的数据量是可以应对的，但是在供应链上，要想在短时间内将极其复杂的经济信息、经济关系搞准确，往往是比较困难的，由于供应链上涉及的企业数量多、行业广、关系盘根错节，这就要求金融风险管理者既要有综合的经济素质，也要有极准的风险判断能力，同时还要有高效的运作水平，而对于大多数信贷人员来说，在能力上无疑还存在一定的差距。

7. 道德违规风险。由于供应链金融的复杂性，加上对供应链风险管理手段仍局限于人为主观判断层面，供应链金融业务能否完成在很大程度上取决于管理人员的观点与态度，这就给流程上的有关人员以寻租的可能性；又由于供应链管理流程很长，而可控的部分往往是阶段性的，这又给犯罪分子留下了作案空间，因此，供应链金融中的道德风险居多。诸多银行发生的票据大案要案均是由道德行为的偏差引发的。

（三）金融科技解决供应链金融风险的可必要性与可行性

供应链金融风险管理除了要按照一般的风险管理方法外，最主要的是根据上述风险特征，明确风险管理的目标与重点。供应链金融风险管理最主要的管理目标：核心企业风险可控，前提是准确计量其风险承担能力；链上票据真实可靠、无欺诈；融资企业信息透明、真实；链上企业组织所有经济活动可穿透管理；实物形态可视、可控、可估值、可变现；金融机构与融资企业主体工作人员无道德风险；企业之间信用约定的执行具有约束力；在各个链接点间的区链间风险互相隔离，不发生系统性风险。在传统体制下解决实现这些目标是难上加难的，但是现有的金融科技手段及场景实现这些风险管理目标是可行的。

1. 大数据可以有效地解决对核心企业的风险评估。传统方式下，对企业的风险评估往往是依靠有限的会计报表来进行的，这往往带有很大的片面性、主观性。在大数据背景下的风险评估，一是信息真实可靠；二是信息全面系统；三是信息不仅仅有数量信息，还有诸多质量指标；四是结论更多地依赖模型、机器算法得出，结论可量化，更加精准；五是对企业及行业的愿景可以有更准的预测、更大范围的考量；六是企业的风险预警系统是适时、超前的，风险管理不仅仅在准入环节，更多的是在全过程管理各个环节。可以说，大数据背景下准确计量核心企业的风险承担能力是完全可能的。

2. 区块链可以确保链上数据传输精准。区块链技术最大的功能之一就是能够确保链内信息传输不失真，由于区块链去中心化，链内发生的任何经济活动要想作假的话成本太高，而且几乎不可能。供应链上只要发生一笔经济业务，其经营活动、票据信息均会分别记录在关联的主体账本中，这样可从根本上解决供应链中最常见也是最多的票据真实性风险，确保票据流转真实可靠、无诈骗。

3. 大数据与区块链可以提升融资企业信息透明度和真实性；对于公开的经济活动，在大数据背景下，可以说是无隐私可言，因为任何经济活动都会留下信息痕迹。一方面，大数据可以将企业所有的经济活动，通过多元的数据源的融合、清洗、整理，勾画出企业所有经济活动的图谱；另一方面，可以将复杂的经济活动完全用数据语言来表述出来，便于管理者通过机器等对链上企业组织的所有经济活动进行穿透管理。这样既解决了信息管理中的不对称问题，又解决了管理中的技术手段的运用问题。

4. 物联网使得供应链上企业的实物形态可视、可控、可估值且利于变现；物联网与互联网相比，在互联网信息流、资金流合一的基础上，又成功地将物流与资金、信息流合一，通过视频、传感、算法等技术，将供应链金融的物质基础完全置于可控之下，有效地实现了物与物、人与物间的互联互通，通过物联网的运用，可以将用于质押融资的物资物理形态置于远程视觉之内，有效地防止供应链上的不法分子转移物资等行为的发生，可以持续跟踪其物质形态的流转全过程，最大限度地降低供应链的融资风险。

5. 大数据等技术的运用，可有效地防范工作人员的道德风险。道德风险产生的原因，一是决策主观化，有个人寻租的机会；二是内控体系不严密，有空可钻。在金融科技广泛运用的背景下，供应链金融的是否准入已不是一两个人能决定的，更多的是数据说了算，同时，数据反腐的作用越来越大，数据对个人的行为约束力也越来越大，顶着随时暴露的风险去作案的人数也在减少，所以，金融科技大幅度提升了供应链金融决策的客观性，减少寻租的机会，提升技术在道德风险管理中的积极作用。

6. 区块链中的智能合约功能将强化企业之间信用约定的执行力；对于供应链上的经济活动交易，在区块链中的企业可以利用智能合约的功能来增加交易活动的约束力，即在智能合约的运用场景下，企业间的经济活动只要一方履行了应当履行的责任，系统会根据原先约定，强制另一方直接履约，从而提升社会的信用度。

7. 在各个链接点间的区链间风险互相隔离，不发生或少发生系统性风险；大数据具有最强、最精准的预警系统，可以适时监控各链段内的经营活动质态，对于可能出现的交易风险会提前发出警示，便于金融机构提前对风险链段进行隔离处置。

（四）金融科技在治理供应链金融风险中的运用路径

金融科技在供应链金融风险管理中运用的实质是用技术手段解决风险管理中的难题与痛点。当前，技术与金融关系已经由过去传统的被使用、被支配的机械工具，转化为有思维、具有自我学习能力、主动作为的管理工具，商业银行的人力资源已经由过去单一的自然人转化为有生命的自然人与无生命的机器人的共同体。针对供应链金融管理的风险特征，特别是供应链金融风险管理的痛点，金融科技在供应链风险管理中的运用应当围绕"以防为主，重在加强风险管理"的目标，构建"金融科技+供应链金融"风险管理新模式，对于苗头性风险能够及时化解，有效隔离风险，避免将风险兑现。

1. 积极打造数字供应链。金融科技在供应链金融中的有效运用，取决于供应链所提供的运用场景程度，如果仅仅有银行业务的科技化，而没有供应链企业的科技化，会大大削弱"金融科技+供应链金融"风险管理的效用。因此，必须积极打造数字化供应链体系，提升整体供应链数字化水平。一是供应链上企业首先要实行数字化管理，构建本企业的系统管理平台，充分运用现代信息技术对企业进行全流程管理，为供应链数字化提供基本条件；二是要以核心企业为龙头，厘清供应链脉络，要将供应链中所有参与者的业务完全从线下走到线上；三是要实现链上参与企业联网，参与企业要实行数字、信息共享；四是要积极与各金融服务机构做好系统对接，让服务供应链的金融机构与链上企业保持信息适时互换；五是要积极推进电票结算，按照监管部门要求，提升电票在整个交易结算中的比例。

2. 构建供应链金融平台。商业银行都在积极引进金融科技，一些头部金融机构已经将金融科技引入了银行各个业务条线，在各个业务环节中植入科技基因，各银行的科技水平不断提升，拥有了直销银行等若干金融平台。供应链金融是商业银行重要的公司业务金融，未来市场空间巨大，各家银行都在深耕这个业务领域，因此，商业银行有必要搭建供应链金融平台，为强化供应链金融风险管理提供技术支撑。一是要开发符合本行的风险管理文化的供应链风险管理专用平台，当然，这个平台的数据要和全行业务系统相融、共享；二是要将区块链技术嵌入系统当中，特别是智能合约等；三是要尽可能多地接入多元数据，要加强与各大电商平台的深度合作，扩大平台的信息拥有及交互量，提升决策的精准度；四是要强化预警功能，提早或及时发现供应链当中的风险苗头，便于及早处置各类风险，构建"供应链与供应链金融"互相支持、共同发展的智能供应链生态圈。总而言之，供应链金融业务的全流程都要在平台上得到全面体现，以技术手段的优越性对供应链金融进行穿透式管理，使参与供应链的企业的信息流、资金流、商流、物流都能在平台上进行检测。

3. 持续扩大可控数据源。现在金融机构已经十分重视大数据在金融管理中的运用，但由于供应链金融的特殊性，对数据的要求也就更高。一是要扩大数据源，要引用多元数据，数据量越大，风险识别精准度越高，预警就越提前、越准确。二是要注意数据的清洗，要加强对大数据本身的治理，确保数据源的真实、可靠。三是要注意数据的适时性、前置性、关联性。四是要加强科技的运用。大数据本身是一种技术，依赖人的主观是不能管理好的，所以必须运用技术手段加强数据的管理，使数据成为供应链金融管理的有效工具。五是在供应链金融中的数据运用的，重点应放在识别风险上。

4. 推动区块链原理在票据业务中的运用。区块链既是一种技术，更是一种思维。在票据业务的风险防范中，电票的比重已经越来越普遍，加上支付方式多样化，纸票不仅有金额的限制，而且数量也在减少。供应链金融中的票据往来最主要的作用是通过区块链场景的营造，让企业间的经济活动、交易行业、企业信用、支付行业都能够在链中的参与者面前进行信息的充分披露，且做到真实可靠。在此基础上，通过智能合约的作用，在链内完成业务交易和资金交割行为。

5. 充分发挥物联网工具在供应链金融中的作用。物联网金融是指运用物联网工具所开发与管理的金融业务，其既是风险管理的手段，也是拓展金融业务领域的工具。从拓展供应链金融的角度来说，通过物联网系统可以将链上企业的一定价值以上的物质形态转化为信贷资产，因为在传统的风控体系下，只有固定资产、不动产、特定的流动资产才可能成为信贷资产的抵押物品，而在物联网背景下，押物的小型化、流动化都成为可能，尤其是中小微企业，由于缺少固定资产而无法从银行取得融资。从供应链金融风险控制的角度分析，作为押品获得供应链金融支持的物资均在物联网控制的范围之内，任何转移、灭失行为均可在视检范围之内。因此，要将物联网金融的广泛运用作为支持供应链金融的重要抓手。

6. 充分发挥金融科技在供应链金融决策中的作用。技术强调的是科学与逻辑，技术学习与演算的结果具有相当的客观性。因此，要有效防范供应链金融中的道德风险，就要积极构建供应链金融风险管理的各种风险评估模型，提高融资决策的客观性。一是对各类供应链业务资料进行广泛收集，穷尽供应链各种模式与场景；二是对供应链业务进行抽象、提炼，得出供应链的一般模式；三是对供应链风险点与风险源进行深度挖掘，设计各种预警与防范方案；四是将各种算法、模型运用到风险管理当中；五是对供应链金融风险进行压力测试，从而对风险有足够的估计与应对能力的准备；六是在供应链金融准入、风险处置过程中尽可能多地应用大数据等运行结果，减少人为主观决策。

此外，还要积极发挥金融科技在供应链金融风险处置中的作用，要运用数据信息，查找违约方资金、资产去向，通过平台及时处理不良资产等。当然，防范供应链金融风险从根本上来讲，还是要提高供应链的运行质量，因此，从商业银行角度来讲，除了对链的本身防范之外，还要积极帮助链上参与企业提高产品创新能力，强化内部管理，优化业务流程，增强市场竞争能力，打牢供应链金融发展的基础。

四、结语

总而言之，供应链及供应链金融两者互相依存、互相促进，在大力发展第三产业、加强国内外贸易发展、帮助中小微企业发展脱困的背景下，支持供应链的发展具有十分重要的战略意义，所以，党和政府多次发文支持供应链经济的发展，而金融的支持首当其冲。供应链金融的发展程度在一定意义上影响着供应链经济发展水平，但是，供应链金融的风险如果得不到有效的控制，商业银行基于商业性的本质往往会在发展供应链金融上持谨慎态度。而防范与化解供应链金融风险，依靠传统的思维与方法已无法适应新时期供应链金融风险管理的要求，因此，引进金融科技，构建"金融科技+供应链金融风险"管理新模式，既可以有效地控制与降低供应链金融风险，又可以提升供应链金融效率，更可以通过供应链金融的发展，有力地促进供应链经济的发展。而结合供应链风险管理的特点、痛点、难点，将金融科技的手段有效地引入供应链金融中对风险病灶进行治理，是当代银行人的使命与责任。

区域金融一体化：金融科技的功能与实现路径研究

——以长三角金融一体化为例

一、引言

经济是一个共同体，是由若干个单元区域经济构成的。资源对于区域发展至关重要。资源的有限性以及每个经济单元对区域利益的维护，可能导致整体利益与单元利益的冲突。强调区域经济一体化，就是要避免区域与区域之间、单元区域与整体区域之间的利益冲突，按照局部服从整体的系统论思想及冲突无赢家的博弈论理论，构建区域经济一体化是节约社会资源、实现最优组合以及提升经济效率的重要路径，也是实现"两个一百年"奋斗目标和中华民族伟大复兴的必要举措。

从经济与金融之间的关系来看，经济决定金融，金融又反作用于经济。只有经济一体化，而没有金融一体化与之相耦合，经济一体化最终也会被分化或达不到预期的目标。长三角是我国最发达的经济区域之一，也是金融最发达的区域，长三角金融一体化实现路径的研究，对推动长三角经济一体化以及促进全国其他区域金融一体化有着极强的指导意义与示范效应。

长三角是由江苏、浙江、上海、安徽三省一市构成的，长三角的金融机构既有总部在异地的分支机构，也有总部在此区域的金融机构，金融机构种类齐全，且上海是我国内地唯一定位于建设全球金融中心的城市。同所有区域金融的建设一样，要实现长三角区域金融一体化的建设目标，面对的可实现途径存在两个不同层面的选择：一是通过制度设计最大限度地来实现三省一市的金融目标与行为的一致性；二是以市场为导向通过技术手段来构建一体化的金融市场。从效用来讲，后者更具有可操作性及持久性。

二、文献资料

（一）长三角区域经济与金融一体化必要性的研究

王晓红（2010）认为，自改革开放以来，长三角区域经济快速发展带动了区域经济的联动发展，在经济与金融融合度进一步提升的背景下，作为现代经济核心的金融之间的合作，将更加有利于区域间各生产要素合理自由地流动，以金融的手段推动区域产业结构的进一步优化和产业的转型升级，通过推进长三角金融一体化的建设来驱动长三角经济一体化的程度和成效。杨成长等（2018）认为，长三角的城市群已经是全球六大世界级城市群之一，在国际和国内社会经济发展中有特殊的历史地位，推进长三角经济一体化也是国家重大发展战略，而金融一体化则是区域经济一体化的核心，金融一体化主要包括了金融政策、金融要素市场、金融数据和信息以及金融人才等诸多方面，当前通过推进长三角金融一体化来推动经济一体化不仅是必要的而且是可行的。黄金木（2019）认为，长三角金融一体化在加快创新驱动、促进经济转型升级中有特殊的作用，有利于更好地发挥长三角地区在引领全国经济发展、优化配置社会资源以及全球城市群建设中的示范作用。长三角金融一体化不仅可以直接推动长三角区域经济一体化的发展进程，同时也更加有利于区域金融的高质量发展，可以为其他区域金融一体化及合作提供经验范本，还可以为金融监管的创新探索新的路径。

现有的学者对区域经济一体化或金融一体化必要性的认识是十分一致的，无论是系统论、博弈论还是信息论的基本原理都告诉我们，合作优于分散，系统力量大于局部力量之和。当然，区域是一个相对的概念，区域又是分层次的，下一层次区域属于上一层次区域，若干个区域构成上一层次的区域。所谓经济一体化，是指各个区域或领域单元须以上一层次区域的经济发展目标、利益为一切行为的原则与底线，任何有违这一原则的目标与行为都要让路，所有的行为要为上一层次区域的目标服务。

（二）长三角金融一体化中存在的问题与矛盾的研究

影响长三角金融一体化的制约因素很多。王晓红（2010）认为，主要有三个大的因素：一是区域内金融资源和金融发展的不平衡性，增加了金融一体化过程中的不确定性；二是长三角区域由三省一市构成，而三省一市又由各行政市区县构成，这种行政区划分割着各地金融资源，画地为牢，阻隔资金的自由流动；三是区域文化观念也影响着金融一体化的进程，各区域都要以本地为中心，愿当主角不愿当配角的文化理念，也影响着一体化目标的实现。杨成长等（2018）认为，长三角金融一体化既有优势也有挑战。挑战主要表现在以下几个方面：首先，受行政区域的限制，区域间统筹合作的金融合力难以形成一股绳，作用难以发挥，如各行政区出台的金融政策不相一致，联合出台的金融政策少之又少，同时，金融监管也是行政属地化管理，其力度也不尽相同。其次，同其他经济区域相比，长三角的实体企业更多地依赖传统的融资渠道，所以各家银行的存贷比偏高，间接融资在整个融资中的比例也偏高。再次，在资本市场方面，长三角地区上市企业的规模和质量都有提升空间，如区域内上市公司的资产证券化率较其他区域低，主要是由于没有市值超大型的上市企业，另外，利润水平也相对较低。最后，从金融机构层面看，与全球的金融机构相比，长三角地区金融机构的国际化程度仍然偏低。嵇尚洲（2017）认为，长三角区域金融一体化滞后于经济一体化，主要表现在区域内证券化水平参差不齐，差距较大；金融资源配置失衡，且风险相对集中；金融资源配置效率比较低下，金融资源浪费问题较为突出；从金融中心的辐射影响力和效果看，作用不是太大，金融业跨区服务基本难以成行，条块分割阻隔了市场经济要素间天然的联系。

（三）长三角金融一体化中实现的目标与路径研究

关于如何加快推进长三角金融一体化，王晓红（2010）认为，首先要在理念上进行升级，要树立合作共赢的理念，政府和市场要同时发力，共同化解市场区域壁垒，通过加强管理层面的合作，深化金融管理模式的改革；其次要积极推动金融监管体制的改革与创新，要为金融机构跨区域合作、融通提供监管便利；再次是要加强金融基础设施方面的建设与投入，包括金融机构运行的基础设施及制度的设计，要推动长三角地区金融服务和信息的共享；最后是要着力探索构建长三角城市群金融相对稳定的管理体系，通过建立风险防范和预警机制，守住风险底线。杨成长等（2018）对加快实现长三角金融一体化提出四点建议：一是建议重点打造长三角直投基金、财富管理以及金融国际化三大平台，充分发挥政府在实现长三角区域金融一体化目标中的行政作用；二是建议大力提高长三角地区直接融资在整个社会融资中的比重，探索融资方式多元化，提高资产证化率；三是建议充分发挥资本市场的作用，构建长三角多层次、立体化的资本市场体系，推动产业链价值体系的提高；四是对区域内的城市金融功能进行错位发展，根据区域分工和本城市的优势进行市场定位，形成整体合力与特色发展的金融生态圈。黄金木（2019）认为，长三角金融一体化是一项系统工程，实现这一目标要多个方面协同配合，特别是地方政府、金融监管和金融机构之间的协同，要通过制定一体化规划来引领各主体行为，要通过会议等形式进行推动，要充分发挥长三角金融协调办公室的行政牵头作用，各参与主体在明确分工的情况下各司其职，要加大改革、创新的力度，特别是要支持区域内金融机构跨区域从事金融业务等，在一体化内容上，最主要的是在区域内金融机构间网络互通、资金流动、风险防范、股权投资、牌照配合、人才交流、机构设置等方面实现相互合作，在一体化过程中，既要强调进度，更要强调科学有序地推进，本着先易后难的原则，稳定推进长三角区域内各金融机构间的深度合作，形成金融一体化的战略格局。嵇尚洲（2017）认为，长三角区域金融一体化首先要构建一体化组织服务网络体系，具体表现为可构建如天使投资、风险投资、私募股权投资的金融资本积聚区，打造多元化的、门类齐全的金融机构体系，构建多层次的资本市场，充分发挥政府基金的杠杆效能，并积极开展国际国内的双向投资等；其次要搭建区域内的一体化的科技创新网络，推动区域内科技创新，大力发展科技金融；再次要大力发展区域内的物联网；最后要加强区域内的生态合作，要积极"去行政化""去区域化"，促进资金能按市场规律自由配置。

上述研究的基本结论：第一，经济一体化是以经济区域为单元的，金融一体化与之相呼应，二者互相依存、互相促进。第二，一体化目标与经济区域内行政单元目标相重复但又有差异，目标的差异必然带来行为的差异，这种差异会抵消一体化目标的实现程度。第三，金融一体化主要是指金融资源与经济发展需求配置一体化，具体表现为信贷资金能否完全按照经济一体化目标来进行配置，而在行政区划及条条管理的体制及技术限制的情况下是难以实现的，如果信贷资源不能一体化并按市场规律进行流动，金融一体化将是一句空话。当然，金融一体化还包括了信贷风险管理、信息共享、人才配置等多维度的一体化，最主要体现在目标与行为的一致性方面。第四，金融一体化是经济、金融发展的内在需求，政策的出台是保障，技术是基础，尊重市场规律是前提。在当前国家出台长三角一体化发展战略规划、市场经济充分发展、金融竞争日趋激烈的背景下，解决技术基础是当前长三角经济一体化的关键。

可以说，上述研究成果对区域经济一体化和金融一体化的目标、存在的问题及解决思路进行了深度的分析与研究，对于指导和促进区域经济一体化、金融一体化的研究提供了理论支持和实践指导。由于一体化目标涉及多个层次、多个方面，是一个系统工程，现行的成果较多地侧重于一般性的道义上的要求或理论上的逻辑，在具体实践中往往碰到阻碍就难以操作。一体化目标的实现除了规划、行政措施、道义号召外，更重要的是要通过技术手段，解决金融一体化中的难点与痛点。正是基于这一思考，长三角金融一体化矛盾的解决，应嵌入金融科技，从而解决一体化过程中长期无法打破的桎梏。从金融科技在金融业中运行的实践效果来看，在解决流程再造、防范风险、降低成本等方面已经解决了传统金融无法解决的信息不对称、获客等多项问题，同理，长三角金融一体化也是金融领域的一道难题，着力运用金融科技将会助力长三角一体化目标全面实现，同时推而广之，为更大范围经济一体化、金融一体化发展目标的实现路径提供一条技术创新的新思路。

三、金融科技助推长三角区域金融一体化的战略思考

（一）长三角区域金融一体化发展中的矛盾表现及根源

1. 区域单位行政目标与区域金融一体化目标之间的矛盾。长三角经济区由江、浙、皖、沪三省一市组成，虽然有长三角经济一体化发展战略规划，但绝对不是"三省一市"发展规划的相加之和，三省市根据本行政区域的内外部环境制订的发展规划或年度计划具有明确的地方特色，显然，在目标设定过程中其目标受多种因素的制约与影响，其中不乏有一些指标与长三角金融一体化目标相左甚至是相冲突的。这表现在具体金融领域其金融企业的金融行为可能与长三角金融一体化的目标不一致，抵消或冲淡了一体化目标的约束力。

2. 金融机构垂直管理与区域金融一体化目标实现之间的矛盾。分布在长三角区域内的大部分金融机构的法人总部分布在区域外的北京等地区，小部分属于"三省一市"的行政区域内的机构，显然，分布在长三角内的金融机构大多数属于分支机构，分支机构的最大特点是严格执行法人总部的目标与决策。由于各金融机构的法人所处的地域环境、本身的战略目标与市场定位各不相同，显然不可能完全考虑长三角的具体战略规划目

标要求，其结果可能是各分支机构执行的金融政策与长三角金融一体化的目标政策相偏离，难以形成共振。

3. 区域内各单元与区域金融一体化之间的矛盾。在长三角内，无论是属于"三省一市"的法人金融机构还是布局在区域内的分支金融机构，均有各自独立的经济利益，由于资源的有限性，一定时间、一定区域内的金融机构之间的竞争表现为零和博弈。零和思维下的竞争主体往往会更多地考虑本企业的发展和目标的实现，而忽略是否有利于长三角金融一体化目标的实现，其经营行为与目标有些甚至与一体化目标相冲突。这样可能造成的情况是利己者动力充分，而利他者则动力不足。

4. 区域内单元与区域金融一体化目标可能性技术支撑之间的矛盾。长三角区域经济一体化战略下发后，经济一体化、金融一体化战略目标方向已经明确，各金融机构也在试图通过加强区域内的金融合作来助力一体化目标的实现，同时在合作中也可获得更大的收益，但在实践中遇到的很多技术问题无法跨越或绕过。一是运行载体。各机构都有自己的运行平台，各自独立，没有一个共同的运行载体可供一体化建设。二是信息共享。各机构的大数据等信息都是各自使用，没有完全打通，且数据缺少权威性。三是风险控制。诸如供应链金融、集团金融等没有技术风控机制。四是没有完全形成市场化的金融领导中心。上海定位于国际金融中心，杭州又定位于国际金融科技中心，长三角虽然有协调小组，但大量的一体化活动不可能依赖行政小组来实现，一定是要由具体的子项目权威来引领，而这些都缺少相应的技术支撑。从金融角度来说，如果没有技术作支撑，所建立起来的投行中心、产品创新中心等只能是个概念而已，很难将区域内金融机构推向真正的一体化经营。

金融一体化发展的矛盾的本质可归纳为：第一，行政区域或区域单元是为了获得一个政绩评价或业绩评价。第二，行政区域或区域单元是为了获得利益的最大化。第三，行政区域或区域单元是为争取更多的资源和投入。第四，行政区域或区域单元之间缺少一体化的基本条件，如信息不能共享、风险管理司法块块管理等。这是因为在投资驱动经济发展模式下，投资越多，回报会越大，利益会越多，政绩与业绩也就越好。因此，解决长三角金融一体化的根本思路是要解决考核、利益分配和技术条件问题。这三个问题解决好了，其他问题地化解也就方便多了。

（二）金融科技协调区域金融一体化的基本功能

技术与金融的关系天然联系在一起，但是在不同的时期，两者所处的地位和作用有所不同，1994 年之前，在我国商业银行及其他金融机构仍处于发展的初级阶段，技术仅仅是金融工作者的工具，是实现经营管理目标的手段，处于一种被动或完全被支配的地位，但 1994 年之后，技术对金融的作用或地位开始发生变化，其作用越来越大，从商业银行来看，由于技术进步，银行的创新日新月异，新产品不断出现，手机银行、网上银行、直销银行等纷纷面市，技术已经由使用的工具转变为具有一定思维能力的管理者，开始驱动金融业发展，特别是近年来出现的以大数据、区块链、人工智能、物联网、云计算等为代表的金融科技，不仅在技术上实现了新突破，环境及应用场景更是有利于其发挥更大的作用。传统的金融难题用传统金融思维无法解决的问题在金融科技面前都迎刃而解。因此，长三角金融一体化发展中的矛盾也是金融业中发展中的难点，既要用传统经典理论来解决，更要探索运用金融科技手段来助力化解。金融科技在化解长三角金融一体化矛盾中至少具有以下作用：

1. 可以打通各金融机构之间的信息与数据孤岛。长三角区域由于天然的地理环境及历史悠久的经济文化，区域内金融机构本身是有相互合作、共同促进区域经济发展的动能的，但多年来，各机构之间形成的信息及数据积累是相对封闭的，缺少交互与沟通，最主要是由于过去数字化程度低，形成金融机构之间的信息与数据孤岛。大数据的发展与运用将改变这一现状。一方面，社会上的数据流量十分强大，所有的经济活动都会产生若干的数据；另一方面，各金融机构十分重视本企业的数据积累、收集、清洗与运用，特别是加强了与外界的数据进行互换、交流。一个突破企业、行业、区域乃至更大范围的大数据系统正在形成，由于经济、金融、社会活动等是相互关联的，在一定的环境下，即使是某个企业置身于世外，通过大数据也基本可以对其经营情况作出较为准确的判断。因此，大数据可将长三角区域的金融活动及服务对象都用数据来表示，而数据在线上是无行政区域、行业限制的，可以抽象为数字资产，数字资产可以按市场规律进行交易与互换，从而突破了行政区域限制，各机构之间合作无障碍，在数字资产的保值、增值过程中实现长三角金融一体化目标。

2. 能有效地加强跨区域金融的风险控制。传统体制下商业银行的风险控制主要是依赖客户经理现场对客户进行管理，不仅有贷前调查，还有在规定的时间内进行的贷中和贷后检查，但实际上，客户经理不可能进行实时监管，只能在一个时间点进行检查，这带有很大的偶然性并且存在可能的道德风险，对跨区域业务，更是能拒绝就绝对不会去做，回避也被作为一种管理风险的方法。在金融科技的环境下，已经可以实现风险全流程控制，且可以实现跨区域监管。比如区块链技术在供应链金融中的运用，不仅可以确保链内票据、数字传输的真实性，还可能无限制延伸，对供应链所有环节、节点进行监督，物联网技术的应用，可以实现对信息流、资金流、商流和物流的统一管理，通过物联网技术可以对抵押物的物理状态进行实时跟踪管理，通过大数据可以对信贷业务全过程设立风险预警指标，一旦触线便会立即提醒等。这些技术的运用，实现了对信贷管理的跨区域、跨时间、全流程的管理，并且可能有效地避免业务发展过程中的人为道德风险。

3. 可实现跨区域目标客户营销。要实现长三角金融一体化，在一定意义上可以说，只要在符合监管的前提下，有利于一体化目标实现的金融行为都应当是许可的，除一些机构内部的区域分工因素外，金融机构跨区域在传统技术条件下是难以实现的。近年来，由于大数据的运用，数据可以突破时间与空间的限制，各行纷纷大力发展线上业务，通过扩大目标客户的选择空间，使机构有更多的机会捕捉到适合本企业市场定位的客户。长三角区域内的金融业务将会实现线上与线下的交融，线上业务则完全突破了区域与空间的限制。

4. 能精准地进行政绩、业绩评价及利润分成运算。现在的人工智能不担心其运算目标的复杂性，基于大数据等信息基础上的人工智能，在运算速度、运算量以及处理运算复杂的经济金融问题方面已经超过人的能力。单元区域与上一层区域或其他单元区域之间一个重要矛盾就是实现一体化后，政绩、业绩及利益分成如何计算是关键，而在传统的技术基础上要实现这一目标是不太现实的。现在条件下，只要明确单元区域发展各项指标在评价指标中的权重及利益分成比例，运用人工智能、大数据可以计算出其贡献度及利益分成。这可以有力地激发单元区域将长三角金融一体化目标作为第一目标的积极性，同时，也能根据其贡献作出较为客观公平的评价，鼓励更多的区域单位能以大局为重，使整体利益最大化，而这需要精准的技术计算为支撑。

（三）金融科技助力长三角金融一体化的思路

1. 搭建长三角金融信息交互平台，实现区域金融信息一体化。搭建长三角金融信息交互平台，以金融企业为主体，搭建线上的金融供给与金融需求供需信息平台。一方面，金融供给与金融需求可以在平台上充分展示；

另一方面，可以实现客户筛选、评级、定价、风险控制线上化，实现适时交易，对于重点行业金融，如绿色金融、小微金融、农村金融可以设立专业服务区，这样既可以满足一些大中型机构的项目需求，也可以满足一些规模较小的专业机构的业务需求。

2. 推进长三角区域金融科技基础设施建设现代化，实现金融基础设施一体化。积极支持长三角一体化的金融科技重大基础设施落地，支持长三角地区金融基础设施科技水平等级的提升，重视各类大数据的真实有效和底层基础的搭建。这当中很重要的一点是要构建金融科技发展的安全保护体系。首先是金融行业的风控安全，金融科技的运用能促进长三角区域金融风险管理水平的提升；其次是金融机构在运用区域数据时能够安全运营，严防"黑客攻击"等，切实保护用户的"隐私"；再次是做好金融科技发展的底层工作，实现优化匹配基础性工程，实现金融科技的技术与长三角金融一体化发展的良好无缝对接；最后是要大力发展监管科技，切实加强金融科技的安全发展。

3. 实现数据共享，构建长三角金融数字化体系，实现线上经营一体化。积极推进长三角金融机构线上化，打造各金融机构的数字化银行，要将金融科技的基因植入金融机构的全流程，要积极扩大区块链技术在风险控制中的运用，要适应大数据提供场景化的条件，切实从传统的风险管理模式下解放出来，要突破时间与空间的限制，将业务的触角延伸到尽可能地领域，通过单元金融机构数字化的建设，为长三角数字化的金融一体化提供场景与条件。

4. 实现国际金融和金融科技中心建设同步化。在长三角金融区域内，上海定位于全球国际金融中心，杭州在金融科技发展有些方面超过了上海，从金融中心角度分析，无论是金融中心还是金融科技中心，两者密切关联，虽然在技术上可以解决两个中心的物理区间问题，但金融中心与金融科技中心密不可分，合而为一更有利于中心的积聚与辐射能力。当前，上海作为国际金融中心宜加大对金融科技的投入力度，确保金融科技的主要技术及单元领先于长三角甚至全球，与国际金融中心同步建设，有利于长三角一体化金融中心的构成，也有利于金融中心在长三角一体化中的积聚与辐射能力。

5. 构建以科技为支撑的导航灵敏、精准化的金融市场，实现金融市场交易一体化。长三角金融一体化的核心是区域内的金融资源能否有利于区域内经济的发展，而金融资源能否按照有利于金融一体化目标流动，一方面取决于金融市场化程度，另一方面取决于信息与风险的控制水平。因此，推进长三角金融一体化首先要构建以价值导向为引领的市场规则，以市场经济基本规律为标尺，统一引导资源向符合市场规律的项目流动；其次要提升区域内金融科技水平，各种价格、预警等信息能够尽可能地提高其系统性及灵敏性；最后要坚持抓金融一体化发展中的主要矛盾，即坚持以实体经济为根本，抓支持、扶持区域内龙头企业的一体化。

6. 专业化、跨国企业实现经营区块链化，实现区域内链内风险管控一体化。构建长三角区域内区域金融生态链，通过大力发展供应链金融企业、跨国集团、跨区域专业化企业，提升长三角区域经济一体化程度，从而也就提升了金融一体化程度，经济一体化决定金融一体化，金融一体化对经济一体化有反作用，运用金融科技中的区块链、大数据技术全程服务于供应链金融、跨境金融的客户营销及全流程的风控，有利于调动金融机构服务的积极性，形成一体化的成果。

7. 推进风险防范与处置技术标准化，实现区域内风险处置一体化。随着跨区域、跨境企业的发展，金融的风险外溢也十分明显，区块链溯源的功能可能将风险资产的来龙去脉存储得十分清楚，而大数据则可以将风险企业的各种信息囊括其中，物联网技术可能对抵押物等资产进行有效监管。因此，通过长三角金融一体化的建设，至少区域内的风险管理能够实现行动、政策、目标的一致性，最大限度地减少金融机构的损失，提升一体化的效能。

四、结语

金融科技助力长三角金融一体化实现对于长三角乃至全国的经济一体化、金融一体化具有极大的示范效应和借鉴意义。由于区域概念是相对的，对于全国来讲，长三角区域又必须服从全国的大区域，从全球角度来讲，全国大区域又要立足于全球的分工。在实现金融一体化过程中，技术是条件，制度是根本，但是技术不是万能的，必须要有制度作保证。当然，金融一体化的前提是经济一体化。阻碍区域一体化的重要因素除技术外更主要的是对区域的考核与评价的引导，因此，可以将一体化目标及执行结果纳入区域考核与评价指标体系。各行政区域要树立系统论的思想，树立局部利益服从大局利益的理念。区域内各单元之间要树立协同共赢意识，抛弃零和思维，在协同中共同成长。

金融科技与科技金融：相互赋能与共生发展策略研究

——基于科技、金融、经济生态圈视角

一、引言

科学技术作为社会发展的第一生产力，推动着社会体制和形态的变革，极大地提高了社会劳动生产率。在当今世界，国家与国家、企业与企业之间的竞争在一定程度上是科技水平的竞争，谁掌握了最先进的技术，谁就可能站在市场生态链的顶端。科学技术水平的高低与研发投入的多少呈正相关关系，投入的越多，产出也可能越多，当然也不排除投入与产出不成正比的特殊情况。但有一点可以肯定，不投入一定是少产出或不产出。新中国成立以来，特别是改革开放以来，党和政府十分重视科技投入，国家每年用于科技投入的比例持续上升。科技投入是多元化的，政府主导是一个重要渠道，而市场主导的渠道则是当前的主渠道。其中，以商业银行主导的科技金融创新发展则是支持科技产业投入的重要中坚力量，已经构成科技投入不可或缺的来源。支持科学技术发展的科技金融越来越受到政府部门和市场微观主体的高度重视。

科学技术的发展越来越专业化和集成化。近几年来，专注服务于金融业发展的大数据、区块链等金融科技发展异常迅猛，而服务的金融业在国民经济中的地位也是越来越高。截至 2019 年 7 月底，银行业的资产规模已超过 280 万亿元，其在经济发展中的核心地位、经济活动的纽带作用、经济运行的血液功能日益凸显。然而，金融发展中所存在的信息不对称、普惠金融、关注长尾客户、风险控制的过程化等行业痛点问题，用传统的金融理论或手段难以实现有效管理目标，而金融科技的发展不仅可以优化商业银行的业务流程，有效地控制各类风险，构建灵敏的风险预警系统，而且可以精准服务，大幅度降低经营成本，对整个银行业降本增效和实现高质量发展具有重要的推动作用。

科技金融是金融的一个分支，金融科技是科技的一个分支。科技金融

对于科技和金融科技的发展至关重要，金融科技对金融和科技金融的发展也至关重要。实际上，科技与金融、金融科技与科技金融的最终目标都是为实体经济服务的，它们共处于一个发展的生态圈中，各要素之间是相互联系且彼此依存的，将科技金融、金融科技、经济发展进行串联研究，有利于寻找其共生发展的基础，从而为金融科技、科技金融、经济的发展寻找新的路径。

二、文献综述

（一）金融科技与科技金融的概念及关系研究

金融科技与科技金融是两个完全不同的概念。关于金融科技的概念界定，陆岷峰（2019）认为，国内金融科技的概念是从互联网金融的概念延伸出来的。而互联网金融又是一个特定时期、特定内容的过渡性概念，其以中国人民银行等十部门联合发布的《关于促进互联网金融健康发展的指导意见》为标准，具体包括了互联网支付、股权众筹、网络借贷等七种细分业态，经过多年的互联网金融专项整治，现在仅有互联网支付、互联网小贷及网络借贷存在。而这三种业态又完全包含在传统的金融业态当中，互联网作为一种工具，去金融化十分明确，而伴随着移动互联网技术而发展的大数据、区块链、人工智能、物联网以及云计算等，纷纷涌入金融业并为之服务，共同构成了为金融提供服务的科技手段，即金融科技。因此，金融科技是一种技术的集合体，而不是金融，金融仅仅是科技服务的主体或目标。邓明健（2019）认为，金融科技就是将先进的、新的科学技术成果应用到金融领域或范畴，是金融业与科技界交融发展的一个过程，这一过程对金融行业产生深刻的影响。金融科技随着时间的变化而不断提升和发展，因而对金融领域的影响也是持续和全面的，对金融业的业务流程、产品设计、组织体系等都发挥着重要作用。当前，金融业的创新发展已正在由于金融科技的赋能而不断升级。李娟（2019）认为，金融科技主要体现在金融与技术的深度融合方面，这些新技术在传统金融的各个领域得以广泛运用。金融科技概念的范围要大于互联网金融概念的范围，也具有特殊的风险特质，其对金融行业的影响作用将不断凸显。

关于科技金融的概念界定，姜莹（2018）认为，科技金融是指各类金融投资机构借助于各类投资工具对科技型中小企业进行投资从而支持科技型企业发展的业务。投资主体主要为各种投资机构，包括商业银行、资本市场、类金融机构等，而投资工具也不仅仅是商业银行贷款，股票、债券等均在范围之内，从服务对象看，主要是中小科技企业。科技金融的大力发展对于我国经济结构的转型升级和产业创新驱动至关重要。张蒙（2016）认为，科技金融主要是为了提升中小型科技企业的创新创造能力，切实解决中小型科技企业的融资难、融资贵问题。以金融手段解决中小型科技企业发展的金融业态，是"科技+金融"的融合，通过这种融合，推动中小型科技企业的创新发展，解决其所迫切需要的资金困难，激发科技企业发展的内在动力，为社会经济结构转型升级提供强大的动力。陆岷峰、黄百卉（2019）认为，科技金融是金融行业的一个分支，它是指金融机构为科技创新企业提供的一揽子金融服务的总称。科技金融是金融，科技是金融服务的对象，科技金融涉及的范围十分广泛，包括了为科技企业服务的直接融资、商业银行的间接融资、保险等。当然，运用在科技企业的金融业务也可以运用到其他企业，只是在产品设计、风险识别等方面，科技金融显得更体现科技企业的自身特点。

虽然金融科技与科技金融是科技、金融两个词前后顺序不同而形成的组合，但其含义有很大的不同，两者之间在外延上也有所交叉，前者的立足点是科技，后者的立足点是金融。科技是个大概念，金融科技是科技的一个分支，科技金融是为科技服务的金融，当然也同样有服务金融科技的职责。科技金融又不同于科技金融化，后者侧重于金融业务，正在"去金融化"，回归科技的本源。金融科技与大科技和科技金融与大金融均有所差别，但两者又都以技术与金融为纽带，因此，两者具有互相作用的基础条件。

（二）发展金融科技的路径研究

关于金融科技发展的研究，学术界更多的是基于金融科技在各个领域的运用，对其自身如何发展的研究并不多。从现有的研究来看，李娟（2019）认为，金融科技在国内的布局不平衡，针对这一问题，需要充分考虑各地区经济、金融、科技等自身禀赋条件，构建差异化的金融科技发展模式，同时要注意防范金融科技可能带来的各种风险，与此同时，还要通过构建金融科技的评价指标体系，及时优化金融科技发展的战略布局与创新重点。徐阳洋等（2019）主张要将金融科技提到产业化发展的高度，在具体发展思路上建议：第一，要明确发展金融科技的战略目标；第二，要加强地方金融科技的园区建设；第三，要加强金融科技企业与世界一流企业的深度合作，提升本地金融科技企业的竞争水平；第四，要大力发展本土的金融科技企业，在政策上要给予扶持；第五，要加强金融科技人才的培育，实行产学研一体化，培育高精尖的金融科技人才。任芳（2019）在研究新加坡金融科技发展基础上，提出以下建议：第一，要强化政府在发展金融科技中的主导作用，做好所在区域的金融科技发展战略的顶层设计；第二，要明确政府与市场的分工，充分发挥各自的调控优势，互相配合，最大限度地促进金融科技的发展；第三，充分发挥市场的调节功能，运用价值规律、市场竞争手段，优胜劣汰，鼓励优秀的金融科技企业脱颖而出，做大做强；第四，要通过监管理念、手段的创新，给金融科技的运用提供相应的监管环境。

从现有金融科技发展路径的研究成果来看，学者们主要就科技谈科技，对金融科技发展过程中如何进行担保、评估、风险、过程控制等研究不够透彻，维度单一、高度不够，没有从技术角度来解决问题，没有充分研究如何发挥"金融+科技"的作用，较偏重于技术本身的发展，忽视了科技金融的发展对金融科技的重大促进作用。

（三）发展科技金融的路径研究

关于科技金融的发展路径研究方面，石怀旺（2015）认为，当前科技金融存在创新不足、政府管理不到位、服务体系滞后等突出问题。首先，在发展过程中需要从法律、制度体系上给予保障，增强科技金融发展的硬约束；其次，要推动科技金融制度的创新力度，要本着有利于科技企业发展的目标，改革信贷管理、融资制度，为科技企业融通资金提供各种便利条件，要实现融资渠道多元化；再次，要加强金融供给与科技企业需求的信息沟通，可通过搭建信息共享平台来实现供需直接对接，实现信息透明化；最后，金融机构要不断改进服务，增加对基层机构的授权，增加基层分支行经营科技金融的灵活性。张蒙（2016）认为，当前我国对科技投入的费用不足，没有形成系统的科技金融服务体系，政府调控力度不大。这其中既有科技企业本身的原因，也有体制、环境方面的原因，因此，可以从搭建科技金融信息共享平台入手，通过平台的建设让资金的供需双方能透明高效，同时要做好科技金融发展环境的打造，还要积极做好科技复合型人才的培育。姜莹（2018）则认为，我国的科技金融发展取得了较大的成绩，主要表现在政策导向明确、融资渠道多元化发展，特别是投贷联动方式为科技金融提供了新的模式与思路，其所存在的主要问题在于现行的金融管理体制抑制了科技金融的进一步发展，政府"有形的手"作用过大。因此，发展科技金融要从完善科技金融政策方面发力，进一步拓展科技企业融资渠道，借鉴国外科技金融的经验与模式，积极运用资本市场支持科技企业的发展。

上述研究成果对于金融科技与科技金融两者的概念、发展的重要性研究很充分，就两者的发展路径也进行了很多理论上的探索。研究的不足在于没有基于金融科技、科技金融、经济三者的内在联系进行系统性溯源分析并寻找发展的更优路径。本文的创新点在于：金融科技包含在科技大概念中，是科技的一个分支，而科技金融是为科技服务的，当然也可为金融科技发展服务；在所有的科技当中，只有金融科技是为金融服务的，因此对科技金融当然也有服务的功效。由于金融科技是一个新型的技术类别，有其独特性的技术，而科技金融是为科技服务的金融，也是具有独特性的金融，需要有专门的技术来支撑。将金融科技广泛运用于科技金融的发展，根据科技金融的特点提升重点扶持，提升金融科技产业化，从而形成一个良好的互融共促发展机制。

三、构建"金融科技+科技金融"的融合发展模式

（一）金融科技促进科技金融的发展目标模式

科技金融主要是以科技创新企业为服务对象的金融业务，而科技企业的自身特性约束了金融资源的配置条件。科技金融服务的对象除了在融资过程中碰到一些共性问题外，还有一些个性化问题。一方面，科技创新企业技术含量高，社会效益大，有利于提升全社会的经济发展水平和质量，对于金融企业来讲是最具有潜力的金融服务载体。另一方面，科技创新企业风险比较大，资产价值波动大，无重资产抵押，未来预期效益大，资产评估的形式和方法的专业化要求高，常规的风险缓释机制对于科技金融的适用性差。因此，科技金融虽然备受金融机构的重视，但发展起来却存在不少问题，有些问题通过传统的金融思维无法得到有效的解决，而金融科技在科技金融中的运用，却可以极大地促进科技金融的健康发展，以构建新型的科技金融发展模式。

1. 运用大数据筛选优质的科技创新型企业。地方有关部门一般都对科技创新型企业进行界定，但这并不一定代表其就符合了商业银行的金融服务准入条件。科学的做法是通过大数据、人工智能等技术手段，全方位收集企业的全流程的各种信息、数据，通过海量数据的收集、存储、清洗、

建模、分析，遴选出金融机构有用的可供参考决策的重要信息。经过海量数据的筛选、交叉验证，对照金融机构约定的支持条件，产生的科技创新企业名单就应当是金融机构首选目标客户，用技术手段选择客户不仅信息相对对称、效率高，而且精度准、客观性强，解决了科技金融精准获取优质客户的第一道准入门槛。

2. 运用大数据分析构建科技金融风险控制机制。一是风险评估机制。通过大数据可以对科技创新企业多维度信息进行充分了解，对于各类科技企业的自身产品价格、价值变动情况有足够多的行业参考信息源，通过数据模型构建的产品定价的风险评估体系，客观且科学。二是风险预警机制。通过大数据、物联网等技术构建的科技创新企业风险预警体系，不仅可以对其存量、现实的资产进行实时监控，对于未来走势的预测也会有敏感的预警反映，一旦触碰风险底线可以及时进行风险提示和预警。三是风险的缓释及处置机制。通过线上平台信息共享系统，可以实时将科技企业的目标资产及产权进行转让、处置、变现等，解决好风险处置事宜。

3. 运用人工智能优化科技金融的业务流程。科技金融由于专业性强，其业务流程环节较多，运转效率低，影响了业务处理的效率与效能。由于人工智能的发展和运用，很多业务利用机器学习的功能完全可以由机器人来操作或实现，比如现行的机器人收集科技企业的企业信息进行尽调报告、风险评级、产品定价等均可以自动生成，不仅节省了大量的人工劳动，而且优化了业务流程，很好地解决了发展科技金融的效能与效率。

4. 运用区块链技术加强科技产业供应链各个节点的控制。科技创新企业是从技术含量角度来进行定义的，实际上科技创新企业也是科技产业供应链上下游的组成部分，其技术产品通过供应或购买形式形成供应链。区块链技术不仅能很好地保证链内信息传输不失真，有效地防范链内企业融资票据做不了假，还可以有效地控制各类金融风险隐患，解决了供应链金融发展过程中可能发生的各类问题。

5. 运用智能合约灵活定价。商业银行的贷款定价基本原则是收益覆盖风险。在传统的定价模式下，贷款产品定价一旦形成则无法根据贷款对象的风险程度进行适时调整。智能合约可以根据贷款者事先的约定，根据大数据适时监测到贷款对象的风险情况，及时自动地进行价格的变动，体现风险价格原则，同时，还可以根据约定的情况，适时对违约或处于高风险的企业进行划扣资金，保全商业银行的资金安全，解决了金融机构发展科技金融的效益稳定性的问题。

以上问题的有效落实，可以解决商业银行发展科技金融的主要障碍，为充分发挥金融工具的作用提供了基础的技术条件，为大规模发展科技金融提供了可能性。正是金融科技的出现与发展，使得科技金融进入新的发展阶段。

（二）科技金融促进金融科技的发展目标模式

金融科技企业主要是为金融企业提供服务的。因此，相比较于其他科技企业而言，金融机构更容易了解、接受、容纳金融科技企业，因为对金融科技产品的运用前景、先进性评估，金融机构最有发言权。当然，金融科技作为金融企业的服务对象，又必须放在一般的科技创新企业中进行甄别与筛选，也就是说，对于科技金融服务对象而言，要确定哪些金融科技企业才是科技金融优先支持与服务的企业，以及采用怎样的方式来支持这些企业的发展。科技金融主要从以下三个维度来支持金融科技企业的发展。

1. 支持金融科技企业做大做强，提供必要的金融资源。金融资源是稀缺有限的，争得金融资源多的企业必然会有做大做强的优势。因此，商业银行对金融科技企业不能不分重点，不能"姓科即贷"，而要对金融科技企业进行分类，在此基础上，根据其技术含量、市场未来愿景进行评估，对于符合国家产业政策、市场需求的，要积极提供相应的信贷资源，支持其做大做强。

2. 支持金融科技企业进行联合重组，培植龙头骨干企业。近年来，金融科技企业的发展有"一哄而上"的迹象，重复投资、产品同质化的中小金融科技公司数量较多，这既浪费了社会资源，也不会形成高、精、专的金融科技公司。因此，金融机构在支持金融科技企业时，要将支持金融科技企业间的联合重组、培植龙头骨干企业作为科技金融发展的重中之重，通过金融手段和工具的运用，阻止低发展质量的金融科技企业占据、浪费社会金融资源，提升金融科技公司的技术含量，更好地服务于金融事业的发展。

3. 支持金融科技企业技术转化，形成社会生产力。发明创造并不是金融科技企业的终极目标，将先进的技术运用到社会实践当中并产生效益才是目标。因此，金融机构在支持金融科技企业发展过程中，要将着力点放在重点支持金融科技企业的技术产品转化上，对于产品有市场需求、有应用场景的金融科技企业要及时给予资金支持，推动其技术的及时应用，提升金融企业的生产力，最终让金融生产力的提升转化为服务实体经济的能力，推动全社会经济、金融的高质量发展。

（三）科技、金融科技、科技金融相互赋能、共生发展策略

共生理论表明，在现代经济生活中，关联度越大的主体间生存质量对对方的影响也越大。而科技与金融的关系是相互赋能、相互作用、相互影响的，积极探索两者之间的共生发展策略，对于金融科技的成长和科技金融的发展具有同等重要的意义。

1. 推进金融科技产业化，通过产业化带动科技金融的专业化。各级政府虽然重视金融科技的发展，但是对于金融科技的战略定位不高，仅仅将其作为一种技术手段来看待。实际上，金融科技已经不仅是一种技术手段，相关企业已经搭建了一个巨大的市场空间，形成一个完整的产业链。金融科技不仅是在为金融业服务，而且已经在探索为各个行业进行服务和赋能，更主要的是其本身也直接创造服务价值，将金融科技作为一个产业来定位无可非议。金融科技只有上升到产业化高度，才能在社会经济发展过程中占据相应的位置。而作为一个完整的产业链，金融科技所需配套的金融服务当然需要更加专业化的手段。因此，金融科技产业化可以带动科技金融的专业化。要不断促进金融科技产业化发展及转型升级，必须要发挥多种金融工具的作用，从而使科技金融实现更加专业化、规模化、市场化发展。

2. 推进科技金融专业化，通过专业化促进金融科技的产业化。科技金融的发展对金融科技的发展有巨大的驱动作用。各家商业银行仅推出数量有限的科技金融专营机构是很难适应科技企业发展需要的，金融科技企业是资金密集型组织，需要大量的资金投入。因此，金融机构要大力推进科技金融专业机构设置的数量、优化专业手段、改进专业方法、加强专业风险控制、改善专业流程、科学进行专业评估等专业化经营，通过投贷联动、投保联动等多种形式，提升科技金融专业化服务水平，以足够的金融资源促进金融科技产业化的推进。

3. 推进金融科技企业与金融企业共建合作平台。平台化思维是互联网时代的最基本的思维，推进金融与科技的融合，可以通过平台的形式将其紧紧地融通在一起。金融与技术可以相互赋能，通过搭建平台，可以将大数据、区块链、人工智能、物联网等金融科技充分加以展现，可以将金融、科技金融的需求在平台上充分对接，各种技术、金融资源的供给、需求将在平台上实现沟通、交易，突破时间与空间的限制，极大地提高金融企业的生产力。

4. 推动科技企业与金融企业进行股权战略合作。当前，金融机构高度

重视金融科技的发展，纷纷通过自有研发部门和人才队伍设立金融科技子公司，以谋求自身的创新发展。诚然，金融机构发展的优势在于对监管政策、业务合规、风险管理等方面，而对于科技的思维拓展等就需要金融机构与金融科技企业从股权上进行战略合作，这样既保障了金融业务的聚焦专注，又吸纳了科技的延展发散。

四、结论与建议

（一）基本结论

1. 金融科技、科技金融虽然分属科技和金融两个大的行业，但两者关系十分密切，虽然均为对方的大行业服务，但两者具有极强的互补性，金融科技可以助力科技金融的创新发展，科技金融同样可以推动金融科技的高速成长。

2. 金融可以科技化，就是说金融可以完全植入科技基因，但科技不能金融化，也就是说科技只能为金融服务，而不能金融化，因为金融是特殊行业，要有严格的市场准入门槛，而科技没有硬性的市场准入门槛。

3. 科技金融助力金融科技的发展，意味着运用更多的金融资源来支持金融科技企业的成长，而用多少金融资源、用什么样的金融资源、以什么样的方式运用等问题取决于金融科技的发展水平。

4. 金融科技支持科技金融的力度取决于金融科技的发展水平，而金融科技的发展水平在一定程度上又取决于科技金融的支持力度。金融支持力度大，投入多，金融科技发展肯定会快，从而促进科技金融的发展，使科技金融在发展中的问题能够通过技术手段给予有效的解决。

5. 金融科技与科技金融是一个共同体，两者互相促进、互相赋能且共生发展。因此，发展科技金融或发展金融科技不能割裂开进行研究设计，而要以生态圈的视角发掘发展的新思路。两者融合效应的发挥，最终落脚点还是要放在服务实体经济的发展上。

（二）研究建议

1. 制定金融科技与科技金融发展的顶层设计，把握行业发展战略。行业发展战略的顶层设计规定了一定区域特定行业的发展目标及实现目标的措施。区域经济要创新发展，必须制定金融科技与科技金融的发展规划，不仅要认真分析其发展的内外部环境优劣势、发展定位、发展目标，更重要的是要将两者融合发展的目标与措施体现在规划当中，作为宏观政策，指引着行业朝既定目标方向发展。

2. 建立联席会议制度，实时协商协调资源供给。战略规划的实现与落实要依赖政府及市场的同时推动。从政府层面上讲，要通过部门、行业的联席会议制度，实时研究并处理发展中存在的问题及梗阻，同时，政府要充分运用市场手段，发挥价格、税收等调节手段的作用，促进两者的相互融合、相互促进。

3. 出台融合创新政策，提升行业发展热度。对于市场迫切需要发展的新的金融科技的运用、科技金融的创新等，要抓住重点、热点、难点不放手，有针对性地出台各种"精准滴灌"政策，对主张发展的要大力支持，对抑制发展的要及时阻止，让投资人明确哪些能做、哪些不能做、哪些要大胆去做等。

4. 出台监督管理制度，明确监管边界与导向。金融科技在科技金融中的运用会突破传统金融的理念及监管政策，而监督政策始终会滞后于创新发展的速度。因此，面对被金融科技改变着的科技金融，监管部门要确立新的监督管理服务理念，要做创新的稳定器，对于非涉众性的科技金融要出台明确的政策鼓励"多创多试"，为金融科技及其他的科技企业提供创新的产品和服务。

总而言之，重视金融科技的发展或加快科技金融的发展已经成为社会各界的共识，但是两者在发展的路径选择上是不尽相同且效果不一的。将金融、科技金融与科技、金融科技放在经济发展的大生态圈中进行研究和实践，使其不仅互相关联，而且相互赋能、共生发展。因此，我们要用共生的发展理念，寻找共同的发力点，以提高社会资源的有效配置，充分发挥各自的禀赋优势，以共同助力中国实体经济高质量发展。

基于数字银行背景下的数字员工管理研究

——兼论金融科技对商业银行人力资源的影响与对策

一、引言

市场经济条件下的商业银行生态圈恪守着丛林法则，适者生存，优胜劣汰，机构之间的竞争从拼人员数量、拼机构多少升级为比技术水平高低。以大数据、人工智能为代表的科技手段正深度改变着社会经济的各个层面，数字经济的发展更是给商业银行的竞争注入新的力量，作为与数字有着天然联系的商业银行，在数字化建设的征途上必须做创新示范的先驱者。

商业银行数字化涉及的内容很多，包括但不限于将金融科技手段用于目标客户的精准营销，优化业务流程，降低经营成本，防控各类风险，数字基因植入商业银行所有的业务流程中。数字员工是商业银行数字化过程中重要的方式之一，它模拟自然人的思维、行为，具有优于自然人的功能，发挥着自然人在商业银行经营过程中的作用，与自然人一起，构成了现代商业银行的人力资源的总和。商业银行的数字员工（或智能机器人）诞生的时间不长，其功能正处于完善和成长期，更多地还处于自然人功能的替代层面，数字员工如同自然人一样，也需要教育、管理等，但其是一种纯粹的技术思维成果。国内一些创新领头雁的商业银行已经开始涉水数字员工，很多岗位上数字员工已经替代自然人员工，且表现超过预期。兴业银行 2018 年 7 月在总行零售资产负债部、信用卡中心、运营管理部等部门率先采用智能数字员工，其中加办立享卡场景，每年节约 500 人天，卡均交易量提升 9%~14%，年净收入提升 700 万元；汽车分期在线预审，年获客 143 万人次，新增贷款发放量为 10.8 亿元/年；监管统计报表制作场景，每年节约 672 人天，满足监管报送要求；财务报表信息采集场景，每年节约 525 人天，实现数据准确性达 100%；兴闪贷白名单制作每年节约 1512 人天，实现数据准确性达 100%。2019 年 3 月，浦发银行苏州分行采用数字员工每天查询比对 19 家营业部的开户、销户信息，实现单位银行结算账户开销户与人民银行账户管理系统的信息实时性和准确性，并及时预防账户风险。2019年3月，中银国际在私人银行业务中成功投产了有20个数字员工的虚拟团队，分布于前台、后台部门的工作流程中。在运管方面，数字员工协助按时更新市场资讯，在避免人为失误的同时提升了时效性；在合规风控方面，不仅简化审批流程，还从CRM系统中筛选特定客户进行提醒，改善了用户体验。2019年4月，工商银行南京分行采用数字员工机器人通过智慧账户管理系统，批量完成单位结算账户开户、销户、变更业务在人民银行账管系统的备案和检查工作，强化业务处理环节事中控制措施，账户备案的耗时由300~400秒/户大幅降低至20秒/户。2019年7月，工商银行金融科技部在清算业务领域实现流程自动化机器人场景落地，有力提升清算业务运营效率和操作风险防控能力；大额报文分拣业务单笔保密处理效率提升3倍，通过数字劳动力实现在金融市场后台自动分类证实管理类邮件，每天处理上百封邮件，效率提高10倍。被誉为创新能力最佳的城市商业银行代表的江苏银行数字员工更是嵌入信贷审批、信用卡、客户服务、运营等多个业务岗位，提升了效率并达到精准操作的效果。但数字员工毕竟不是自然人，其管理与自然人有很大差别，研究数字化条件下的商业银行数字员工管理，对于充分发挥数字员工在商业银行竞争中的作用，具有十分重要的意义。

二、数字员工的概念及推进数字员工的必要性

（一）数字员工产生的背景

数字员工是人力资源积累与成长过程中必然出现的一个特定的分支群体。《人类简史》一书中重要的观点之一就是，人类进行的每次工业革命的核心问题，本质上是对社会发展能源动力转换的革命。新的能源的投入与使用，从根本上也就是大规模提高了单人的能量输出，换句话说就是大规模地替代了传统的人力。

从以蒸汽机为代表的第一次工业革命到智能化的工业4.0时代，每次工业革命都是释放了社会生产力的潜能，固有的生产和经营方式被打破，生产效率得以提升，每一次工业革命的重大变革都出现了新的动能、新生事物，在工业革命中，大量的机器取代了手工，同时催生了大量职业分化的专业工人的出现，社会发展更加迅猛。智能化时代的工业4.0时代出现的数字员工也正是遵循了这一客观规律与历史的发展轨迹。因为数字员工最大的效能与效用就是提升单人的能量输出并大规模地替代人力。在中国特色

社会主义现代化建设伟大事业征途中，数字员工会渗入诸多行业中，并可能会取代大量低端人才，为更多高端的复合型人才提供长远的发展方向和宽阔的就业场景，拓展人力资源成长的空间，多样化和优化的人才配置中数字员工的占比会飙升，助力实现中华民族伟大复兴和社会经济高质量的发展。

2019年8月，中国人民银行首次发布全国性的《金融科技（FinTech）发展规划（2019—2021年）》，虽然这是短期的三年发展规划，但对当前我国人工智能发展的方向、重点、趋势作了较为精准的描述。首先，该规划要求发展与应用人工智能必须深谙并掌握新一代人工智能的基本特点，全方位掌握人工智能的运行业态，综合运用各种渠道的数据资源、不同的算法模型以及算力支持等人工智能核心资产，积极引导人工智能技术在金融业务发展中的深度融合。其次，要根据不同经营场景、金融业务质态，持续进行创新，改进智能金融服务和产品，主动开发相对成熟的人工智能技术在精准营销、服务客户、融资授信、管理资产、识别身份、风险控制等业务单元中的应用路径和做法，设计集合全流程、全过程的智能金融服务模式，力促数据驱动、跨界融合、人机协同、共创分享的智能经济一路前行。再次，要加大力度研判和防范人工智能在金融领域应用中潜在的风险与危机，加强金融领域运用人工智能方面的政策评估、风险防控、应急处置等配套措施建设，提前预埋人工智能金融应用安全监测预警系统，制定人工智能在金融行业中应用的监管规范，强制智能化金融工具的安全认证，把应用人工智能金融可能激活的风险牢牢把控在可承受的界限内。最后，主动根据人工智能在金融领域运用中可能形成的复杂性、风险性、不确定性等特点，本着基础性、前瞻性、针对性等管理原则，综合运用社会各方面学科人才队伍优势，广泛开展人工智能在金融服务领域运用中可能引起的法律、伦理、社会等问题的方向性课题研究，构建并完善人工智能在金融领域运用过程中所涉及的法律、伦理规范和政策制度体系。这既是人工智能近期的愿景描绘，也是作为人工智能一员的数字员工的发展的趋势性展望，同时提供了数字员工生存与发展的政策背书。

（二）数字员工的概念

目前，关于数字员工的概念并无准确的或统一被认可的定义，且理论界研究的成果也较少。综合现有的一些理论成果及实践中对数字员工的认识，数字员工可以从以下五个层面来理解。第一，数字员工是相对于自然人员工而言的，实质上是模仿自然人的机器人，承接了自然人本应从事的工作，与自然人一起共同合成一个单位的人力资源整体。在表述上，数字员工（Digital Workforce）还被称为虚拟员工、数字劳动力（Digital Labor）、数字化劳工（Digital Worker）等。第二，数字员工有两种存在形式：一是计算机中的自动运转的软件机器人；二是具有实物形态的服务型机器人，当然其需要软件构成。数字员工与传统意义上的信息系统是有较大差别的，它已经不是纯物质形态的屏幕、设备或逻辑程序，而是有很强的自我学习能力、能不断成长的具有自然人特征甚至有情感表现的载体，由传统意义上的简单工具上升为大数据时代、智能时代人类的经营管理的助手，甚至在一些方面成为可以独立完成工作目标任务的主管。第三，从企业角度来看，数字员工是商业银行人力资源的一个组成部分，与自然人员工一道构成了生产力中最活跃的组成部分，是不断推进商业银行改革、业务流程优化最重要驱动力量之一。第四，从技术角度来看，数字员工本质上是深度结合了实际业务需求与自动化技术、人工智能技术的软件与硬件的集成，是机器人流程自动化技术、识别语音、机器学习、处理自然语言技术、认知计算等人工智能业务与技术高度融合的，并且具有复杂结构和一定的逻辑思维、计算能力的复合体。第五，从社会角度来看，数字员工是人工智能时代来临的标志物之一，是人与 AI 结合进一步解放生产力的成功实践。

（三）数字员工的发展阶段

数字员工是伴随着人工智能、大数据等新一代信息技术的发展而发展的，其成长经历大致可分为三个阶段，如图 1 所示。

简单模仿
脚本、宏命令、基于接口和plug-in架构的工具

流程自动化
协助式或者完全自主式执行操作，实现业务流程全部自动化

认知-决策自动化
基于数据分析技术、人工智能技术，能作出正确的认知、决策

图 1　数字员工发展的三个阶段

1. 简单模仿阶段（2018 年以前）。这一阶段的特征是数字员工通常表现

为简单的服务型实体机器人，模仿人的行为、语音，具有简单的脚本、宏命令、接口工具，能够完成业务中的部分工作，替业务人员分担一定的工作量。

2. 流程自动化阶段（2018—2020 年）。这一阶段的特征是数字员工既可以由业务人员主导，配合业务人员完成工作，也能够自主完成整个流程，实现全流程自动化。协助式或者完全自主式的数字员工，可以根据企业的需求去进行引入和配置，这时数字员工已经开始引入如 OCR、NLP、计算机视觉、机器学习等人工智能的前沿技术，完成许多复杂的场景。

3. 认知—决策自动化阶段（2021 年起）。这一阶段的特征是，伴随着快速发展的人工智能技术，数字员工将认知、决策等技能融合到自身中，不仅提高了自身的"员工素养"，在未来更多复杂、非规则性的场景中同样可以应对自如。届时，不管是将数字员工作为业务人员更加"聪明"的助手，去帮助业务人员提高自身的能量输出，还是用数字员工大规模替代人工提高生产力，数字员工必将成为人类社会发展的重要力量！

（四）数字员工与自然人员工相比的优劣势

1. 高效性。数字员工的工作必然是高效的，以目前社会中最常见的数字员工——流程自动化机器人为例，一个流程自动化机器人可以实现 7×24 小时的全天候无休工作，且始终能保持高质量、高速度的工作处理状态；数字员工的在脑存储的信息量十分巨大，且有自我学习能力，对各种数据能够精准、快速计算。能够替代人工处理大量重复、规则性事务，将人力资源解放出来投入更高附加价值的工作中去。

2. 能力强。数字员工具有很强大的非人力所能具有的能力，如图 2 所示。

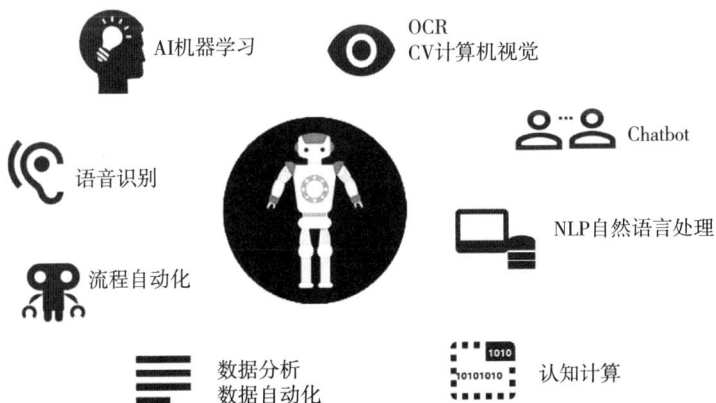

图 2 数字员工的能力展示

机器学习技术为数字员工提供大脑，能让数字员工在处理复杂、不规则的业务中不断学习，提高自身的能力和适用性；OCR、CV、人脸识别等计算机视觉技术则为数字员工提供了眼睛，配合大脑能够将非结构数据结构化；NLP 自然语言处理技术则能够将数字员工的大脑、眼睛串联起来进行认知计算，与人类更加高效、准确地沟通；语音识别技术则为数字员工装上了耳朵，能够通过更加便捷的语音交互方式提供服务，提高沟通效率；机器人流程自动化则是数字员工的双手，帮助机器人执行决策，保证数据操作的零失误率，是数字员工稳定工作的有效保障；数据分析、数据自动化等技术则为数字员工提供了向前走的双腿，能够在不断积累下来的数据中不断发展优化自身的同时，为企业在确定或实现发展战略规划目标中提供强大的数据支撑。数字员工的能力有着良好的拓展性和极佳的发展潜力。随着技术的发展和时间的推移，数字员工将会变得越来越强大，同时，其强大的能力有着高可复用性、高通用性的特点，能够将成果进行稳定迭代积累，由点到面快速扩展。这是人类目前难以做到的。

3. 可控性。数字员工的工作必然是可控、易监管的，不存在沟通上的障碍。因为数字员工的本质是"软件"，因此可以在引入数字员工时对需要监管、设控的环节进行跟踪追溯。数字员工在运行过程中主要根据自然人的设计运行，在运行过程中完全按照运行规则形成结果，因此，没有自然人概念中的道德风险。数字员工比普通业务人员有着更强的实时反馈能力，也不存在人类的性格差异、文化差异、观念差异等问题，大大降低了管理和使用成本。

4. 成本低。自然人的投资回报率比数字员工的投资回报率会高出很多。一位数字员工不需要花费招聘成本与人力成本，仅需要开发成本和有限的硬件采购成本，一次投入长期使用。通常硬件采购的成本远低于人类员工的月薪，开发成本往往远低于人类员工的年薪，所以数字员工的投入成本低。而因为数字员工的高效、零错误等特点，数字员工一旦投入使用，往往能够替代多个业务人员。正是因为数字员工有着众多的优势，所以数字员工的投资回报周期一般都在两年之内。对数字员工的绩效可以进行精确的监管和考核。企业初期引入的数字员工，往往都是为了解决企业当前优先级最高的痛点，因此会有令人惊叹的绩效数据，这个阶段的绩效分析往往直观地以业务人员的绩效作为比对。某银行对公开户业务中数字员工绩效分析如图 3 所示。

引入数字员工前　　　　　引入数字员工后
时间波动极大　　　　　　时间波动极小
预计最快时间　　　　　　预计时间
47分钟　　　　　　　　　　　　　　　　20分钟
预计最慢时间　　　　　　人机操作时间
94分钟　　　　　　　　　　　　　　　　3分钟
平均需要时间　　　　　　效率提升
50分钟　　　　　　　　　　　　　　　　75%
极端情况需要时间　　　　一年节省时间
4个小时　　　　　　　　　　　　　　　　2万多工时

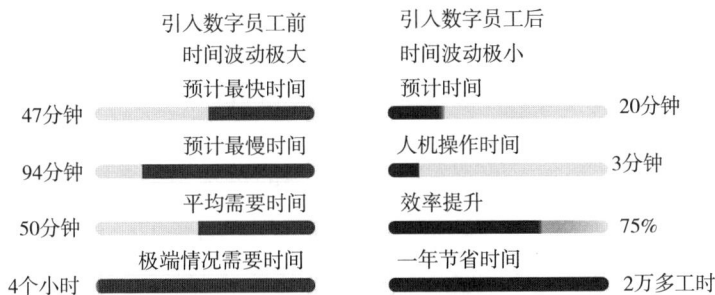

图3　某银行对公开户业务数字员工与自然人员工绩效对比

某银行在引入数字员工之前，企业客户开户的时间平均在50分钟左右。业务人员花费大量的时间在系统数据录入和信息比对上，降低了客户体验。在引入数字员工后，银行实现了开户前信息自动比对、开户中数据精确快速录入，将整个开户的流程缩短到20分钟之内。而业务人员现在只需要花费3分钟甚至用更少的时间进行关键节点的审批和确认工作，将精力投放到与客户的沟通和服务中，大幅度提升了客户的体验和满意度。数字员工和业务人员的相互配合的新开户服务模式，将整个业务处理效率提高了75%，同时保障了数据录入的零错误。这样的组合能够替代原业务模式下的十位柜员，年度为银行节省2万多工时，接近250万元的年度支出。

此外，数字员工还适合商业银行全流程岗位，是多面手员工。

三、商业银行使用数字员工的必要性、岗位、应用场景

（一）使用数字员工已成为商业银行的迫切需要

商业银行使用数字员工替代自然人员的迫切性：第一，基于人类历史的不断演化分析，人类一直追求着用各种工具或技术提升能力，释放人类自由的创造力。数字员工带来的不仅是降本增效，更多的是商业银行和员工价值的提升。根据Gartner的研究报告，数字员工或软件机器人完全可以通过训练，从事某些基于规则库的工作，既提高运营的准确性，又增加工作效率。

第二，从商业银行工作的特征来看，商业银行作为一个中介机构，其一手托两家，依信用而生存，其经营计算要求绝对精准，而数字员工恰恰可以满足这一要求。仅从业务处理的角度来看，目前的数字员工已经能够替代普通员工进行大量重复、规则性的工作，并且大幅缩短任务处理时

间，任务处理错误率降低至接近于零。

第三，从商业银行员工幸福度的角度来看，大量重复、烦琐、枯燥的工作是对员工精神的捕杀，消磨着员工的工作热情与创造性。自然人员工的工作能动性、热情、创新力是商业银行持续前行的发动机，数字员工可以将自然人员工从烦琐、重复、简单、枯燥的劳动中解放出来，从而让其可以将更多的精力投入更富有创造性、更高附加价值的工作中，在为商业银行创造更多价值的同时又可以提升员工的自我认可度与幸福度，如图4所示。

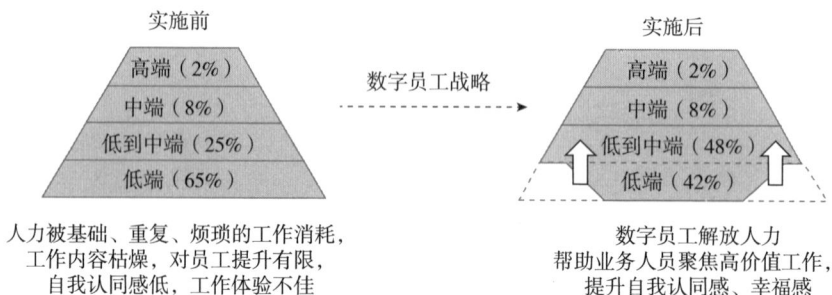

图4 数字员工战略对人力资源结构的影响

第四，从商业银行经营管理的角度来看，数字员工与自然人员工的不同之处在于数字员工是企业资产，不存在无形资产流失、劳动力成本上升、人力规则和法规、员工留存性与员工可用性等问题，是商业银行极佳的生产力工具。而且随着时间的推移和技术的进步，数字员工的能力会变得更强大，而对应的成本会变得相对更低。

第五，从国际上商业银行技术运用情况来看，诸多商业银行已经将数字员工纳入人力资源整体框架中进行管理。英国苏格兰皇家银行（RBS）在2018年2月为一名数字员工起名叫Cora并让其正式上岗，将其称为苏格兰皇家银行首位数字银行家名副其实，其处理的问题每天达到1000多个。其在为客户办理金融业务时，不仅能识别出客户的脸，叫得出名字，甚至还了解客户的个性与爱好，对过去已经沟通过的信息了如指掌，在有些方面比自然人客户经理还让客户感到亲切。德意志银行的流程机器人（及人工智能）主要应用在贸易金融、现金运营、贷款运营等领域，各个业务单元的自动化程度达到30%~70%，直接效果之一是节省了培训员工的时间，并对自然人员工日常工作起到助手和指导作用。巴克莱银行将数字员工应用在欺诈识别、风险监控等岗位上，仅信贷业务引入数字员工后，一年坏账准备就减少 1.7 亿英镑。数字员工催收贷款更是成效显著，如果不是运用数字员工催收不良贷款，至少要雇佣四千人来应对当时的不良信贷业务。纽约梅隆银行在交易结算等 8 个业务单元试用数字员工。数字员工在办理交易结算业务时，过去需要 5~10 分钟人工处理异常交易，数字员工在四分之一秒内就处理完毕。纽约银行为了降低货币市场永久性风险，减少人工差错，引进数字员工每年节省 2500 万美元风险规避成本，实现 65% 端到端的风险评估业务自动化，自动处理 75000 多份文件。

（二）商业银行数字员工和人类员工的协作

亚当·斯密的《国富论》可称为历史上经典经济理论著作，最早提出并强调了劳动分工论，从多个维度论述了劳动分工对于提高劳动生产率、增加国民财富的意义。亨利·福特 20 世纪初将一辆车的生产分成 8772 个工时单元，然后用分工理论指导实践，可以说，分工理论很大程度上已成为诸多企业家治理企业的重要管理模式之一。

商业银行引入数字员工实质上也是基于协作分工原理的。通常我们在分析商业银行业务流程时，首先需要做的工作就是对商业银行各个流程任务进行定性分析，即哪些是专业工作，哪些是事务性的数据处理工作，并对流程、环节、步骤进行拆分，识别清晰之后，再将这些任务重新归类整理，将专业性、创造性、决策性的工作交给人类员工来处理，将机械性、重复性的工作交给数字员工，最后再看人类员工和数字员工如何来协作，实现业务流程的优化。

人机协作分工的模式导致了原有业务流程的改变，自然人员工和数字员工要进行反复的交互沟通，这就涉及业务流程的再造，一个业务流程将会被拆解成若干个步骤，大部分规则化的步骤将全部交由数字员工，而自然人员工更多的是对数字员工的管理调度和对流程处理的关键节点作出决策，这样的改变将为企业带来以往传统模式所不具备的超高工作效率。

（三）数字员工在商业银行各部门的场景分析

商业银行的总体业务包括了存贷汇三大项，再具体一点就是包括了账户管理、信贷、交易清算，以及财务、客服、监管、内控等业务场景。目前，数字员工可以胜任其中相当一部分工作，助力商业银行提高业务效率，保证业务精准度，提升客户体验，为商业银行各项业务赋能，在实践工作中，商业银行可以先从业务部门实际痛点入手，选取合适的场景，采用数字员工衔接系统断点，通过人机协作模式进行有效调度，实现业务前台、中台、后台一体化。具体来讲，数字员工可以在下列工作岗位承担任务。

1. 运营管理部门。商业银行通过引入账户管理数字员工，实时对接工信、网信、公安、监管部门，实现结算账户的事前、事中、事后全生命周期管理。

2. 信贷业务。数字员工可以实时对客户进行远程身份核验，进行完善的信用调查，降低授信风险；帮助业务人员精确录入贷款信息，对接风控、监管系统；后期可以帮助或替代客户经理完成贷后管理流程，设计出完整的授信业务综合解决方案。

3. 交易清算业务。数字员工不知疲倦地在支付系统、银联、外汇局等各系统间，实时进行对账、清算等工作，在提高数据准确性和效率的同时，用户满意度还要加以提高。

4. 财务管理部门。数字员工在总账管理、税务申报、财务审计等业务中已有大量成熟的应用案例。德勤的"小勤人"是较为优秀的财务机器人之一。在增值税发票管理业务中，小勤人只需要三个至四个小时，便能完成一个财务人员一天的工作。南京迪普思数据科技有限公司（以下简称南京迪普思）的财税数字员工活跃在多家银行的财税岗位中，帮助财务人员将精力从烦琐的工作中释放出来，投入沟通和分析工作中去。

5. 客服中心。数字员工的运用就更加广泛了，从苏格兰皇家银行的数字银行家"Cora"，到各个银行推崇的"智能客服"，数字员工丰富了银行的服务场景，从过去的线下服务、电话客服、视频客服迈向一体化的智能客服，大幅缩短了响应时间，在节省大量客服成本的同时，也为客户带去了极佳的用户体验。

不论是账户管理、信贷、交易清算，还是财务、客服、监管内控等业务场景，数字员工都可以胜任中间的相当一部分工作，提高业务效率，保证准确性，提升客户体验，为商业银行赋能，以南京迪普思为例，其服务的银行中，数字员工主要承担的工作职责如图5所示。

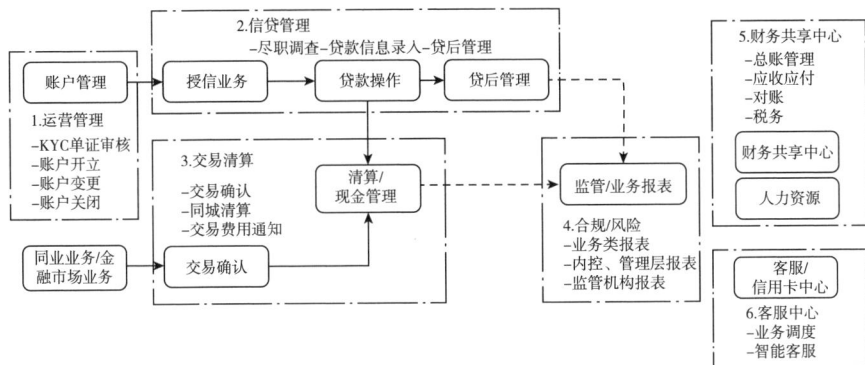

图5 数字员工银行业应用场景

四、商业银行数字员工治理的方法与路径

（一）将数字员工运用列入全行发展战略

在当下的商业银行发展战略当中，数字化已经成为众多商业银行的战略目标与措施，但从现有公开的战略规划看，几乎找不到有关数字资产、数字员工的表述等规划条文和内容。战略规划决定一定时期的商业银行发展前行方向，所有资源的配置也是为战略目标服务，如果不将数字资产、数字员工列入数字化发展的具体目标当中，数字化建设也就会是空中楼阁，可望而不可即。因此，要提前对数字员工这样的新生事物做好全方位评估，将数字员工数量、增长速度、运用场景、资源配置等列入商业银行发展的中长期战略规划目标当中，在子目标中，要有数字员工子规划，基于监管、本行制度与技术条件，有序推进数字员工队伍的建设，使数字员工子规划构成商业银行整体发展战略模块之一。

（二）建立商业银行内部的数字员工骨干团队

目前数字员工的主要生产者是专司数字员工生产的科技公司，这类公司的专业技术能力强，专业水平高。但是，最了解数字员工的还是商业银行本身的信息科技人才队伍。因此，在充分尊重并运用金融科技公司关于数字员工打造方面的经验的同时，还要着力搭建具有深谙本行技术、文化的数字员工骨干团队。这支团队的核心责任包括：为整个银行内部的数字员工的落地提供技术支持的同时有效衔接各业务部门，帮助实现早期跨领域业务流程；搭建可复制使用的业务流程来持续运行其他有价值的项目；

等等。高品质、高技术、高层次的团队领衔，能够将自动化技术及 AI 技术融合到不同部门，推动跨职能、跨岗位项目的实现与落地。

（三）加强数字员工的基础管理

引入数字员工时，要将数字员工当成企业的劳动力和资源，而不是一个单纯的软件。数字员工需要人格化，需要给数字员工分配名字、企业邮箱、工位、工牌；数字员工需要职能化，依据职能去给数字员工划分任务。同时，尽量分配给数字员工那些高重复性的业务，保证数字员工的高复用性，最大化地将数字员工利用起来；数字员工需要组织化，建立好上下级汇报机制，做到有效沟通。数字员工也需要"报""联""商"。业务交互要及时报告反馈，需要让相关人员知道，还得让他们及时地知道、详细地知道！尽量让数字员工少出差错，针对万一形成的差错要有纠错机制，让其及时改正错误。机器人也会出错，通过在关键节点对错误进行识别及捕获，根据错误类型的不同建立不同的纠错机制，确保数字员工发生错误时能及时停止、及时跳过或者纠正。数字员工也会设有自检自查机制，并设置预警，一旦错误超出预定的范围，需及时停止工作并通知业务人员，将风险控制在可接受范围内。

（四）搭建数字员工的管理平台

大多数情况下，商业银行关于自然人人力资源管理的管理模块包括了人力资源规划、配置与招聘、开发与培训、管理绩效、福利薪酬管理、劳动关系等，同样，数字员工管理也需要一套健全的管理平台，应当包括以下模块：培训管理（敏捷与迭代）、健康管理、调度管理、合规监控、绩效考核、安全管理。其中，配置管理与调度管理最为重要，数字员工由于自身的特性，往往能够实现"一岗多能""多岗多能"，如何合理地配置数字员工的数量、控制成本和更高效地调度数字员工利用好 7×24 小时全天候工作能力将成为企业实施数字员工战略的最高优先级目标。比如，南京迪普思的数字员工卓越中心正是基于迪普思数字员工管理方法论及最佳实践研发出的平台类产品。目前，迪普思数字员工 COE 平台加入了数字员工管理六大模块功能，同时接入大数据分析与 AI 能力，让 COE 平台更加贴合不同企业数字员工管理的需要，为企业提供更加完善的数字员工整体解决方案。

（五）持续提升数字员工素质

通过建立数字员工卓越中心让数字员工素质持续提升，提升员工素质的主要方法：一是岗前培训。数字员工在正式上岗前必须符合监管要求及银行的合规准入原则，其接入环境和部署方案要做到标准化。这样，银行就可以对数字员工进行统一的管控和调度，做到数字员工利用率最大化。二是身体素质培训。数字员工需要不断提高其自身的健壮性，要有抗压能力，能7×24×365无间断工作。需定期检查并优化其基础架构的稳定性、自动化程序的健壮性。三是业务素质培训。通过专业技能培训训练数字员工，培训师可以帮助数字员工程序降低错误率，数字员工算法必须经过训练，才能模仿人类行为。比如，客服聊天数字员工要经过培训师的训练，才能知道跟人类交流的复杂和微妙之处，通过训练数字员工的语言处理能力，让数字员工能够认识到人们字面之外的意思。通过训练数字员工的视觉识别能力，让其能及时辨别出第三方系统的变化，预防因外部环境变化导致的业务异常，及时修正并告警，避免对业务造成影响。四是安全意识培训。数字员工要不断提升安全意识，确保其有益无害，由数字员工安全培训工程师定期检查数字员工安全状况，确保数字员工得到正确利用，尝试并预测数字员工的意外后果，并且避免紧急情况可能会造成的任何伤害性事件。培训人员可以来自数字员工骨干团队，包括数字员工培训师、安全工程师等。

数字员工素质提升可获取以下优势：一是可扩展性。每个数字员工都可以根据业务实际增长情况，独立进行横向或纵向的快速扩展。二是可升级性。每个数字员工都可以独立进行升级、更新，不用依赖于其他服务，数字员工的开发和维护人员就可以独立快速完成升级发布流程。三是可维护性。每个数字员工只专注于完成单个业务范畴的事情，这样可以提高数字员工维护的可读性，进而可以提高维护人员的生产效率。四是开发平台无关性。每个数字员工的开发工具都可以不同，业务人员可以可根据业务场景选择适用的特有技术路线。在面对新技术时，数字员工能够更好地进行快速响应。五是故障和资源的隔离性。在系统中出现不好的操作行为时，将仅仅影响单个机器人；机器人只专注于一块业务，相对代码体积较小，启动速度快。六是优化团队沟通。明确的业务边界会减少沟通成本，每个团队都对自己业务相关机器人的整个生命周期负责，整个组织架构的沟通效率会大大提高。

（六）在初级阶段，数字员工尽可能安置在高复用岗位

数字员工岗位职能要高复用。在一开始引入数字员工时，要将数字员

工当成企业的劳动力和资源，而不是一个单纯的软件机器人。数字员工也要职能化，依据职能去给数字员划分任务。同时，尽量分配给数字员工那些高重复性的业务，保证数字员工的高复用性，最大化地将数字员工利用起来（见表1、表2）。

表 1　某银行当前高复用岗位一览表

序号	数字员工	岗位职责	流程环节	管理策略
1	搜索机器人	业务场景搜索	业务搜索	搜索机器人采用人机合作模式，需人工输入所需业务场景进行触发，搜索机器人进行自动搜索
2	取数机器人	访问业务系统，获取产品业务信息	业务检查	取数机器人采用系统触发并授予业务系统权限，业务场景搜索完成后，取数机器人自动进行相应数据提取工作
3	OCR 机器人	调用流程银行提取合同或凭证业务信息	业务检查	OCR 机器人采用系统触发并授予流程银行系统权限，如业务场景需要合同凭证信息，OCR 机器人自动进行相应影像提取工作
4	核对机器人	业务信息核对	业务检查	核对机器人采用系统触发，业务信息及影像信息提取完成后，核对机器人自动进行数据比对工作
5	后督机器人	执行后督措施	后督检查	后督机器人采用系统触发，产品系统和OA 审批系统内均显示审批完成时，后督机器人自动进行后督检查
6	支付机器人	发起支付	业务支付	支付机器人采用系统触发，后督检查完成并显示检查通过时，支付机器人自动提交支付申请至核心系统
7	对账机器人	执行对账检查措施	对账检查	对账机器人采用系统触发，核心系统执行一笔支付后触发对账机器人进行自动对账检查

表 2　某银行数字员工在岗清单

序号	数字员工类型	入职时间	业务部门	工作绩效
1	账户管理机器人	2018-08-01	运营管理部	每工作日十笔以上对公开户操作，每笔节省人工至少二十多分钟以上
2	银联调账机器人	2018-11-03	电子银行部	代替人工操作，提高业务处理的时效性，当天解决调账业务，避免审批流程中人员不在岗带来的延迟，用户体验提升
3	个贷查询机器人	2018-11-06	渠道部	自动查询贷款人信息、公积金缴纳情况，每天 200 笔以上
4	账户年检发票查验机器人	2018-11-10	运营管理部	每分行每年查询两次，每次查询约 30000 条数据
5	发票查验机器人	2018-11-15	计划财务部	实时发票查询，避免发票真伪、有效性产生的业务风险，降低因业务风险带来的损失，同时提高业务过程中票据验证的时效性、合规性
6	增值税发票认证与报销机器人	2018-11-16	计划财务部	每月 700~800 张增值税发票认证、抵扣
7	质押登记机器人	2018-11-18	交易银行部	每日几百笔查询量
8	房贷机器人	2018-11-30	分行	针对各分行抵押贷款，自动查询房产信息。分行贷前调查阶段每天 10~20 笔，贷后管理阶段每次 300~500 笔，每年 3~5 次
9	结算账户备案检测	2018-12-15	分行	每天对十几家支行每天的对公账户开户、销户、变更数据进行核查比对
10	外汇管理查询机器人	2018-12-28	国际业务部	针对国际业务系统中转账、汇款等操作需要登录外汇管理系统查询企业权限。自动登录外汇管理系统并查询相关信息。数据传输到国际业务系统，每天 3000 条左右

续表

序号	数字员工类型	入职时间	业务部门	工作绩效
11	对账机器人	2019-01-10	集中营运部	针对报文平台对账，将比对结果生成报表，每日完成200笔以上对账明细，每日节省人工2小时以上
12	头寸报送、核销机器人	2019-01-10	网络金融部	每日报送两场、核销两场头寸报送、核销，核销警告避免人工遗报、漏销
13	远程授权数据比对机器人	2019-01-20	远程授权部	筛选出每日2000~3000笔业务明细内容中授权通过的内容，自动进行数据比对
14	客户风险监测机器人	2019-01-28	营运监督部	每日200~450笔业务，原每笔人工查询需要10~30分钟，需要9个人来查询

（七）切实防范数字员工的风险

数字员工的风险主要表现在两个方面：一是由于外部环境引起的，因为数字员工主要负责的业务流程，从本质上讲也是由一段软件程序来执行的。由于外部环境变化，如第三方系统在不知情的情况下进行了更新，数字员工可能会因误操作而引发风险，数字员工需设有自检自查机制，当错误处理发生时能及时察觉到风险，具体可以通过以下防范措施实现。第一，对第三方环境的变化进行实时的检测比对，形成历史的参照。第二，对多数据源进行交叉比对，发现数据源有异常时，及时告警并停止当前工作。第三，基于对关键节点数据源的纵向比对分析，找出此数据的运行区域空间，据此设立预警系统与边界，假如越过限定的数据标准，数字员工会停止工作并报警通知自然人业务管理者。第四，定期对数字员工的运行状态、健康情况进行检查，对数字员工代码的安全性进行定期评审。

数字员工的另一种风险表现为敏感数据泄露风险：数字员工掌握着很多业务系统的关键敏感数据，比如业务系统的账号、密码，为了防止数字员工操作系统的账号和密码被盗用，必须严格设置使用权限，保证系统被登录的最小权限。涉及账号、密码等敏感信息时，必须采取严格的安全措施，做到看不到、拿不走。

（八）保持对自然人员工进行技能培训

自然人员工与数字员工交互协作的培养将有助于组织管理和维持变革。可以从三个等级层次给予不同的培训资源配置，培训员工主要是让员工在未来的工作场景下能够及早有预期和准备，在内容上要侧重于持续提升改进的培训战略定位，包括各种业务技能的灌输、教育和领导力素养的提升。培训部门负责人要更多地着力于商业银行业务流程优化变革并提出明确的方向，并且要积极配置和优化各类资源，实行有效的监控并跟踪推进的速度，根据目标需要适时调整工作路径，以确保经营目标的成功落地。对高管的培训，最主要的是要让其了解数字员工的能力、适合的工作岗位、优势、风险点与风险源，从而可以进行精准的资源分配和高屋建瓴的决策，并与数字员工骨干团队做好沟通与协调。

五、结论与建议

（一）研究结论

1. 数字化银行是趋势，推广数字员工更是未来。数字员工的功能主要包括了自然人能做到、难以做到或无法做到的岗位工作。当然，自然人员工很多岗位又不是数字员工能做到的，如营销温度、临时运议等，因此，强调两者的协同运作是提高人力资源效能的关键。数字员工是将重复、简单的劳动解放出来，让自然人做更需要的、更适合的工作。

2. 数字员工必须实行数字化管理。数字员工是数字化的产物，仅凭自然人的能力去直接管理往往难以达到管理的目标或效果，只有运用数字化手段才能驱动商业银行对数字员工的有效治理。

3. 数字员工的推进速度与力度取决于多个维度，如监管政策的力度与边界、机构制度创新的进展、伦理许可范围、人格化但不同于自然人的员工维护等。

4. 要处理数字员工与自然人的关系。数字员工终究不是自然人，有很多缺陷不可避免，不能完全以机器取代自然人，要人机并行，要把握数字员工的准入关和自然人最终业务审核关。

5. 引进和使用数字员工要与本行的技术水平、应用场景结合起来，做到协同发展。

（二）建议

1. 推进监管制度的建设。数字员工是商业银行数字化过程中出现的新生事物，既有制度体系对数字员工的合法性、岗位职责、追责等并无相应的规定，数字员工的行业标准也没有出台，因此，必须有相应的制度予以规范和约束。

2. 加快监管科技的发展。数字员工的出现通过传统的自然人来管理成效一定较差，因此，在发展数字员工的同时，要加快数字监管的研究，通过监管机器人的研究，运用技术手段及时捕捉数字员工的所有信息，对数字员工进行分类、整理，适时规范数字员工的经营行为。

3. 重视数字员工的研发力量。数字员工的优越性十分明显，但是目前数字员工的生产者较为杂乱，缺少掌握金融、科技以及监管知识的复合型人才，同时，对新的业态、政策要求不能及时注入数字员工生产条线当中。因此，要通过构建"监管+银行+科技公司"的合作模式，加大数字员工的研发力量，力求数字员工能最大限度地掌握各种信息。

六、结语

数字员工是商业银行数字化的直接产物，也是金融科技对商业银行人力资源管理引发的新冲击，面对当今的技术驱动商业银行的新层级，特别是技术由过去处于商业银行工具地位正上升为商业银行管理助手、在有些方面成为管理主导的情况下，商业银行只有面对现实与未来，认真研究数字化带来的新变化、优势、风险等，用数字化手段解决数字化管理中的管理，在数字员工管理中更要根据监管要求和内部管理水平，保持自然人员工与数字员工的协同运用，发挥各自的优势，充分利用商业银行的资源禀赋，向高质量的好银行持续迈进。

金融供给侧结构性改革与金融科技创新运用研究

一、引言

从 2015 年开始，我国经济发展进入新常态，主要经济指标面临下行压力，但这并不是传统经济学中的滞胀和通缩，而是在产业结构、区域结构、收入分配结构、要素投入结构、动力结构等经济结构方面出现了问题，中央政府适时提出供给侧结构性改革的战略决策。经过几年的发展，供给侧改革取得良好的效果，但是作为与经济共生共荣的金融，也面临着结构性问题。2019 年初，习近平总书记在中央政治局第十三次集体学习时明确了金融供给侧结构性改革的思路与内涵，这也为金融今后的发展指明了方向。金融供给侧结构性改革是供给侧改革的重要内容，是解决当前金融支持实体经济的重要手段，金融供给侧结构性改革并不是单纯地立足于供给角度，而且着力于服务实体经济，通过对金融结构的调整，改善资源配置效率，提升金融支持实体经济的能力和效率，为经济提供精准金融服务，实现金融总体层面的供给与需求相平衡。但是金融供给侧结构性改革并不会一帆风顺，会存在各种困难，如在解决民营企业、小微企业融资问题方面，单纯通过政策手段无法有效推动金融机构在现有的市场规律下向民营企业、小微企业倾斜金融资源。

近年来，随着技术的不断积累，技术在社会各行各业中开始得到爆发式应用，技术可以驱动经济快速发展，越来越多的行业开始正视金融科技的作用。金融科技具有迭代性、跨界性等特点，是一系列前沿科技和实际场景的结合，甚至颠覆了部分传统行业，金融科技可以显著提高经济运行的效率，通过技术的作用可以让市场主体以更加高效、便捷的方式互相发生交易行为。

在金融供给侧结构性改革中，金融科技可以发挥巨大的能量，金融科技可以解决金融供给侧结构性改革中存在的难题，商业银行等金融机构发展金融科技可以以较低的成本为小微企业、低收入阶层提供金融服务，解决普惠金融中普遍存在的信息不对称、风险控制难、贷款成本高的问题，通过金融科技的创新应用可以推动金融供给侧结构性改革进一步发展，将金融供给侧结构性改革和金融科技结合有助于缓解金融供给侧结构性改革中存在的问题，促进金融资源真正流向实体经济，使金融更加高效地服务于实体经济。

二、文献综述

（一）金融供给侧结构性改革研究

陆岷峰（2019）主要从乡村振兴的角度分析金融供给侧结构性改革，认为目前乡村金融存在一定短板，在供给上存在不足，乡村金融机构数量不足，非银行金融机构短缺，创新能力较弱，融资成本偏高，当前乡村金融供给侧结构性改革应该发展支持乡村的持牌微型金融机构，优化金融机构布局，大力构建线上化的互联网金融服务平台，创新乡村金融产品，支持乡村重点企业，提升乡村消费金融市场，促进乡村直接金融市场的发展，引导乡村民间借贷市场健康有序发展。李景航（2016）指出，在供给侧改革过程中，金融业的发展迎来了新的机遇，传统产业的升级、新兴产业的拓展、消费金融的发展以及双创战略都会给传统金融带来重大机遇，金融业的供给侧改革就是改善金融资源的配置，通过金融工具的创新以及对金融风险的防范来降低企业债务和小微企业的融资成本，扩大金融结构性供给，支持经济发展的薄弱环节。孙国峰（2017）认为，现在的金融需求已经是多层次、多样化了的，单纯地扩大金融供给无法有效地促进实体经济的发展，而应该在结构上调整金融供给，减少低效的金融供给，提高对小微企业的金融供给，最终提升金融供给体系的质量。

（二）金融科技功能与作用研究

陈彩虹（2019）认为，在信息不对称的情况下，金融活动只能通过中介来完成，但是金融科技的出现打破了这种信息不对称，金融活动可以由交易双方直接完成。陈彩虹（2019）指出，金融科技的发展将会经历三个阶段：第一个阶段是金融科技作为技术为金融活动服务；第二个阶段是金融科技和金融结合在一起，形成新的金融生态体系；第三个阶段是金融科技促使金融要素不断消亡，作为独立的产业形态而存在。王小燕等（2019）从小微企业融资的角度分析金融科技的作用，认为金融科技的出现有助于从技术上破解小微企业融资问题，建议政府部门应该建立金融机构和小微企业融资的平台，建设适合小微企业的征信系统，综合保理、租赁、互联网金融等多种金融服务支持小微企业。庄雷（2019）认为，金融科技是金融服务实体经济的润滑剂，金融科技可以通过分析人们浏览网页的信息推送相关消费品，引导人们消费。金融科技为广大的小微企业提供包括众筹、供应链金融、互联网金融等在内的非传统金融融资渠道。但是，金融科技也会对经济产生负面影响，如流入实体经济的资金最终流向了房地产，通过较高的担保费、服务费等居间费用提高了社会的融资成本。

（三）金融改革与金融科技创新关系研究

曾刚（2019）指出中国金融发展取得巨大的成绩，也存在不少问题，制约了金融服务实体经济的效率，金融改革应该改革自身的体系，改革结构上存在的问题，通过金融科技的创新应用促进金融对实体经济的精准服务，传统金融机构应该重视金融科技的作用，积极发展数字普惠金融，下沉金融服务。何飞（2019）主要介绍商业银行如何发展金融科技，认为传统商业银行的业务模式已经很难适应当前的金融市场，应该积极跟随时代潮流，发展金融科技，但是，在布局金融科技方面面临盈利周期长、耗时长、人才短缺、考核机制不合理等一系列困难，这些都是商业银行布局金融科技需要重视的问题。杨其广（2016）认为，历史的教训告诉人们金融改革需要科学技术的推动，技术的创新需要科技企业实现，而金融又应该支持科技企业的发展，二者应该是相互促进的关系，当前应该大力发展金融科技，对传统金融进行改革，金融改革的着力点应该是支持实体经济。

以上专家学者从不同层面分析了金融供给侧结构性改革以及金融科技的内容，金融供给侧结构性改革是将金融更多配置到小微企业、"三农"、低收入者等经济薄弱的环节，专家学者的研究也给金融供给侧结构性改革的深入发展提供借鉴意义，但是，很多研究对技术驱动社会发展的认识并没有上升到新的高度，当金融供给侧结构性改革遇到瓶颈时，技术可以发挥很大的作用，如果没有金融科技的支持，金融很难得到结构性优化，金融供给侧结构性改革提出时间不长，将改革与技术创新联系起来研究本身就是一种创新，本文的创新点在于在认识到金融供给侧结构性改革存在一些问题，而金融科技的发展能够解决这些难题，让金融更好地服务实体经济。

三、金融供给侧结构性改革与金融科技创新运用研究

（一）金融供给侧结构性改革所面临的主要问题

改革开放后中国经济经历四十多年的发展，取得了举世瞩目的成绩，但是这种发展方式借助的是供给侧改革以及需求政策管理，主要释放出人口、土地、外贸三种红利，而随着我国工业化、城镇化、市场化进程加快，人口、土地、外贸三种红利基本释放完毕，经济发展进入新常态，面临的难题也越来越多，急切需要解决当前经济发展中存在的长期结构性问题，释放经济发展潜在的活力，激发新动能。相比实体经济的结构性问题，金融领域的结构性失衡也同样突出，金融供给侧结构性改革是供给侧改革的重要内容，也是解决经济长期结构性问题、化解经济重大风险、促进经济高质量发展的重大战略。但是，金融供给侧结构性改革中也会存在很多瓶颈，具体表现在以下几个方面。

1. 金融支持实体经济的力度不大

金融的本质是为实体经济服务，金融与经济共荣共生，但是，由于各种因素的影响，金融支持实体经济的力度不大，主要集中表现在三个方面：（1）金融脱实向虚。随着经济下行压力增大，实体经济的收益率已经低于金融层面的资金收益率，导致大量的资金离开实体经济，流向虚拟经济。因此，一方面，金融层面有大量的沉淀资金，但是面临资产荒现象；另一方面，实体经济有大量的资产，但是面临资金荒的矛盾。虽然国家也不断通过下调存款准备金等方式，促进金融支持实体经济，但是并未达到理想的效果，大量的资金最终并未完全流向实体经济，反而流向股票市场、债券市场、互联网金融等虚拟经济。（2）非法集资乱象明显。近几年，随着理财意识的觉醒，大量的居民开始参与理财市场，这就产生很多非法集资现象，截至 2019 年 4 月底，P2P 网贷行业累计出现问题平台的数量达到5643 家，涉众人数在千万人以上，互联网传销、ICO 等如牛皮癣般难以治理，大量的理财资金被不法分子收割，不仅影响社会稳定，更严重影响了资金回流实体经济。（3）"重大轻小"现象严重。商业银行等金融机构基于风险、收益等角度考虑，通常会偏向大型企业客户，愿意给大型企业客户提供资金，通常会忽视广大小微企业的金融需求，小微企业从商业银行获得的贷款规模较低，无法满足其资金需求，小微企业也面临对经济的贡献和享受的金融服务不对等的局面，商业银行等金融机构服务实体经济的效

率有待提高。

2. 间接融资占社会融资比例太高

在我国融资市场中，直接融资与间接融资比例严重不合理。2018 年全年发生的新增融资规模中，83% 的资金是通过商业银行、信托等金融机构获得的，也就是说间接融资市场占比为 83%，而以股市、债券为代表的直接融资市场占比仅为 17%，其中，10% 是通过债券市场，7% 是通过股票市场。因此，2018 年发生的 20 万亿元新增融资规模中，有 97% 的比例是通过债权债务方式获得的资金，而通过股票等资本市场募集的资金仅为 7%，比例严重不合理，而美国融资市场中，70% 的新增融资是通过私募股权以及公开市场公募股权获得的，而通过债权融资的比例仅为 30%。这就代表我国企业资金获得资金大部分来源于商业银行等间接融资机构。在我国融资市场中，直接融资规模和间接融资规模的比例严重失衡，直接融资市场的发展程度远低于发达国家。在正常的融资规律中，短期资金主要通过商业银行等间接融资渠道获得，长期资金主要通过股票、债券等直接融资市场获得。但是现实的情况却是股票市场发行难度较高，通道堵塞，企业被迫只能从银行等间接融资市场获取资金，由于储户储蓄在商业银行的资金大都是短期的，于是产生了"存短长贷"的特殊现象，这对商业银行的流动性产生很大的压力。金融供给侧结构性改革虽然也重视直接融资市场的发展，但是效果并不明显，直接融资市场的发展需要靠市场规律推动，让企业在市场规律的作用下，能够轻易地从以股票、债券、互联网金融等为代表的直接融资市场获取资金。

3. 普惠金融无法做到既普又惠的统一

近年来，国家一直倡导普惠金融的发展，号召各金融机构积极支持普惠金融，总体上也缓解了广大小微企业、低收入阶层的金融需求。但是，普惠金融在发展过程中经常面临普而不惠或惠而不普的尴尬境况。原因主要有：（1）金融资源分布不均，区域、城乡金融资源二元化分布。在区域方面，东中西区域布局呈现阶梯状，总部机构一般设立在东部发达地区，而在金融资源配给方面，总部机构占据绝对的话语权。在城乡方面，金融机构的分支机构从总部地区（一般设立在一线城市）向省会城市、普通城市等层层延伸，城市行政级别越大，金融资源越多，这种分支机构体制忽视了在县、乡镇以及广大农村地区设立的基层微型金融机构，导致这些地区的金融资源供给率很低。在"三农"方面，中央出台了很多支持政策，连续若干年中央"一号文件"都是有关三农的，但是执行层很难做到完全贯彻落实,"三农"问题仍然没有得到彻底解决。(2) 金融机构信贷资源分配不均,小微企业贡献大,融资规模低。我国有超过 2000 万家小微企业法人机构,同时还有 6000 万家个体工商户,为社会提供 80% 以上的就业岗位、70% 以上的发明专利,贡献 60% 的 GDP,创造税收超过 50%,但是从金融机构获得的贷款规模不到 30%。政府在近几年给商业银行等金融机构规定了很多支持小微企业的硬性指标,但是从最终的效果来看,虽然取得了一定的成绩,支持小微企业贷款规模的绝对数额逐年增加,但是并未彻底解决小微企业融资难问题,小微企业从金融机构获得的贷款占金融机构整体贷款规模不断下降。2018 年第四季度,小微企业贷款规模占金融机构贷款总规模的 24.27%,同比下降 4.8 个百分点。因此,光靠行政推动金融机构支持小微企业很难从根本上解决问题。

表 1　金融机构贷款及小微贷款情况

时间	金融机构贷款规模 （亿元）	用于小微企业贷款规模 （亿元）	小微贷款规模占比 （%）
2016 年第一季度	891598.90	242962	27.25
2016 年第二季度	920502.24	249509	27.11
2016 年第三季度	951309.85	256399	26.95
2016 年第四季度	966625.36	267009	27.62
2017 年第一季度	1130877.14	278005	24.58
2017 年第二季度	1167463.85	286159	24.51
2017 年第三季度	1198211.02	296550	24.75
2017 年第四季度	1221745.93	307437	25.16
2018 年第一季度	1269758.77	317645	25.02
2018 年第二季度	1312120.19	323522	24.66
2018 年第三季度	1352176.82	330445	24.44
2018 年第四季度	1380061.70	334923	24.27

资料来源:中国人民银行官网和中国银保监会官网。

4. 难以解决市场交易透明度问题

市场认知的透明度主要是指参与市场的社会公众从合法的外部渠道即可获得自己需要的各种信息,然后作出正确的决策。在完全市场经济中,这些信息包括但不限于交易品的真实供求、价格、监管政策及监管方向、经济发展的各类指标等。市场透明度就是指这些信息真实、完整,能够及时被社会公众所掌握。在市场经济中,市场透明度对于交易双方主体都具有非常重要的作用，是公平交易和提高交易效率的重要保障，也有利于监管部门打击市场违规操作行为，防范市场风险，维护公平健康的市场环境。但是，我国资本市场的透明度有待提高，甚至存在很多违法违规行为：（1）站在投资者角度看，在当前的金融市场环境中，不法分子利用大量的虚假身份开设交易账户，或者进行资金借贷，很多机构也利用这种虚假身份进行非法利益输送，违规进行市场操作，故意骗取借贷资金。（2）信息披露不健全。很多上市公司披露虚假信息或者隐匿各类信息，再加上媒体的报道，容易导致资本市场谣言四起，大量的投资者被不真实的信息所蛊惑，同时，部分投资者也借此利用内幕信息进行交易套利。（3）政府监管部门难以做到全面监管，更无法全面保障投资的合法权益，经常是在被媒体曝光或者被内部人举报后才进行处罚，因此监管存在滞后性，这种滞后的监管环境对资本市场很难产生威慑力，更难以保障投资者的合法权益。虽然我国也出台了很多规范市场透明度问题的法律法规，但是仍然有很多市场主体违法违规，隐匿信息或发布虚假信息，因此，在金融供给侧结构性改革中，规范市场交易透明度的难度非常大。

5. 潜在的系统性金融风险仍然存在

金融供给侧结构性改革强调金融资源配置到合理的领域，如给商业银行设定小微企业贷款规模指标等，属于金融供给侧结构性改革的内容，但是并未解决具体的贷款形式等问题，传统商业银行的信贷方式仍然是借助线下的尽职调查，传统的线下尽职调查式的贷款风控机制并不适合广大小微企业，小微企业贷款的特点是金额小、贷款频率高、风险控制难，抛开风险，商业银行对小微企业贷款所付出的成本可能高于其收益，导致商业银行本质上不愿意给小微企业贷款。此外，金融供给侧结构性改革也未改变银行信贷人员贷款责任终身制的缺陷，银行信贷人员一旦遇到坏账，其收入水平会大幅度下降，而小微企业的风险性远远高于大型企业，信贷人员在主观上并不愿意给小微企业贷款，但是实际上有很多优质的小微企业确实存在融资需求，商业银行为完成监管部门设定的给小微企业贷款指标，常常采取灰色操作（如一种灰色操作是银行给某企业以5%的利率贷款100万元，但要求企业以企业理财方式购买100万元理财产品，收益率刚好是5%，资金实际并未进入企业进行生产。还有常见的操作是，当借款100万元的企业发生逾期时，银行继续给企业贷款100万元，而这100万元用于归还银行前期贷款，逾期的本质未改变，但是表面风险得到解决，银行报表会得到优化）。因此，金融供给侧结构性改革并未改变金融决策的科学性，也并未提高防范金融风险的能力，大企业和小微企业并未得到平等的金融服务。

（二）金融科技驱动金融供给侧结构性改革

金融科技的发展有助于拓展金融资源的可分配界限，减少金融摩擦，提升信息的可得性和交易透明度，从而更利于金融稳定。

1. 金融科技的发展引导金融回归服务实体经济的本源

资金市场本身就属于流通的市场，在现有的市场规律中，金融机构盈利性的商业本质决定了其并不愿意支持风险高、利润低的实体经济，而偏好流向利润率更高、流动性更大的股票市场、债券市场等虚拟经济，这主要是信息的不对称、信贷分配不均等原因造成的，但是金融科技通过大数据、人工智能、物联网、区块链等技术驱动，将技术应用到金融业务，更加专注细分领域，在提高广大普惠群体的金融可获得性的同时，金融服务成本更低，金融机构也可以从普惠群体中获得较大的利润，金融科技帮助金融机构在互联网获取客户的碎片化信息，如贷款记录、水电煤气消耗量、支付信息等，结合市场上已有的征信报告等数据，借助数据技术进行判断，分析出客户的信用水平，提供相应的金融服务。一方面，这可以解决信息不对称问题，另一方面，为客户提供定制化金融服务，从而提高金融服务实体经济的效率，引导金融资源流向实体经济。

2. 金融科技促进直接融资市场发展

金融科技对金融的作用可以表现在"脱媒化"和"去中心化"，金融机构通过发展金融科技可以满足金融市场多样化的金融需求，金融科技是增强金融服务实体经济的重要手段，中央多次强调金融改革就是增强金融服务实体经济的能力，而除了金融体制改革以外，发挥金融科技的作用也是重要方式。金融科技可以促进直接融资市场的发展，主要表现在两个方面：一方面，金融科技可以促进资金交易双方直接进行交易。在股权、债券、票据、仓单等金融资产的交易中，利用区块链的分布账本技术，交易双方直接进行交易，不需要第三方中介，不仅降低了成本，缩减了时间，也实现了去中心化，还可以通过全网广播、共同验证等技术，为资产持有和交易提供无可争议的一致性证明，避免伪造假冒，解决信任问题，促进直接融资市场的发展。另一方面，金融科技有助于弥补传统金融的不足。金融科技的发展进一步促进了网络借贷市场的发展，抛开政策性限制，金融科技有助于网络借贷平台精准获客、精准营销以及提高风控，通过大数据、人工智能等技术可以根据用户在网络发生的信息给出相应的金融服务，然后有针对性地进行营销。根据第三方网贷门户网站的统计数据，截至2019年4月底，市场上仍然有973家正常运营的网络借贷平台，网贷市场的成交量累计已经达到8.42万亿元，贷款余额还有7175.92亿元，在严格的监管环境以及不景气的市场环境下，单月仍然有数百上千亿元的成交量，网贷市场的出借人和借款人超过千万。网贷市场属于直接融资市场。金融科技通过"脱媒化"和"去中心化"促进相关机构创新开展"点对点"的金融服务，并由此推动直接融资市场的发展。

3. 金融科技的发展有助于普惠金融"普惠的均衡性"

普惠金融难以发展的关键在于信息的不对称，普惠群体的信用风险较大，贷款金额较小，一般的商业银行等金融机构并不愿意向其提供贷款，但是，金融科技可以从技术角度解决普惠金融普遍存在的风险控制难、信息不对称等问题，金融科技的发展可以降低网点优势，金融科技通过互联网等技术可以实现线上化贷款，东部地区的金融机构可以向中西部地区企业进行贷款，通过大数据、人工智能等技术可以对农村地区的金融服务需求者进行信用分析并给出相应的信贷额度，"三农"问题也会得到缓解。除此以外，金融机构借助金融科技可以进行线上化操作以降低运营成本，金融科技还可以帮助商业银行等金融机构降低信用风险的管理成本。一方面，金融科技可以促进信用的形成价值，即帮助开展普惠金融业务的金融机构利用技术进行风险管理，深入了解广大小微企业、低收入阶层等普惠群体；另一方面，金融科技帮助商业银行利用技术进行在线管理，降低日常信用风险管理成本。

4. 金融科技发展有助于提升金融交易的透明度

高效透明的市场是金融市场稳定发展的重要前提。市场透明度主要是指信息透明，这些信息包括交易品的真实供求、价格等的监管政策以及监管方向、经济发展的各类指标。市场透明度就是指这些信息真实、完整，能够及时被社会公众所掌握。但是，实际的市场并不是有效市场，总会存在信息不对称和不完全，交易双方也往往无法及时有效地获取真实信息，交易并不均衡，容易出现逆向选择的问题，这在前几次金融危机中就得到了证明，银行甚至产生挤兑现象导致破产，从1998年亚洲金融危机开始，尤其是在2008年国际金融危机中，发达国家非常重视对市场透明度的监管，而金融科技的发展可以从技术上增强透明度。当前，随着区块链、大数据、人脸识别等金融科技技术的不断研发运用，客户的身份识别、财产登记、商品交易、资金结算等都可以集中在区块链的一个链条上，真正实现"一账打通"若干环节，这些信息不可篡改，很多金融信息就可以积聚在一起。区块链带来的效果就如同设定一个数字化社会，在数字化社会中，所有的交易者可以在任何时候、任何地点从自己的区块链账户中检查发生在自己身上的交易信息，降低交易过程中可能产生的信息不对称，增加金融市场的稳定性。区块链的这种作用已经得到了实践应用，支付宝在2018年已经推出了基于区块链技术的电子钱包跨境汇款业务，利用区块链的分布式技术不仅进行分布式处理，还给所有的参与者在分布式账本上提供统一业务账本和视图，参与者可以随时监控资金的流动路径。Alipay HK、渣打银行、GCash以及政府监管部门都开始采用这种技术，这种跨境汇款方式和传统的跨境汇款方式相比更加安全、及时、高效、透明。

5. 金融科技可以提高金融决策的科学性与金融风险的防范能力

金融科技的发展还有助于金融决策者提升决策的科学性和防范金融风险的能力，其中，在信用评级领域，大数据、人工智能、物联网、区块链等金融科技技术帮助金融机构进行信贷决策，弥补传统风险管理的不足，传统的商业银行可以利用物联网技术对抵押品进行实时监控，提高风险管理水平。在新金融机构中，阿里的蚂蚁金服以及腾讯的财付通都开始利用大数据建立各自的风控体系，很多商业银行也基于自身掌握的数据建立了纯线上化的信贷产品，这种线上化的信贷产品主要通过对客户的基本信息、过去遗留信息、行为偏好等静态信息以及交易信息、社交信息等动态信息进行综合化分析，借助敏感词搜索刻画出客户的信用形象，从而根据信用形象给出相应的授信额度。这就是一整套风险控制体系。目前江苏银行的"税e融"产品采用的就是这种模式。

（三）以金融科技推动金融供给侧结构性改革的路径

1. 金融机构发展金融科技提高服务实体经济的能力

金融科技的作用在于推动金融机构服务下沉，提高经济主体金融服务的可获得性，金融机构发展金融科技可以在普惠群体中获取较高的收益，商业银行通过发展金融科技，将会降低传统的网点优势，线上化的操作不受时间与空间限制，可以在24小时内为任何地区提供金融服务，从而引导资金回流实体经济。因此，金融机构应该积极发展金融科技。首先，商业银行等金融机构发展金融科技应该认清金融科技的作用，在宏观上进行布局，制定详细的顶层战略。其次，金融机构应该从本机构的业务痛点出发，研究金融科技解决本机构的业务痛点，或者和相关金融科技企业合作，创新出产品。再次，改变传统的技术系统架构，金融机构目前的网络系统架构并不适用于金融科技，需要从最根本的系统架构上进行改变，建立适合金融科技发展的系统。最后，加强金融科技人才的培养与引进。金融科技的发展离不开人才的支撑，金融机构虽然拥有大量的传统金融人才，但是在金融科技方面存在人才短缺的现象，因此，金融机构必须内部培训、外部引进金融科技人才。除商业银行以外，证券公司大力发展生物识别技术以及区块链、智能投顾等技术，其中生物识别技术主要用于个人的开户，避免虚假身份开户。发展智能投顾主要是为用户提供最优的组合方案，获取一定的收益，区块链颠覆证券业的基础架构，提升现有系统的功能和效率。

2. 监管部门大力发展监管科技以防范金融风险

在金融供给侧结构性改革过程中，潜在的系统性金融风险仍然存在。一方面，金融科技的发展促进了金融的创新；另一方面，其也刺激传统的金融监管体制被迫进行改革。监管通常有一定的滞后性，难以跟上金融创新的步伐，这就产生了监管的空白期，金融科技的应用给金融监管带来新的挑战，审慎式的监管与机构监管都无法适应。在金融科技不断发展的背景下，当前监管部门应该继续建立完善的金融风险监管体系，强调监管科技的重要性，重新构建新的监管方式，为此可以借助大数据、人工智能、物联网、区块链等技术，提高监管的方式方法，真正维护金融的安全稳定。在日益变化的金融市场环境中，需要改变传统准入式的保护型监管模式，建立动态化、实时监管的新型监管模式，而监管科技就是这种新型监管的核心，通过发挥金融科技的作用，金融交易市场中存在的异常信息（包括存在非法集资嫌疑、信息披露不到位、发布虚假新闻或隐匿重大新闻等）可以及时得到反馈并能够快速得到回应，在源头上抑制系统性金融风险，防止金融风险的扩大。

3. 加强对金融科技企业的金融支持力度

金融供给侧结构性改革的顺利进行需要金融科技的推动，金融科技的发展需要金融科技企业支撑，而金融科技企业的发展反过来又需要金融的支持，它们是相互促进、相互依赖的关系。因此，当前应该做到以下几点：（1）强化金融科技企业的成果转化，当前金融科技企业有新的产品时应该坚持本地产品本地使用原则，积极参加各种产品推荐会、行业峰会或者通过政府、协会、媒体等第三方渠道将产品推向市场，快速抢占市场，同时不断找出产品的问题，及时进行迭代，保持产品的领先性。（2）注重对产品的知识产权保护。研制出新的产品要及时申报专利，强化产品的专利保护意识。（3）拓宽金融科技企业的融资渠道。一方面，通过商业银行的科技支行作用，从银行获得资金；另一方面，借助科创板、新三板等资本市场的作用，进行股权融资。

4. 加强对金融科技风险的监管

金融科技在驱动经济发展的同时也会产生一定的风险。金融科技企业由于技术壁垒等原因，通常会有规模效应，容易形成寡头，而一旦社会资金集中到寡头企业上则会产生金融业务的顺周期性风险，同时金融科技通过技术加强了金融机构之间的联系，一旦遇到风险，容易引发连锁反应，因此，需要加强对金融科技风险的监管，在具体的监管方式上做到以下几点：（1）注重对金融实质性风险的监管。金融业务实际上是对资金的分配，金融业务无论怎样创新，资金的时空分配本质并没有变，因此，可以根据实质重于形式的原则对金融业务进行监管。（2）及时对新技术进行研究。随着科技在金融中的应用程度加深，很多游离于传统金融监管之外新的金融业态产生了，监管部门应该及时掌握了解这些技术动态，防止技术风险的发生。（3）借鉴"沙盒监管"机制。在安全区域内对产品、模式、服务等进行试验，然后不断改进，并向其他区域推广。

四、结论与建议

2015 年中央提出供给侧结构性改革以后，在一系列政策的作用下，经济发展已经开始往好的方面转变，但是在金融领域，金融资源配置长期存在供给与需求方面的结构性不匹配，国有金融资源占主导，民间金融极度脆弱，大型国有企业金融资源供给充足，而广大小微企业金融需求度高，金融结构性问题的存在导致金融支持实体经济的通道不畅通，所以金融领域更迫切地需要进行供给侧结构性改革。但是，金融供给侧结构性改革面临一系列瓶颈，金融支持实体经济力度较低，普惠金融"普"和"惠"难以平衡发展，金融交易市场不透明，直接融资市场的发展远落后于间接融资市场，系统性金融风险仍然存在。随着技术驱动经济发展的作用越来越大，通过金融科技的创新运用，这些难题有望得到缓解，当前政府部门应该积极支持金融科技企业的发展，加大政策支持力度，加强对金融科技人才的培养，金融科技企业也应该着力于支持实体经济，不断创新，研发出更多产品来降低金融服务实体的成本，提高金融服务效率，从而真正地支持金融供给侧结构性改革。

数字银行背景下数字信贷风险控制管理的战略研究

一、引言

每一次技术的进步都会带来社会经济质的飞跃，以大数据、人工智能为代表的新一代信息技术的数字化浪潮已经深深烙在社会经济的各个单元，数字化已经成为现代化的代名词，数字经济已经是中国特色社会主义高质量发展的新标签。金融是现代经济最主要的驱动力，商业银行是金融业的主体龙头，商业银行本来就与数字共生，数字化银行当然是数字经济发展进程中的先锋，数字化进程的速度、程度将成为决定商业银行是否会被淘汰出局的关键性指标。

在商业银行的资产结构中，信贷资产占据了商业银行 95% 以上的资产，信贷资产质量是商业银行的生死符。从目前我国商业银行面临的经营场景来分析，不良资产有抬头趋势。一方面，由于制度的滞后性捆绑了商业银行数字化进程的手脚；另一方面，商业银行数字化进程滞后于数字经济发展的步伐，成为风险控制失当的因素。数字风控已经成为当前优化商业银行信贷资产质量最主要的利器。

数字银行目前尚处于探索当中，具体到数字风控更是仅仅才被触及，但数字风控又是商业银行当下必须作出的选择，对于数字风控的目标、模式、路径，既无现成的理论指导，也无现成的经验可供借鉴，而且数字风控本身也存在风险，研究数字经济下数字银行的数字风控也就显得十分必要。

二、文献综述

（一）数字经济的概念及作用的研究

曾钊等（2019）认为，数字经济的本质就是信息化，是随着以新一代信息技术为代表的高新技术的发展而发展起来的。数字经济的作用也十分突出，地位十分高，已经成为我国经济发展上新台阶的新引擎，是改变我国传统经济结构、实现转型升级的重要推手，数字经济也是当前解决经济发展中难点的金钥匙，要将数字经济与各行各业深度融合起来进行发展。荆文君等（2019）认为，数字经济是一种新型的经济形态，它是基于互联网和相关的新的技术运用而产生的，在我国经济进入新常态的大背景下，其发展表现特别亮眼。从宏观上看，数字经济的作用是通过新的要素的投入、新的资源配置效率的提升以及以技术为主的新的生产要求的生产力的投入，有力地促进我国经济高质量发展目标的实现。同时，数字经济自身也是实体经济，也在成长与发展。从微观角度看，互联网、大数据等新技术可以解决经济发展中过去难以解决的难题，如为长尾客户服务等。在肯定数字经济积极作用同时，很多专家也认为存在互联网有可能加剧行业垄断等潜在问题。张勋等（2019）认为，当前人类正在进行着第三次技术革命，这场革命又是以互联网技术为基础的。中国经济进入新时代，快速发展在很大程度上得益于互联网的广泛运用，就数字经济中的数字金融来分析，数字金融对经济的推动作用显而易见，其在不发达地区也保持了高速度增长，数字金融对于推动中国经济的包容性增长发挥着前所未有的作用，并且对于低物质资本、低社会资本的家庭创业行为有十分重要的积极作用。

（二）关于数字银行的研究

易毅（2017）认为，直销银行是数字银行的雏形或最初形态，直销银行发展的后一阶段便是数字银行，数字银行运用大数据、物联网等新一代信息技术对商业银行的原有流程进行改造，实现真正意义上的流程改造。数字银行与传统银行在金融功能上发生了质的变化，主要是数字银行由过去的信用中介过渡到信息中介，从银行信息过渡到市场信用。数字银行最大的优势在于服务于长尾客户、普惠金融、个人及家庭金融，改变了传统的银行"二八"客户经营规则。张石（2019）认为，数字银行是随着技术的运用而不断演变得明晰的，最早可溯源到20世纪60年代ATM的诞生使用，数字银行是以数字的方式提升金融服务，将内部控制、管理、决策及监管合规等各方面内容有机地融合在一起，是数字经济的一部分。数字银行的核心是技术对人工的替换。数字银行建设一是要改变传统的银行商业模式，将数字化的机器设备作为客户服务的主体；二是要培养与提升领导群体的数字化领导力，要强化数字化意识，提升数字化能力，培育数字化文化；三是要培育一支强大的数字化人才队伍、技术创新先锋；四是要构建新型的技术服务平台，打牢数字化的基础。沈一飞等（2015）认为，美欧的数字银行最重要的特点是强化了"以客户为中心"的信息化发展战略，通过先进的信息技术，进一步挖掘客户的服务需求，增强了客户的服务体验质量，强化了银行与客户之间的黏性。在发展数字银行措施方面，一是要开拓发展由于技术创新所带来的服务渠道的增加，通过移动设备增加客户对银行的依存度；二是要本着服务于客户个性化、多元化的服务需求，优化服务工作流程；三是要通过大数据的运用，精准分析金融消费者的消费习惯、变化，及时跟进，进行金融服务的创新；四是要力促新技术在银行业中的运用，保护金融消费者的隐私权。国内的商业银行要在现有的基础上，加强政策的指引，加大技术在商业银行各个业务单元中的运用，大力发展便于客户操作的移动设备，加强电子渠道的建设。

（三）关于商业银行信贷风险控制模式的研究

商业银行的发展历史可以称为与不良资产博弈的历史，也是加强信贷风险控制与管理探索的历史。从商业银行信贷风险管理与控制的角度看，商业银行具有较为系统的制度、较为先进的管理方法、较为丰富的管理经验。郝墨缘（2018 年）认为，目前商业银行信贷风险管理中的评估较为简单，评估系统不很精准，在信贷分析过程中手段较为单一，在风险控制操作过程中能力较低。造成这种情况的原因除政策以及经济不确定性外，还有信息不对称。因此，要通过搭建设安全、稳定、科学、可靠的管理信息系统来解决管理中的痛点，要积极创新风险控制模式，包括但不限于集中管理，同时要加强对客户的动态管理。宋贺（2018）认为，商业银行信贷资产质量不断恶化是当前最主要的风险之一，直接表现为不良率持续上升。此外，随着强监管、严监管导向的实施，供给侧结构性改革、利率市场化进程的加快和金融脱媒都给商业银行的信贷风险管理带来极大的难度。因此，当下商业银行加强信贷风险控制要从信贷投放上多向实体经济灌注，降低信贷交易成本，优化定价机制，对信贷管理要实行精细化，采取强力措施及时消化和化解不良资产，对退出的项目要有序有节，与社会经济发展同目标同步伐。蒋坤忠等（2018）认为，当前商业银行的信贷风险产生的根源主要是由于信息不对称导致道德风险持续上升，同时，管理制度的不封闭、不严谨也是引起风险的重要原因。在加强信贷风险控制与管理上，首先，要转换经营理念，将资产质量的管理放在首位；其次，要通过商业银行组织管理体系的建设，对风险实行全方位、多角度的管理，形成严密的风险管理体系；再次，要进一步强化信贷操作过程中的内部控制，多运用技术手段、模型来提升信贷决策的科学性和准确度；最后，要培育健康向上的风险管理文化，要敬畏风险，切实加强员工队伍的建设；等等。

文献综述研究结论：

1. 现行研究的成果对数字经济的概念、作用，以及数字银行还是有较为深刻的理解与认识，其不足之处在于，理论界对数字银行的研究还浮于面上的层级，很少将商业银行的信贷风险控制放在数字经济大潮背景下进行审视与分析，在信贷风险控制与管理上更是拘泥于传统的风险控制思路，而没有对"数字技术+商业银行信贷风险控制"进行深度的融合与分析。数字化过程是数字工具在商业银行各个业务单元的运用过程，因此，要将数字工具与商业银行各个业务单位进行融合研究，找出结合的方法与模式，这样研究才更具有实际指导意义。

2. 数字风控概念强调的是要认真分析在数字经济条件下商业银行风险管理对象的新特征，根据新的风险用新的数字工具来进行治理。当前，大数据、区块链、人工智能、物联网等都可用来进行数字风控。所谓数字风控，就是指运用新的数字工具对信贷业务的风险进行管理的方式与方法。

3. 本文的创新点在于分析数字经济带来的信贷风险新特征、对商业银行信贷风险管理的新要求、数字风控应当选择的新模式，探究"金融科技与商业银行信贷风险管理"完全融合的具体路径与方法，综合运用金融科技工具，对信贷风险实行全方位、全流程的管理与控制，保持管理手段超前或至少同步于风险变化新特征的管理要求。

三、数字经济条件下商业银行信贷风险的新特征

商业银行信贷风险的高低不完全取决于商业银行本身信贷风险管理的水平，在很大程度上取决于信贷服务对象的管理质量。因此，信贷客户的特点在一定意义上决定了商业银行信贷风险管理的方法与模式。在传统经济条件下，信贷企业的风险主要有财务风险、抵押物灭失风险等，在数字经济条件下，信贷企业的风险又具有了一些新的特征，共性是由于数字化引起的新的风险或原有的风险变异或放大，而这些特征决定了商业银行必须对信贷风险控制管理模式进行彻底的数字化革命。

（一）创新风险

数字经济最重要的主旋律是"创新"二字，通过各种技术工具在经济领域的运用，打破原来的业务秩序和平衡，实现在新的阶梯上的秩序和平衡。显然，创新没有成功的范本可供参考，做着前无古人的事。创新面对的是一个未知数，因此，必然面对巨大的风险。从科技试验成功的概率来看，其几乎99%都是以失败为成本或前提的。虽然数字经济创新的失败率不会这样高，但创新的风险概率会大于不创新的风险。当然，一旦成功，其带来的效应又是放大的。一般情况下，创新越多，力度越大，其风险概率也就越高。因此，在商业银行给予数字化创新的主体信贷支持时，创新的试错成本往往会加大商业银行的信贷风险。

（二）跨界风险

数字经济发展的策略之一是运用互联网跨界思维的经营理念。企业在发展过程中的盈利模式往往是"羊毛出在牛身上"，有些企业的跨界不仅仅是跨一个行业，虽然企业的综合化、多元化经营可能走向成功，但实践证明，大多数放弃了主业或放弃了自己熟悉或专业的领域，而用非专业的经营去与专业的经营者竞争，成功的概率往往较低，在竞争中不具备优势。因此，跨界经营的风险会大于专业经营的风险，企业的跨界风险无疑会加大商业银行的信贷资产风险。

（三）放大风险

互联网是数字经济发展中的高速公路，一方面，互联网将企业的供应链拉得越来越长，不仅仅是跨区越，甚至还跨国界；另一方面，企业的经营内容被无限放宽，企业间、行业间的融合度不断加深，企业间的经营脉络纵横交错。一个企业如果在经营中出现败笔，企业链中直接影响的企业可能多达数十家，间接影响的则会无限延伸与扩展。互联网为企业发展插上腾飞的翅膀，同时也会成为其负面影响的加速器，对本来孤立、有限的风险十倍及数倍地放大，从而将商业银行的信贷风险无限放大。

（四）快速风险

数字经济发展一切变得"快"了，体现在商业银行信贷风险上的主要表现是：一是快速变化。商业银行对服务对象的贷前调查结论与服务对象业态变化的速度在极短的时间内会形成不一致性,甚至是完全相反的结论,同时,数字经济下的企业与商业银行的信贷管理制度因其变化极快而相互矛盾;数字经济下企业的脆弱性不断增强,暴雷往往是瞬间的事,商业银行的风险应对措施很难适应这种瞬间的变化。二是快速传染。一家企业出现暴雷,由于企业间集团化、互联网化,企业间环环相扣,金融风险快速传染,信贷风险隔离措施往往滞后于传染行为,造成的信贷损失也会加大。三是在数字经济条件下,企业的经营活动突破时间与空间的限制,商业银行信贷风险管理的条条体制往往难以应对无边界的企业风险的发生。而在传统体制下,企业行为一般限定在商业银行的信贷治理辐射范围之内。

(五) 复杂性风险

数字经济条件下企业的各种经营行为交织在一起,错综复杂,既有供应链拉长的风险也有经营面放宽的风险。一个房地产行业直接和间接影响到四十多个行业。企业的这种经营复杂性,决定其风险产生的动因往往多极化,因而其风险也就更复杂化。同时,由于数字经济是技术工具与企业经营活动的一种融合,数字技术本身就具有强大的复杂性,无论是大数据还是人工智能,均是多门学科综合运用的结果,具有很强的专业性,而专业的、集合的技术运用主体必须由专家解读,一般的商业银行客户经理难以作出精准的诊断结论。

(六) 监管风险

发展数字经济的实质是创新经济。过度创新的结果一定是制造风险,而创新不足又是相对保守的代名词,在创新与不创新的选择上,一定是明知有创新风险也要选择创新。创新与监管始终是一对矛盾,监管过紧会锁定创新的步伐。而数字经济的发展几乎是完全空白的,监管政策更是无系统、无范本,很多政策实质上是试错后才得以出台,比如近年来的网络借贷平台就较为典型,有关监管政策始终处于变动过程当中。对于企业而言,由于监管政策的不确定性,过时的监管政策或用新出台的监管政策来评价过往的企业行为,往往会给企业带来致命性打击,甚至直接出清市场,加大了商业银行信贷业务的政策性风险。

四、基于数字银行背景下数字风控的模式

(一) 传统信贷风控模式不适应新时期信贷企业风险管理的要求

传统的信贷风险控制模式以人的管理为主导，其主要做法是在机构分级体制下，信贷管理也实行分级授权管理，经营单位客户经理负责贷前调查，部门负责审查把关，经营单位如在授权范围内可以自行审批，超过权限则上报有权人审批；在贷款管理方面实行前台、中台、后台分开管理的模式，前台负责营销、调查、贷后管理，中台负责审核审批，后台负责记录核算。这种管理模式适应了同期的企业经营管理特点。但是，对于数字经济条件下的企业而言，其存在的问题已经十分明显，主要表现在：一是静止时点的企业数字已无法真实、全面、实时地反映企业的实际经营情况，市场的高交易性、快变化性随时会使企业的经营成果在不同时间差异较大。二是主观性较强，以经验作为决策的主要依据，难以精准地给服务对象下结论。三是管理过程会呈浮冰式管理，没有信贷管理的穿透力。四是会发生较多的道德风险，决策上的主观性使决策结果会有较大的弹性空间，因而，少数不法分子会进行寻租，信贷决策由技术工种转为权力工具。五是被动式管理。银行面对突如其来、毫无征兆的企业快速变化而采取管理措施时，企业已经是已病入膏肓，到了无法挽救的地步。显然这种管理特点无法应对数字经济条件下信贷企业的创新、跨界、放大、快速、复杂性特征所带来的新风险。

(二) 新一代数字技术可以有效治理数字经济条件下商业银行的信贷风险

商业银行信贷风险控制的总目标就是确保信贷资产不出或少出风险，但是总目标又是以若干个子目标来支撑的，子目标实现得好，总目标的实现才有基础。不同的划分标的的子目标有不同的表述方式。数字风控目标是根据服务对象的数字化这一特点设立的目标体系，是总目标的一个子目标，其设置要充分体现数字经济的特点，具体地可表述为：第一，数字风控要有较强的前瞻性，即要有很强的预警功能，优秀的信贷管理就是对未来风险的有效防范。第二，数字风控要立体化，即能够全方位、多维度、全流程反映企业的所有经济活动，既要有"镜子"全面真实反映其表面现象，更要有"超声波"全面检视企业的深层次问题，要确保银行对企

业信息完全对称、穿透。第三，数字风控要适时、高效，即能够对企业的风险状况进行及时的反映，从面上来讲，不仅仅对企业本身的反映要实时，对服务对象的关联企业风险传导的反映也要及时。第四，数字风控要强化服务对象的内部治理。要通过适当的手段，最大限度地减少企业的经营错误行为，特别是主观性道德风险的发生。

数字风控的目标概括起来就是要实现前瞻性、立体化、实时性以及强化企业内部治理，而新一代数字工具恰恰可以在这几个方面有独到的功能与功效。大数据通过海量数据的收集、清洗、整理，可以为数据风控提供预警，对企业过程进行全方位适时扫描，数据单元越多、量越大，其敏感度就越高；物联网可以从商流、资金流、物流、信息流四个维度来加强企业的全面检测；人工智能则可以进行信贷管理流程的操作，对任何触碰预警指标的行为及时报警，分布式记账与存储能确保信息流转过程中的真实性，对供应链业务可有效地进行追根溯源；云计算为商业银行数据风控提供尽可能大的发展空间。可以说，新一代技术工具在商业银行风险控制中运用的结果正是数据风控的基本目标。

（三）数字银行背景下数字风控模式

1. 贷前调查数字化

（1）构建强大的数据库。数据是数字风控的前提，大数据的功效在很大程度上取决于数据的数量和质量，由于数据属于无形资产中数字资产的一种，且有严格的法律依据，因此，商业银行要通过本身系统积累客户的若干数据信息，要通过合法的交易或政策的支持获得相关信息。从数据风控的角度看，外源的信息包括工商、法院、行业主管部门、人民银行征信系统、行业协会、媒体等，要确保与企业信息的对称性及实时性，通过信源多源化，不断扩大信息面、信息量，拉长数据信息的时间跨度、扩大行业关联度，让每一个服务对象能用数据语言完全表达出来，使服务对象在大数据面前成为一个透明的载体；让银行与企业的信息处于完全对称的状态，从而为贷前调查的决策提供强有力的数据支持。

（2）启用数字员工撰写贷前调查报告。自然人撰写的调查报告一般是基于本人的经历、阅历、主观认识及了解的信息而形成的，这不免受到主观及信息有限性和能力的制约，有些报告还存在客户经理的道德风险。数字员工撰写贷前调查报告，可以突破自然人的信息储存局限及可能产生的道德风险，其存储的信息量巨大，所形成的贷前调查报告一般具有客观性、全面性、准确性，从而为信贷决策提供科学的依据。

2. 贷款审批数字化

（1）搭建信贷风险评估系统，实行评分制。传统体制下的信贷审批往往通过审贷组织、审批人等形式来实施，难免带有很强的主观性、经验性特征。目前，已经有不少商业银行通过搭建信贷风险评估决策模型系统，通过输入相关的贷款企业指标，由系统自动进行评分、评级，以此作为审批的重要依据。信贷风险评估系统指标越多、输入的信息量越大，得出的结论也就越准确。在当前实施 LPR 定价机制下，系统更要将贷款定价等一系列信贷决策自动生成，避免拍脑袋决策。

（2）实行人、数分类审批或共同批准制度。对于小额度、标准化、批量化产品由数字员工审批，如个人消费贷款等，这样不仅效率高、更客观，而且可以节省大量的人力成本；而对于大额度或非标产品，如公司贷款等，宜实行人、数共审共批，其结果相互验证，找差求证，将任何可能的风险点与风险源控制在审批之前。

3. 贷中检查数字化

（1）建立灵敏度高、指标周全的预警系统。能否实时揭示、发现信贷业务风险，提前布局防范措施的关键在于预警系统的指标体系是否完善、灵敏，设置的指标是否科学、合理。对于信贷风险而言，目前的数字技术是能够支持预警系统需要的。数字风控的指标体系至少要包括反映贷款对象的合法性指标（如工商准入、行业准入等）、经营情况指标（如营业收入、营业支出等）、法律纠纷指标（如司法诉讼等）、新闻舆情（如负面信息等）、金融信用指标（如贷款、结算信用执行情况等）、行业发展情况指标和国际国内市场情况指标等。通过纵横交错、严密无间的指标体系设立报警红线，一旦被触碰，便会及时发出信号，从而能有针对性地进行风险控制与化解。

（2）贷款流转（信息）平台化。传统体制下信贷业务的实现往往要涉及多个部门。在数字银行背景下，一切业务操作都会力求平台化与流程化。通过构建综合业务系统中贷款业务平台模块，要将商业银行的信贷管理系统与贷款对象的供应链系统工程进行对接，且贷款平台很多业务流程均可以通过数字员工进行管理。如数字员工可以在贷款平台上自动核对贷款条件落实情况，原设定的抵押物、合同要约等其他贷款条件落实到位情况，贷款企业各个时期账户、结算、销售回款情况，从而将企业的经营行业完全置于商业银行风控的视角之内。

4. 贷后管理数字化

（1）运用物联网对抵押品进行保全。现行商业银行信贷风险转移和化解分担的方式主要是资产抵押，约占信贷业务的 60%，第三方中介公司对抵押品监管要么是处于无看管状态，要么是客户经理定期去查验，结果常常造成抵押品最终流失。物联网融物流、商流、信息流、资金流于一体，可以通过远程视频技术遥控物资情况，通过前台视频与后台管理系统相对接，抵押物一旦出现移动、灭失等情况，系统可以自动报警，从而及时进行风险处置。物联网不仅可以对固定资产进行控制，还可以对动产进行跟踪管理。

（2）运用区块链原理强化供应链金融风险控制。在数字经济下，企业的经济活动可以从供应链的视角来解释其所有的经济关系，企业间的经济活动可抽象为主体企业的上下游供给和需求者的延伸，而这种供应链在无限拉长和拓宽，由此形成的金融服务即供应链金融应运而生。供应链金融最大的风险就是贸易和票据、抵押物的真实性及其支付的实时性。区块链可确保链内数据传输真实、可靠，其智能合约可能按约定自动控制结算行为，对于融资的票据更可以通过分布式记账、存储等确保票据真实。因此，将区块链方法有机地嵌入供应链当中，通过区块链的方法可能对供应链金融风险实行有效的控制。

（3）运用人工智能提升贷后管理的效能。传统的贷后管理是通过在固定的时间点和时间段由客户经理到贷款单位进行检查，经验表明，一位客户经理管理超过 12 个客户就很可能难以按管理要求保质保量管理到位，况且现在一位客户经理管理超过 50 个客户的情况比比皆是。同时，由于到贷款单位调查时间短，也很难掌握实时全面的情况。通过自然人员工或数字员工可以运用人工智能汇总各种信息、进行关联分析，可以全面、实时掌握贷款单位的情况，只有当出现异常情况时才提醒自然人员工去处置，这样不仅效率高，精确度也高。

5. 加强数字风控的风险管理

数字风控主要依赖技术对风险的控制，本身也存在数字化风险，因此，需运用数字技术进行管理。要构建强大的科技队伍，开发与管理数据风控系统和管理数据风控系统的人员需要分开管理；在配置力量上，管理团队实力要强于开发团队实力；要借助社会第三方技术机构对数据风控系统进行检视，寻找漏洞，力求系统科学、严谨；要切实防范银行外部的恶意攻击，确保数据的保密不外泄；要保持技术的领先性、科学性、适用性，提升决策的精准度；对于数字员工更要严格准入标准，持续进行在岗培训，实时将监管政策、管理目标要求输入系统，确保数字员工始终掌握最新的政策规范与管理标尺。

五、结论与建议

（一）基本结论

1. 数字风控是必需且必然的

商业银行数字风控是当前商业银行应对数字经济浪潮的不二选择，构建适应数字经济风险特征的数字风控体系，是商业银行走向高质量发展的必经之路。

2. 实行人数并行

人数并行是当前商业银行进行信贷风险管理的最佳选择。随着技术的不断成熟，数字化程度可逐步提升。金融科技首先是技术，技术再先进都是人创造的，因此，数据风控不能完全替代自然人的风控，根据技术的成熟程度，在实行人数并行的基础上可以提升数字风控在信贷风险控制中的比例。

3. 提升全行数字化水平

数字风控不能单枪匹马。一方面，数字工具运用要打组合拳，穷尽金融科技的新产品、新成果在信贷风险控制中的运用，用技术手段、技术思维解决人的主观及金融理论难以解决的问题；另一方面，要推动全行全面数字化，只有全行的数字化水平提升了，数字风控才更有成功的基础。

（二）建议

1. 制定、完善数字银行方面的法律法规

商业银行属于涉众金融，也是高负债率企业，因此，其一切活动都必须依法合规经营。但是，数字银行、数字风控已经不同于传统意义上一般技术手段在银行业务中担任的角色，很多已经成为商业银行经营决策、管理的主管或助手，改变着商业银行的经营流程，而这些在法律上目前尚无完善的条文。商业银行作为高风险行业，"法无禁止即可为"之说并不适用，因此，加快数字银行有关方面的立法、定制就显得十分迫切，要尽可能降低商业银行的政策风险、创新风险。

2. 加强金融科技基础设施建设

数字银行、数字风控离不开金融科技的发展，而金融科技的运用需要有强大的基础设施作支撑。因此，国家在产业发展中，宜将金融科技上升到产业化的高度，金融科技不仅直接驱动着金融业的发展，同时自身也创造价值与使用价值，直接为国民经济的增长做贡献。金融科技的研发需要国家战略投资，让金融科技有一个快速发展的场景及通道。

3. 加大征信系统建设的力度

数字风控的核心是信息，而社会征信系统是信息的重要来源，也是约束市场主体行为的重要红线，因此，在现有征信建设的基础上，要引进最新的技术，实现数字征信，让征信系统能足够强大。

总而言之，数字风控是数字银行的重要组成部分，其质量高低直接影响商业银行的发展质量，及时捕捉数字经济条件下企业发展的各种信息，针对数字风险特征，以更先进的数字风控应对数字经济中可能存在的各种风险，是当下持续发展数字银行的不二选择。

数字产业化与产业数字化：
内在逻辑、存在的问题与协调发展对策

一、引言

在全世界数字经济发展浪潮中，我国的数字经济已经走在了世界的前列，数字经济占 GDP 比重已经超过 40%，而数字经济发展的成果最终表现形式之一就是各国产业的核心竞争力，因此，我国产业正面临着根本性变革，推动我国产业数字化不仅是传统产业变革的需要，更是应对复杂多变、竞争日趋激烈的世界经济形势的重要举措，产业数字化是个新的话题，"产业+数字化"有很多的未知需要探索、研究，产业数字化已经成为当前我国产业发展中最迫切需要解决的问题之一。

产业数字化以及数字中国目标的确立，促进了我国数字行业的超速发展，但是，数字行业分布较为广泛，没有特定的组织形式、行业内涵及外在的品牌形式，以至于在管理与发展上存在目标与导向上的不明、管理上的真空等缺陷。因此，推进数字产业化，就要赋予其相应的内容、组织形式及品牌，使其名正言顺地列入我国产业发展的目录中，与其他行业协同发展。而关于数字行业如何产业化却是众说纷纭，理论上迫切需要进行更深入的探索，形成较为权威、严谨和基本一致的意见。

经济发展新格局是党中央站在两个一百年历史交汇点上，针对国际复杂多变的政治经济形势提出的一项新的战略布局，对于产业数字化和数字产业化进程中的各行业提出了新的目标与发展要求，构建经济发展新格局要对过去的格局进行改变，同时要在新格局的架构基础上，构建新的竞争能力、生产能力，要实现以国内大循环为主体、国内国际双循环相互促进的新发展格局。这要求各个行业的发展要以立足扩大内需为根本，同时继续加大开放，提高经济发展的国际竞争能力。而这一系列新要求必须在数字产业化和产业数字化进程中得到具体的响应。如何应对经济发展新格局，并且提出具体的战略目标，解决数字产业化和产业数字化过程中发展的问题及相应对策至关重要。

二、文献综述

（一）数字产业化概念与内涵的研究

徐阳洋（2021）认为，数字经济产业是在互联网金融发展基础上的必然结果，而当前数字经济、数字化、数字技术在我国的发展已经从数量的发展转化为质量上的腾飞，在质上发生了根本的变化，当前我国发展数字经济产业正当时，数字经济产业将成为我国新时代全新的一项产业。王婷婷（2021）认为，数字技术的行业跨度、覆盖面更宽更广。数字经济技术是大数据、区块链等多种新技术的集成总称，集成的数字技术可以说是全能型技术。经济发展新格局的发展重点是以扩大内需为主，数字化转型所产生的市场需求本身就是一项巨大内需，而且这种数字技术的运用具有极强的通用性，特别是大数据技术是跨行业的，对社会经济活动需求是一种全覆盖性的，可以说所有的行业发展都离不开大数据、人工智能等新一代信息技术，因此，数字经济产业虽属信息产业，但其功能及效用是跨行业、全覆盖的。陆岷峰（2021）认为，数字技术迭代更新更快。技术的生命力在于不断创新，而数字经济背景下数字产业的创新更是追求极致，多种数字技术的交互使用、融合，使数字技术的组合、裂变更为快速。在构建经济发展新格局过程中，与以前相比，在战略措施上除继续坚持改革开放大方向外，又提出技术的引领，将技术提高到至高无上的位置。数字技术是当今运用面最广、影响程度最深的新型技术，包括了大数据、区块链、人工智能等。这些技术几乎全面渗透到经济发展各环节中。

（二）产业数字化概念与内涵的研究

汪祖刚（2021）认为，产业数字化是指大数据、区块链、人工智能等新一代信息技术在传统产业中的全面运用，包括但不限于产业的经营模式、风险管理、成本控制、行政管理等所有的方面，其目的就是提高经营效益、降低成本、严控风险、节约资源。各产业都提出数字化转型目标，实质上就是要对传统产业的管理模式进行深度的、全面的、彻底的改革。徐阳洋（2021）认为，产业数字化主要是指新技术的应用对产业的影响以及产业的应对。这是一个不断由低级向高级进化和转变的过程，产业数字化的核心特征是以技术的创新和运用为主要手段。产业数字化是由企业数字化构成的，企业数字化程度决定产业数字化的进度，提升产业数字化首先要推进企业数字化。陆岷峰（2021）认为，产业数字化是中国特色社会主义发展到数字经济时代的一种特别的经济发展模式，也是唯一的发展路径选择。产业数字化是以技术的创新与运用为基础的，产业数字化过程在一定意义上是技术创新与运用的过程。而技术的运用也有可能产生试错风险，因此，在推进产业化过程中，既要发挥技术的正能量激活，也要注重技术应用负能量的爆发。比如对于现实中的大数据泄密等问题，就不得不进行有效的防范。

（三）经济发展新格局下数字产业化与产业数字化的关系

对于经济新格局背景下数字产业化与产业数字化（以下简称"两化"）的作用与地位，很多学者认为其比较特殊。周军煜（2021）认为，经济发展新格局决定"两化"发展的目标与方向，因为经济发展新格局是我们国家当前以及今后相当长一段时间内所确定的发展战略，对各行各业的影响都是深度性的，无论是传统产业还是数字行业都属于我国社会经济发展目标与杠杆调节的对象，参与经济发展新格局的全流程，与经济新格局的构建是同步的。徐阳洋（2022）认为，"两化"对构建经济发展新格局有巨大的特别支撑作用。经济发展新格局需要新的生产动能发挥支持作用，而数字经济产业就是当前我国经济发展最重要最有效的驱动器，产业数字化有利于传统产业数字化爆发出更多新动能，历史上任何一次大的经济变革都是以技术的创新与应用来实现的，从经济新常态到经济发展新格局也必须以数字经济技术的创新来推动；构建经济发展新格局一旦离开了数字技术的支持，经济发展的含金量与竞争能力就要大打折扣。高伦（2021）认为，经济发展新格局与"两化"是一种互寓互融的关系。一方面，经济发展新格局离不开"两化"；另一方面，"两化"也离不开经济发展新格局的方向指引，只有经济发展进入新的时代、有了新的格局，"两化"才可能有更宽广的应用场景与空间，而数字技术的健康快速发展对于夯实经济发展新格局的基础也是十分必要和重要的。陆岷峰（2021）认为，"两化"是构建经济发展新格局的技术保障与支撑。经济发展新格局不仅仅是一个简单的理想与目标，而是要围绕目标对产业进行转型升级与改造。这一过程的关键是技术创新水平及技术的应用程度，可以说任何一个产业的发展、转型升级过程实质上都是一种新技术的应用过程，是由于新技术运用引发的发展模式创新、体制改革的过程。"两化"为构建经济发展新格局提供强大的技术支撑。周军煜（2021）认为，构建经济发展新格局重要的一点是要寻找经济发展的新引擎，消费已经作为构建经济发展新格局的重要动力源，消费的巨能激发出的需求是技术的创新与引领，无论是消费层次的升级、消费方式的变化、消费品种的创新、农村消费市场的激活都离不开数字技术的应用，特别是构成消费需求的消费金融的发展，更需要数字化消费金融的实现，为消费需求者提供适时、可用的消费资金。同时，"两化"本身也是一个巨大的消费供需市场，是一切产业的基础消费者和使用者。

从上述研究成果不难得出以下结论：第一，数字产业属于所有产业中的一个新支柱产业，产业数字化既包括了传统产业的数字化，也包括了数字产业的数字化，只是这种数字化的方式和内容与其他产业有所差别而已；第二，数字产业化和产业数字化两者有一定差别，主要是子行业分类上的差别，但两者都是以对方为自己的发展目标；第三，两者在一定程度上是互融且互相促进的，两者的主要共同点都是着力于数字技术的广泛有效应用，产业数字化程度越高，越有利于数字产业化目标的实现，数字产业化程度越高，也越有利于产业数字化进程的加快。

因此，针对产业数字化或数字产业化方面的研究成果比较多且较为深入，对丰富数字经济理论及对实践工作的指导产生积极的影响。但现在研究的成果限于当时历史背景的局限，特别是近年来世界经济发展的不确定性带来的我国经济发展战略的重大调整，没有针对构建经济发展新战略的要求，进行产业数字化与数字产业化的关联性的研究。基于此，本文在认真分析数字产业化与产业数字化存在问题的基础上，提出从战略规划的顶层设计、发展导向、体制改革、发展机制、两者的黏合度等多个维度采取强化数字产业化与产业数字化协同发展的具体对策。

三、数字产业化与产业数字化存在的问题与协同发展对策

为了使数字经济产业在经济发展新格局构建中发挥更大的作用，要根据经济发展新格局对数字经济产业的需求以及数字经济产业发展的新特点，特别是对当前数字经济产业中存在的问题，采取相对应的措施，也就是要根据经济发展新格局的要求，依据数字经济产业的优势，针对数字经济产业发展的问题，选择具有创新性、针对性、前瞻性的对策，在促进数字产业化的过程中，推动经济发展新格局目标的落地。

（一）数字产业化与产业数字化发展存在的问题

经过十多年的积累，我国数字经济的发展有了一定的基础，而经济发

展新格局对数字经济产业的发展又提出了新的需求，相对于经济发展新格局"两化"存在的不足主要表现在以下几个方面。

1. "两化"发展规划的制定缺少系统性、完备性

关于数字产业在"十三五""十四五"战略规划中都有所提及，但是作为一项行业的数字经济产业规划尚未形成上下衔接、横向互通且交叉形成勾稽关系的规划网络体系，规划条线细分不够，分层分级职责还不明，缺少高水平的综合性数字经济发展规划和专业的条线发展规划，特别是在时效性上，缺少实时的产业指引，从而在实际工作中，数字经济发展出现重复投资、盲目投资和有些重要的项目却空白投资的问题，与构建经济发展新格局的长远规划高要求的融合度不高。而产业数字化的规划仍然较为宏观，对于推动各个产业的数字化（如推动钢筋水泥等产业的数字化）的具体措施还不多、不细。

表1　2020年各省份出台的数字经济发展规划

地区	政策文件
内蒙古	《内蒙古自治区人民政府关于推进数字经济发展的意见》
四川	《四川省人民政府关于加快推进数字经济发展的指导意见》
山西	《山西省加快推进数字经济发展的若干政策》
山东	《山东省支持数字经济发展的意见》
上海	《上海加快发展数字经济推动实体经济高质量发展的实施意见》
贵州	《贵州省数字经济发展规划（2017—2020年）》
广东	《广东省培育数字经济产业集群行动计划（2019—2025年）》
广西	《广西数字经济发展规划（2018—2025年）》
湖南	《湖南省数字经济发展规划（2020—2025年）》
浙江	《浙江省数字经济五年倍增计划》

资料来源：作者整理。

2. 经济产业结构仍然失衡

数字产业中的重点企业主要布局在经济相对发达的长三角、珠三角地区和全国特大型城市（见表2），这种结构布局不仅加深了原有的区域经济布局不合理的老矛盾，而且也会造成新兴的数字产业在全国布局中的发展不平衡。从数字经济技术投入的重点行业来分析，投入消费领域的技术相对过多，诸如线上引导消费等不仅形成较大的市场，而且还形成相对垄断，对产业经济的数字技术的投入相对不足。此外，作为支持数字经济产业长远发展的新基础设施投资不足，严重制约着数字产业的健康发展。从经济双循环的角度看，这不利于国内、国际经济的双循环，因为保持经济的循环通畅、区域间经济协调与平衡是关键。而产业数字化是在原有产业布局基础上的再升级，并没有通过数字化的进程来改变不合理的经济区域布局。

表2 部分金融科技巨头城市分布及估值 单位：亿美元

公司名称	城市	创建时间	估值
蚂蚁金服	杭州	2014-10	1500
字节跳动	北京	2012-7	1000
滴滴出行	北京	2012-7	516
陆金所	上海	2011-9	380
菜鸟网络	杭州	2013-5	298
快手	北京	2011-3	286
京东金融/京东数科	北京	2013-7	205
微众银行	深圳	2014-10	161

资料来源：作者整理。

3. "两化"企业主体生态呈相反趋势

从事数字技术的企业主要包括两大类：第一类基本上是创新型小微企业，自主发起偏多，数字发展主体散而小。2021年1月3日，通过企查查软件发现，名称中包括"金融科技"字眼的企业数量达到139041家，其中注册资本在5000万元以上的有15468家，注册资本在1000万元到5000万元的有30636家，而注册资本在1000万元以下的有92937家。这类企业的特点是资本金规模很小，大中型规模的数字型企业更少。第二类是原来已有自己的产业，但是由于数字化程度较高，同时数字化转型的要求十分迫切，往往对外宣称为数字化企业或者成立数字化公司。这类企业以金融类企业较为典型。总体上来说，前类企业规模小，地点布局分散，资本积聚能力很弱，金融机构支持不足，投资基金等社会融资渠道更是很少关注，重点或重大项目相对于其他产业要少得多。这与构建经济发展新格局中以新兴技术的创新发展、快速发展来驱动全社会经济发展的总体思路相比显得力度不够。产业数字化群体却相反，越大的企业数字化程度相对越高，转型速度越快。

4. 对数字产业发展的初心坚守不足

数字技术产业本来是一种纯技术行业，是直接产生或推动社会生产力发展的手段，然而，一些数字技术企业在发展过程中也出现了严重偏离技术的初心，将"技术+"变成了运用技术控制被加行业，甚至将被加行业作为其主要的盈利来源，比较典型的是金融科技，一些金融科技企业不是将落脚点放在科技投入与创新上，而是将重点放在金融上，变成了科技金融化，金融科技与产业经济严重脱节，脱离技术的本源和初心。特别是金融科技本来是解决普惠金融发展问题最有效的手段，但实践中有些金融科技企业将技术手段变成收割底层人群的屠刀，与小民争利，一些大型金融科技60%以上的利润来源于放贷所得，互联网资本利用垄断地位纷纷进军社区团购，与小商贩争利，其原先的普惠性与互联网共享思维荡然无存，与新时代经济发展新理念中的共享理念格格不入。这显然与构建经济发展新格局、支持产业经济发展的导向有较大偏离。

5. "两化"发展的体制与机制不完善

有些地方虽然成立了大数据管理局，但大多数地区没有专业的大数据或其他数字技术的管理机构，即使有了大数据管理局，但区块链、人工智能等新技术的行业管理仍从属于或分散在信息等有关管理部门当中，有些管理方面属于真空，体制与机制还不完善。同时，对数字技术的发展在引导、引领方面存在明显的不足，一些政策边界不清晰，以至于少数数字龙头企业出现垄断现象，严重侵犯消费者权益。此外，对数字技术产业的监管还较为落后。因为数字产业的高技术性，行业管理往往也要求较高，跟在产业后面的监管往往是一种被动的管理，付出的社会成本往往会较大，数字技术的突飞猛进、快速裂变不会给管理太多试错纠错的机会，从而造成社会资源的极大浪费。这与构建经济发展新格局中主张发挥市场经济体制机制的作用、鼓励公平竞争等要求显然有较大差距。

(二) 数字产业化与产业数字化协同发展对策

1. 做好"两化"战略规划的顶层设计

首先，要明确发展导向。经济发展新格局下的数字产业须有统筹经济、产业与科技融合发展的规划，保持战略方向上的一致性与科学性。其次，要抓住构建新格局中的主要矛盾及战略重点，将有限的技术资源放在最迫切的领域、产业。最后，同时用好政府有形的手与市场无形的手对数字产业的调节与控制，防止技术金融化、技术脱实向虚，发挥数字技术产业为实体经济发展、为产业发展、为普惠大众服务的正能量。要做到这些需要继续深化供给侧结构性改革并做好需求侧管理。构建数字产业和国民经济产业发展的中长期发展规划，不仅是我国实现第二个百年目标的重要内容，也是数字产业健康发展的前提条件。当前，国家有关部门或部分地区先后出台区域性金融科技或数字经济发展的规划，但有些规划与经济发展规划的融合度不高，局部性概念规划意识较强，同时，全国不仅实体经济区域间布局十分不平衡，新型的数字产业在布局上也十分不协调，经济欠发达地区的数字经济产业和企业还处于起步阶段，有些还是零起步。因此，当前必须站在两个一百年历史交汇点上，立足于我国社会经济全面发展的目标来对我国的数字产业规划进行顶层设计。一是要按照经济发展新格局的要求，制定全国性数字产业发展规划，而且这个产业经济发展的规划还要立足于全球数字经济产业融合发展的长远目标来思考，充分考虑数字经济发展对实体经济区域协调的积极作用，以此来统领全国的数字经济的发展及规划的制定；数字产业发展规划要服从并服务于整个行业发展规划。二是要制定数字产业子行业发展规划、导向与目录，为全国的各个时期、各个子行业发展数字产业的重点、产品指明具体的方向，要与产业数字化的子规划协调、衔接。三是各地区也要制定出本区域总体、本区域各行业的数字发展规划，要按照全国的数字产业规划总要求，进行区域和区域子行业规划目标的细化。四是数字经济行业的企业及非数字经济的行业与企业要制定相应细化的数字产品供需发展规划，按照既定的目标，依照市场规律，进行正确的市场定位，用规划引领行业的发展。当前，各层级、各方面的数字产业规划要充分体现促进消费、扩大内需的国内、国际经济双循环的要求，重点支持区域经济的循环，重点支持头部企业的发展，重点促进全球产业链、供应链的健康成长。

2. 从多个维度增加"两化"的黏合度

加快数字技术与各行业的叠加。加快传统行业的数字化进程。数字产业化就是要打造数字产业特殊性质的产品、新型的组织形式、具有市场力的品牌，而实体经济数字化就是要将数字技术完全运用于实体经济的全过程，用数字技术优化产业经济的流程，降低其管理成本，控制其经营风险，要通过平台化、智慧化、线上化的媒介，构建两者的高度融合、共促机制。一是要紧紧围绕经济发展新格局，大力发展平台经济，通过产业经济平台化，打通国内外经济在时空方面的限制，实现在虚拟空间中的更多交易并提高交易的成功率，要将数字技术广泛应用到平台经济当中，应用到产业经济发展当中，将数字技术转化为实体经济发展的生产能力，提升产业经济发展的质效。二是要大力提升实体经济智慧化的程度，大力发展工业互联网，推动其技术不断升级，要通过智慧化程度的提升不断提高产业经济的生产效率。三是要加强数字经济与实体经济的全覆盖性融合。数字产业化与产业数字化均有一个较长时间的进化过程，数字产业必须全覆盖实体经济，与产业经济完全一体化，要更加强调融合的系统性，在支持经济双循环发展新格局中，要特别注重将新一代信息技术更广泛应用于消费、流通、交易、分配以及贸易各个环节。要为产业经济中各企业捕捉市场信息、增强竞争能力提供技术支撑，以技术的运用全面推进社会成本降低、产品创新升级、智能化与智慧化水平提高，实现管理转型升级，充分发挥数字技术重点引领与全面影响的功能，以数字经济产业的发展带动产业经济的发展。

3. 深化体制改革，构建"两化"发展的体制与机制

体制与机制决定"两化"的发展方向、重点，从而影响实体经济的发展速度、流量与流向，因此，发挥数字产业对经济发展新格局的正能量，从根本上讲就是要建立系统的能够促进实体经济发展的数字产业的体制与机制。经济发展新格局需要数字经济可持续并健康发展，因为经济发展新格局中一个很重要的特点就是保持经济的稳定增长，增强经济发展韧性，而数字产业的稳定增长十分重要，需要有相应的体制与机制保障，需要有相应的市场机制进行调节，不断推进数字产业的市场化程度。因此，一是要坚持数字产业的对外开放和技术的引领作用。数据资产作为最新的一种生产资料，必须要被放在全球市场中进行流动，数字技术是没有国界的。因此，必须构建全方位的对外开放政策，既要站在全球的视角来给我国的数字经济发展定位，也要立足于加强对外数字技术的交流，实现中国的数字经济产业与世界的数字经济产业进行互补，构建全方位的数字经济产业开放型的发展体制。二是要构建超部门、跨部门的数字产业的有形管理机构。从狭义角度讲，数字产业是指从事数字经济技术活动的企业；从广义角度讲，数字产业却不属于任何一个部门，或者说任何一个部门不能包容下数字产业外延的全部，数字经济产业的触角渗透到社会经济循环发展全流程、全过程、全部门。因此，国家及各地方必须构建一个超级部门或机构来加强对数字产业的引领与管理。最基本、最简单的办法就是要在现行直接管理数字产业的部门如科技部门或信息部门的基础上，成立区域或国家数字经济产业领导管理小组，全面统筹一定区域内的数字产业发展的全局。三是要充分发挥数字技术各行业组织的作用。数字技术各个子产业均有各种不同形式的行业组织，这些组织不仅仅是一种技术上的交流平台，更多是一种业务上的合作媒介，形成了一定区域的内循环甚至是外循环，这类组织更加体现了市场经济机制的作用，有利于企业按照市场规律进行合作和融合。因此，要切实加强数字产业各子行业组织的作用，发挥其信息传播、行业自律等作用，通过构建对整个行业组织的有效管理，构建全封闭的针对数字产业相关企业的管理体制与机制。

4. 抓住"两化"发展的重点与主要矛盾的解决

发挥数字经济在构建经济发展新格局中的作用，做大做强做优数字产业是基础与前提。数字经济是一种全新的经济，数字技术更是一种全新的技术创新，其发展与运用没有现成的模式可供借鉴，只能在实践中探索。综合现有的发展经验与数字经济产业的特点，加快数字经济产业的科学发展必须抓住重点区域和重点领域。一是要加强数字经济产业园区、数据产业集聚区建设。企业是数字技术创新的主体与原发动力，而大量的中小型科技企业更是创新的主力军与先锋队，激活数字经济创新动能既要依赖国家队，更要依靠各个地方的地方军。因此，各个地区都应当结合本地的资源禀赋，积极打造数字经济产业园区、数据产业集聚区，要积极做好规划，明确园区的市场定位与发展优势，提出园区的攻关目标与应用目的地，通过园区、集聚区的建设，将中小型数字经济产业的优势充分发挥起来，要将数字经济产业园区的建设与工业园区等建设结合起来，加强相融性，从而推动经济双循环源头质量的提升。二是积极打造数字科技中心，提升其集聚与辐射能力。经过十多年的发展，我国的金融科技发展初步形成了以杭州、深圳、上海、北京、南京等一批城市为中心的数字经济发展中心，其中心特点是金融科技企业相对集中、数量较多且具有相当的规模，数字产业自成体系，形成上下游的产业链，中心的研发能力相对强大，具有对周边地区的集聚与辐射能力。传统的行业数字化进展快、程度高，未来保持数字经济产业的发展，必须对金融科技产业中心进行全国统筹规划，对各个中心进行全球、全国及区域中心的定位，保持其各自的特色与优势，形成中心、次中心的互补优势。三是推进政产学研用一体化，综合发挥社会合力。数字经济发达的程度取决于数字技术创新的力度和数字技术的先进程度，数字经济发展不取决于技术人员的多少，而是取决于高精尖人才的多少，取决于其技术领先性在国际上是否最具竞争能力。因此，国家要举全国之力，集政产学研用为一体，加大数字经济产业的研发力度，要突破制约数字产业全球性的难题，要加大知识产权的保护，使中国数字产业的研发能力处于世界顶尖水平。四是加大数字产业的基础设施建设。数字产业的公共基础设施是数字产业发展的高速公路，因此，国家要安排适当的财力，积极引导社会资金参与"新基建"，加大"新基建"建设的资产筹集力度，发布投资"新基建"的优惠政策，在做好"新基建"长远规划的基础上，做好近期的投资策略，要立足于全球产业经济一体化的高度设计中国数字经济"新基建"的中长期战略目标。五是经济发展新格局需要数字产业突破一大批新技术瓶颈，要通过技术的创新突破，由技术的被动造成经济交易的被动转化为由技术的主导形成经济往来的主导，为经济发展新格局提供相应的先进的技术保障，使我国的经济在世界经济发展中处于更主动的地位，增强全球的市场核心竞争能力。

5. 探寻构建新格局目标与"两化"目标的共同点

唱响经济双循环的主旋律。物流、商业信用、供应链金融可以说是经济发展双循环新格局中的重要三大支柱。发挥"两化"在经济双循环中的能动作用，必须充分发挥数字技术的优势，创新经济发展的模式，促进社会价值链、供应链、产业链的流畅与循环上的加速度。首先要充分运用数字技术大力发展供应链金融业务。在经济发展新格局下，保持供应链、价值链、产业链的生产、流通、交换、消费的畅通最为关键，而能接链、维护链接的重要润滑剂、黏合剂却是供应链金融，因此，数字技术要充分发挥金融机构在发展供应链金融过程中的风险识别、风险控制的作用，降低供应链金融风险，从而调动金融机构大力发展供应链金融的积极性。其次要充分运用数字技术大力发展商业信用。在社会信用诚信度较低的背景下，企业相互间的商业信用持续走低，越来越成为交易成功率的重大障碍。而通过数字技术的发展一方面可以提高企业对交易对手的识别能力，另一方面也可以通过数字技术对交易中的风险进行有效的控制与管理，如区块链技术不仅有助于达成共识机制，而且可以进行溯源，不可篡改信息，还可以通过智能合约，按照事先设置的规则，由系统强制执行合约，从而保证了商业信用的践信。最后要运用数字技术大力发展物流产业。在经济双循环背景下，数字产业可以解决物流产业中的信息不对称、信息不实时等难题，特别是大数据的应用，可以突破时间与空间的限制，将国内外市场中的供需信息在虚拟空间中实现面对面的对接，还执行 7×24 的工作时间模式，减少了物流中的信息失真等问题，而且大数据等数字技术还可以实时监督物流的运行状态，便于物流企业进行科学决策。只有这样，数字产业的发展与经济双循环新格局的构建才能相互融合。

6. 保持"两化"过程中健康的发展导向

数字技术的发展需要大量的投入，要保持数字产业与传统产业的协调发展，不断优化数字产业的结构，从而推动传统产业的发展与结构的优化。保持"两化"过程中健康的发展导向，第一，要求所有企业特别是数字企业坚守技术的初心，积极支持实体经济发展，坚持普惠理念，充分发挥技术的正能量，牢牢掌握数字经济技术运行的正确方向，特别是已经做强做大的数字企业，要保证资本的有序流动，积极加大对国家和国民经济发展的最迫切需要的技术的研发，反对垄断行为，反对与底层百姓争利，积极维护社会的稳定，保证企业的发展与解决社会基本矛盾的方向一致。第二，国家要做强一些大中型的数字化企业。除极少数大型的数字企业外，95%以上的数字企业仍属于初创型的小微企业，不仅规模小、资金少，技术人员也很分散，难以攻克技术大关，挑起技术重担。因此，国家要有计划地推动数字产业中的中小微企业联合、重组，加大对一些重点项目的投入，扶持一批核心企业，特别是一批中型企业，保持数字经济产业的微观主体的健康成长。第三，要大力提升全社会的数字化水平。数字化产业的发展要有相应的数字化环境，也就是全社会的数字化水平要高。因此，国家要加大数字化基础设施的建设，积极鼓励和推进企业的数字化转型，既要对数字产业的发展提出明确的发展方向，也要为数字产业的产品应用提供相应的市场场景。第四，要充分发挥市场对数字经济产业的调节作用，发挥市场的基础性、决定性影响，要运用市场化的手段来推动数字经济产业的发展，通过大力发展科技金融，积极运用有限的财政资源、价格杠杆、税收手段等多渠道支持数字经济产业发展，这样才能形成推动数字经济发展的爆发力和持续推动力，构建数字经济发展强大的韧性与韧劲。第五，要坚持产业技术化，坚守技术的发展本源，坚持以技术手段作为企业的盈利手段。对于科技金融化的企业要坚决去金融化，使其回归技术的本源。只有这样，数字技术才能健康，也才能行稳致远。

四、结语

经济发展新格局是新时代党中央作出的重要战略决策部署，决定并影响着我国经济发展各方面的方针、政策。数字经济是我国经济发展中特殊的发展形式，数字化将是我国经济转型升级的主要方向，数字产业作为新型的产业，一方面对国民经济的发展作出巨大直接贡献，另一方面将推动数字化目标的实现和数字经济的加速前行，切实解决好数字经济产业发展中存在的问题，构建"两化"发展的体制与机制，加快数字产业的健康快速发展，对于构建经济发展新格局有十分重要的现实意义和深远的历史意义。

积极探寻金融科技嵌入商业
银行高质量发展路径

一、引言

步入新发展阶段，坚持新发展理念，构建经济发展新格局是党中央高瞻远瞩，站在两个一百年历史交汇点上提出来的战略部署。构建经济发展新格局就是要加快国内经济大循环，实现国内国际经济双循环，保持经济活动的价值链、产业链、供应链畅通，生产、流通、交换、消费循环往复。所有这些构建经济发展新格局的目标与行为必须要有大量的微观主体来落实与完成，商业银行则是构建经济发展新格局中不可或缺的重要角色。

商业银行是我国金融体系中的主体部分，其资产规模占全社会金融资产规模的70%以上，商业银行还构成我国经济发展中最重要的间接融资渠道，其发展质量直接影响着社会经济生活的方方面面，更是构建经济发展新格局最主要的承担主体，不仅商业银行本身要实现可持续发展、高质量发展，更主要的是要通过自身质量的提高，运用其金融杠杆促进经济双循环目标的实现。

影响商业银行发展质量的因素很多，经济发展质量、客户结构等都能影响到商业银行的发展。然而，在商业银行由高速增长向高质量发展过程中，金融科技创新应用的作用始终比较特别。金融科技作为多种最新技术的集成名词，对商业银行的经营模式、风险控制、客户营销、产品设计、成本约束、管理流程等都会产生彻底的全面性的影响。然而，构建经济发展新格局、实现商业银行高质量发展都处于一个探索过程中，金融科技创新应用也存在一定的风险因素。因此，在构建经济发展新格局背景下，深入探讨金融科技创新在商业银行高质量发展中的融合使用，对于充分提升商业银行的发展能力，发挥商业银行在构建经济发展新格局中的作用具有十分重要的意义。

二、文献综述

（一）商业银行的高速增长与高质量发展研究

陆岷峰（2021）认为，新中国成立七十多年来，特别是改革开放以来，我国的商业银行事业不断走快变大。伴随着我国经济的高速增长，商业银行也已经完成了快速发展的历史使命，其资产规模、利润总额对国民经济的贡献十分巨大，不仅完成了发展的原始积累，而且其巨额的资本金、丰富发达的机构网络体系、已具规模的人才队伍等为自身的高质量发展打下了坚实的基础。过去商业银行的高速发展是由当时我国的经济场景决定的，一方面，经济高速增长的成果反映在商业银行上就是金融业务的快速增长，另一方面，经济的快速增长也对商业银行的发展速度带来强烈的拉动效应，商业银行不快速增长就无法适应经济发展的需要。如今整个社会经济进入新的历史阶段，要坚守新理念，构建新格局，持续转变经济发展方式，与经济密不可分的商业银行当然也面临着彻底的转型升级问题。周军煜（2021）认为，高质量将成为商业银行未来发展中的主要命题。我国的商业银行总资产规模已超 300 万亿元，但是，从相对指标来看，近年来不良率持续上升，高风险法人机构出现概率增多，潜在的系统性、区域性金融风险仍然存在，大而不强的迹象十分明显，商业银行要做到既大又强就必须通过高质量的发展来实现，一方面，新增业务必须是高质量标准，另一方面，要按照高质量标准要求，对存量业务进行转型。当前，全面推进商业银行的数字化转型是实现高质量发展的重要手段之一。徐阳洋（2021）认为，商业银行的高质量主要是指发展的质量，由多个指标构成，诸如资产质量、客户质量、人才质量等，是一个综合性的指标。高速增长与高质量发展并不是对立的，而是要力求双赢，不能为高质量发展而放弃速度的增长，也绝对不能为了追求速度而放弃高质量发展，必须保持商业银行的发展质量与社会经济质量高度一致，有商业银行高质量的发展才有社会经济高质量的发展。王婷婷（2021）认为，没有一定的速度也就没有一定的质量，因为规模、速度也是发展质量的一个重要指标，高质量发展不是讲停顿下来提高质量，不是冷冻式的高质量，而是要保持一定速度的高质量，如果既有速度又有质量当然是最好的发展状态。

（二）金融科技在商业银行创新发展中应用的研究

高伦（2021）认为，金融科技的运用极大提高了商业银行的运行效率，特别是由手工记账转向计算机运行，实现了各机构间联网，商业银行之间的汇兑等业务实现了超常规发展，激发了商业银行潜在的金融生产力，科技渗透到商业银行各个业务单元和流程环节，也极大地方便了客户，"无科技不银行"已经成为现实。徐阳洋（2021）认为，金融科技改变了商业银行的经营管理思维，特别是互联网在商业银行中的应用，实现了银行机构间、网点间的互联互通，全行实现了账务集中统一管理，全行一本账，为构建集中统一管理提供了强大的技术支撑，由此衍生出的管理思路也发生了根本性的变化，诸如远程授权、内控等都成为现代商业银行管理的最新范式。周军煜（2021）认为，目前金融科技在商业银行的业务增长中的作用越来越大，其历史地位越来越高，特别表现为在客户的选择与巩固上突破了传统的做法及思维，比如通过对客户的精准画像，使目标客户应收尽收，甚至足不出户就能够完成对客户的尽调、评价，通过平台化、线上化，打破了时间与空间的限制，与客户实现无障碍沟通，成为商业银行快速成长、做大做强以及扩大市场份额的竞争利器。徐阳洋（2021）认为，金融科技已经成为各家商业银行竞争的最主要的工具之一，在金融产品同质化日趋严重的背景下，商业银行之间的竞争已经从过去的拼机构数量、拼人员多少转化为拼金融科技应用的水平及深度，从"科技兴行"的口号提出到"科技立行"的行为实践，无一不是着力于核心竞争能力的提升。可以说，金融科技的运用将成为当代的商业银行立足市场或退出市场的新的缘由之一。

（三）金融科技创新在商业银行应用中存在的问题研究

曹梦石（2021）认为，金融科技的立足点仍然是技术，但技术的应用具有两面性，应用好可能成为促进商业银行高质量发展的工具，但应用不好则可能成为商业银行低质量发展的帮凶。因为金融科技在应用过程中必须要有相应的场景，如人才、设备等，同时，科技创新、科技应用本身就存在风险。因此，应用金融科技必须做好负面效应的防范工作。陆岷峰（2021）认为，目前金融科技被一些不法机构或人员所利用，有些甚至成了伪创新的工具。一些金融科技企业金融化程度很高，其盈利模式不是靠科技挣钱而是靠金融得利。有些金融机构运用金融科技进行层层嵌套，回避监管，资金进行空转或套利，加大了企业获得资金的成本。有些机构的金融产品披上科技的外衣，随意提高产品定价或增收费用项目，加重了客户的负担。还有些法人机构，利用与互联网平台合作，非法委托售卖存款产品，严重违反《储蓄管理条例》关于设立代办机构的规定，扰乱存款市场。周军煜（2021）认为，金融科技在商业银行间发挥的作用不同。大多数银行还处于将金融科技用于业务的核算与维护阶段，还没有成为管理手段、工具，更没有成为商业银行的基因。金融科技水平应用相对较高的一是特大行，二是新型的民营银行，前者资源丰富，后者起点较高，同时，商业银行间对金融科技的运用还处于一种相对封闭的状态，行际之间对金融科技的成果没有形成共享机制，而成为一种封杀竞争对手的手段，与科技的无社会性的本源、初心相冲突。汪祖刚（2021）认为，行际之间应用差别较大，影响了整个金融行业的应用水平，中小商业银行的金融科技应用被边缘化，由于投入、人才的限制，有些银行仍处于金融科技发展的初期水平，科技兴行口号可能成为科技灭行的行为，加剧了行际之间发展的差距，资源进一步向头部银行集中，中小商业银行的竞争能力相对在下降。影响了其普惠金融及服务实体经济的能力。

综上所述，现有的研究成果对金融科技推动商业银行可持续发展的积极意义已经达成普遍共识，但对金融科技的应用的研究成果仍然更多的是基于商业银行高速增长的角度，没有深入研究商业银行已经步入高质量发展新阶段的现实，对及时调整金融科技的应用方式与路径也缺乏深度的挖掘。自2020年以来，我国经济发展又面临了一系列新情况、新问题，经济发展已由经济新常态转化到构建经济发展新格局，及时对商业银行的经营战略进行调整也显得十分必要，而相应的金融科技应用也必须作出战略上的调整。基于此，本文的创新在于根据商业银行发展的不同历史阶段，即由高速增长转化为高质量发展，商业银行各个业务单元面临不同的任务与模式创新要求，在构建经济发展新格局的战略背景下，金融科技的作用也发生了根本性变化，在运用目标上也由助力商业银行的高速增长转化为助力高质量的发展，在金融科技的运用及设计思路上也必须作出重大的调整，金融科技在各个业务单元的具体运用导向，必须与商业银行的转型和高质量的发展相向而行，科技手段必须创新应用并内嵌于商业银行各种业务流程与环节之中。

三、商业银行高质量发展与金融科技创新应用

（一）商业银行高质量发展与金融科技创新应用的内在逻辑

1. 商业银行高质量发展是金融科技持续创新发展的基础

金融科技的立足点是技术，金融是科技应用的载体与目标。技术在不

同的场景下发挥的功能与作用是有差异性的，但技术一定是为目标服务的。随着经济转型的目标确立，我国的商业银行的发展已由过去的高速增长转向高质量发展的新阶段，作为为商业银行服务的金融科技也必须适应商业银行这一转型目标要求，调整其发展重点、作用方式。高质量发展既是商业银行的经营目标，也是新时代金融科技在商业银行应用的使命。从矛盾主次关系分析，商业银行处于矛盾的主要方面，金融科技则是次要方面，前者决定后者，后者完全为前者服务，商业银行只有高质量发展了，金融科技的创新应用也才能持续，才能有更大的发挥作用的空间。

2. 金融科技充分运用是商业银行高质量的保障

金融科技已经由过去商业银行高速发展的助力工具，转化为商业银行高质量发展的高级管理者身份。其中，人工智能等共同参与了商业银行的智慧化的进程，可以说，没有金融科技的综合应用就不会有商业银行高质量发展的今天与明天。商业银行的高质量是一个综合性指标，从现代管理来讲，传统的凭经验决策属于不对称的信息基础决策，难以作出高质量的决策，也不会取得高质量的发展成果。金融科技依托大数据、区块链、人工智能等最新一代信息工具，将实现信息对称、决策客观、适时监控、智能运用，而这些运用的结果将大幅度提升商业银行的管理质量。可以说，今天的金融科技的应用就是明天的商业银行的高质量发展。

3. 商业银行高质量发展与金融科技创新的良性互动

如果进行技术的抽象概括，商业银行的发展历史就是金融科技发展的历史，金融科技的每次飞跃都带来了商业银行经营管理的变革；而商业银行每次进行大变革，也对金融科技提出了新的需求，持续推动着金融科技的不断创新和进化。从经济学的角度来讲，商业银行只有高质量发展了，才能持续经营，也才能有更多的资源用于金融科技投资，金融科技才能应用得更加充分，而从技术的角度来讲，金融科技只有不断创新、广泛运用，才能大幅度提升商业银行的核心竞争能力，也才能有更牢固的发展基础。因此，高质量发展与金融科技的应用必须保持一种良性循环互动的生态，两者互相融合，共同促进，互把对方作为自己的使命与目标，在支持对方的过程中各自得到快速发展。

4. 商业银行高质量发展、金融科技的创新应用是构建经济发展新格局战略的具体化

构建经济发展新格局是当前我国经济发展的主要方向与目标，经济发展新格局的核心内容是要实现国内经济大循环、国内国际经济双循环的目标，而经济循环必须保持经济的高质量发展，在坚持改革开放的大背景下，更要发挥技术的引领作用，而商业银行的高质量发展一方面体现在金融领域主体力量的高质量上，另一方面也是驱动经济高质量发展的前提条件，一个低质量发展的商业银行不可能创造出一个经济高质量的社会，同时，金融科技作为技术的一个特殊子行业，除了服务于金融业的高质量发展外，对社会其他行业的发展同样起到推动作用。充分发挥金融科技在商业银行高质量发展中的作用，实质上不仅是商业银行转型升级的需要，更是构建经济发展新格局的重要一环。

（二）商业银行高质量发展与金融科技创新运用的着力点

商业银行经过改革开放四十多年来的发展，已经成功地完成了从高速度增长迈向高质量发展的新阶段，金融科技一直伴随着商业银行的发展而成长，由于商业银行的高速增长与高质量发展在发展方式、经营模式上都有不同的要求，因此，金融科技的作用方式也发生了根本性的变化，由过去的高速增长的助推器转化为高质量发展的新阀门。当前，商业银行高质量发展与金融科技创新应用的着力点实际上重点要解决以下问题：一是金融科技如何助力商业银行高质量发展；二是商业银行如何借助金融科技提升各项工作的质量；三是商业银行高质量发展如何与金融科技创新应用协调发展。这三点综合起来体现在商业银行的各项业务和管理单元的金融科技具体应用方法与措施上。

1. 资产业务高质量与金融科技的运用

商业银行的资产业务范围较广，当前，信贷资产仍占其总资产的 95%以上。因此，信贷资产的高质量是关键。商业银行信贷资产的高质量是指在保持信贷款规模适当增长的背景下，资产的不良率较低、资产的结构合理与协调、资产的客户优质高档、资产的产品期限配置适当等。而从构建经济发展新格局的视角看，要保持经济发展新格局中的双循环目标实现，就必须保持社会资金的正常运转和良性循环。如果商业银行出现大量的不良资产，必然会影响商业银行支持经济发展和循环的能力。同时，呆坏账的大幅度增加实质上是社会资金在循环周转过程中出现资金流出循环通道而影响经济大循环的资金力量，不良资产实质上是社会循环资金流出健康发展通道的一种现象。

（1）着力资产质量不断走高，守住风险关口。一是充分运用金融科技在信贷资产投放时的风险评估，要打通商业银行的数据信息系统与社会上第三方机构数据以及政府公共数据资源的通道，通过大数据应用，提升商业银行与客户间信息对称度，从而在发放贷款时能对服务的对象有精确的判断，避免审贷时依据不足和决策失误。二是充分运用金融科技持续进行多维度的信贷资金运动过程风险控制。金融科技在商业银行的风险管理中的应用维度很多，诸如区块链技术在票据交易中的风险控制，运用物联网技术在动产质押中的风险控制，运用大数据对贷款企业的各种预警信息的管理，将金融科技转化为商业银行资产的风险管理能力。三是充分运用金融科技加大不良资产的处置力度。对于已经形成的不良资产，可能通过互联网平台、大数据等信息，及时捕捉贷款人的可执行资产信息等，提升不良资产管理的效能，守住资产质量的关口。

（2）持续优化与协调资产结构，做好资源配置。资产高质量、不良资产少是底线要求，而高质量资产必须是结构合理并优化的资产配置，只有优化结构的资产才能实现效益最大化。一是充分应用科技优化金融资产结构的配置比例。人工智能会在最短的时间内提出最优的资产配置方案，特别对于规模较大的商业银行，结构优化带来的经济效益十分巨大，成为商业银行可持续发展的保证。二是适时根据市场情况，运用金融科技对金融资产进行自动化的优化。对于资产运用的优化必须是适时、快速的，因此，有些交易可以交由金融科技中的人工智能自动控制、完成。三是适时根据资产负债结构比例，运用金融科技做好期限、区域、客户等多方面的优化与配置。

（3）提升吸引优质客户磁性，瞄准优质客户。有优质的资产客户才会有优质的银行资产，因此，可以充分利用金融科技优势识别优质的资产客户。一是充分运用金融科技筛选目标客户。各行都有自己的市场定位与目标客户，而对于特定的标准的资产客户，商业银行完全可以借助于大数据将市场中的目标客户筛选出来，由过去的资产类客户找上门变成商业银行到市场上找客户，次序颠倒了一下，客户的质量发生了本质的变化。当前要运用金融科技不断创新营销手段。利用移动营销工具与客户微信互通，实现社交获客，也可利用抖音等头部流量平台实现网络直播，以此互动向银行引流优质资产客户。二是运用金融科技构建客户管理系统，对资产客户进行科学的分类管理。客户管理是提高资产质量的重要手段，客户管理不仅要对客户分类，还要对每个客户的特点、个性等进行全面的画像，客户任何信息的变动都要及时反映出来。这必须借助于大数据、人工智能等新技术，实行自动识别与管理。三是要运用金融科技构建资产客户的生态优化系统，要根据商业银行的经营管理目标，及时将优质的资产客户筛选出来，建立动态的优质客户资源，淘汰劣质的客户群体。

（4）配置适当资产的产品，实现利益最大化。一是充分利用金融科技对重点客户进行产品的配置，享受特殊的客户红利。二是增加金融科技方面的信息咨询，为客户提供多元化的附加值高的金融服务。三是优化业务流程，为客户提供线上化的金融服务，客户足不出户就可以完成资产业务的办理。

2. 存款业务高质量与金融科技的运用

商业银行存款是其负债的主要来源，存款业务的高质量主要体现在存款的持续稳定增长、存款的获得成本低，以及存款的结构合理、稳定。而从构建经济发展新格局的视角看，商业银行的存款来源充分、质量高，说明社会双循环中的资金供给数量充分，大量的闲散资金转化为投资、生产资金，为经济双循环提供源源不断的资金来源。

（1）稳定存款增速，为做强商业银行打下坚实基础。所有影响到客户存款意愿的因素都是金融科技发力的重点。一是运用金融科技选择优秀的存款客户群体。商业银行的存款主要分为对公和对私两部分，在对公存款中，除了政策性存款在指定的商业银行办理外，其他的都是市场化运作。因此，商业银行宜应用大数据等手段对服务区域内的存款资源进行分析，要按照好中选优的原则，将优质的存款资源吸引过来。二是运用金融科技做好长尾客户存款的维护工作，这是发展普惠金融的需要，而且长尾客户存款积少成多，也可以为商业银行提供稳定的资金来源。三是运用金融科技为存款人提供便利的存取款业务，要通过线上化、移动化，使所有的客户能便捷办理业务，减少跑腿排队，提升存款业务的良好体验。四是通过金融科技传播金融知识，提升客户的金融意识，远离非法金融，主动拥抱合法金融，增加存款人的综合金融回报率。五是加强金融科技风险管理，为存款人的存款创造最优的安全与保密环境。

（2）降低存款成本，为可持续发展拓展经济通道。一是运用金融科技确定银客双方合理的存款定价，既要稳定吸引客户，又要维护双方的利益。要大力吸收活期存款客户，其资金成本相对较低，如果达到相当的规模，其存款也是相对稳定的，而远程支付、线上结算等技术将是吸引这部分客户群体的重要手段。二是运用金融科技测算投资人的风险承担能力，为其宣导适当的高收益与风险的产品，切实维护存款人的权益。三是运用金融科技大力发展个人业务，为零售业务的持续增长提供技术支撑。

（3）优化存款结构，为业务结构优化夯实发展根基。一是利用金融科技的便捷服务吸引非贷存款户。这类客户不仅不占用商业银行的信贷资源，反而为商业银行提供经营资金的来源，因此，吸引这部分客户的主要手段就是优质的服务，而商业银行的优质服务与金融科技运用分不开，越来越多的商业银行提升店堂的智能化程度，注重客户的体验感，从而吸引并稳定这一部分客户群体。二是利用金融科技吸收长尾客户资金。虽然小而散客户的单个存款量不大，但累加的长尾客户资金却是巨额的，长尾客户依靠传统的自然人手工金融服务是无法实现的，只有依托金融科技的手段，才能满足其服务的需要。三是利用金融科技做好储蓄存款业务。这类业务较为稳定，因此，要加快推进店堂智能化，提升办事效率，增加自助设备，改进客户的体验，大力发展开放银行，让客户可随时购买或投资金融产品。要大力实现线上办理业务，远程操作，与银行实现零接触，同时要积极引入数字机器人，提高商业银行的业务承办效率，让客户从排队中解放出来。

（4）锁定优质存款客户，为可持续发展设立美好愿景。金融科技已经深度嵌入商业银行的获客、营销、客户管理、风控建模以及贷款生命周期管理等各个业务环节，发挥降本增效的功能。一是运用金融科技为客户提供定制化的存款产品，通过高科技产品的设计，为客户提供更多个性化、亲情化的金融服务。二是要运用金融科技为存款客户提供金融信息，特别是投资信息，为客户投资多元化提供便利。三是运用金融科技做好客户结构的分析、维护。要运用金融科技中的大数据技术加强对所有存量的、增量的客户行为跟踪，为经营管理者提供实时的存款客户情况的分析信息，对于存款客户在本行的资金运行轨迹等设置预警或提示指标，能及时提醒管理者对重点客户进行重点关注、攻关、营销，对于触动提示指标的客户要分析其原因，据此进行市场反应，采取相应对策。

3. 中间业务高质量与金融科技的运用

中间业务是商业银行的重要业务收入来源，更是一种绿色的业务收入，是一种低耗资本的业务品种。中间业务的高质量主要是保持中间业务规模不断做大，收入来源保持稳定，中间业务收入的客户丰富多元，中间业务品种能满足客户的需求。从构建经济发展新格局的视角看，商业银行的结算业务是社会双循环资金流动的通道，中间业务收入越多，说明循环越畅通，质量越高。而且商业银行大力发展不占用资本的中间业务，可以降低融资成本，提升直接融资的比重。

（1）做大中间业务规模，做实发展的基础。一是充分运用金融科技进行产品的创新。二是充分运用金融科技巩固既定的客户，重点服务好结算客户。三是充分运用金融科技提高经营效率，相对做大规模。四是针对不同的业务品种，提升服务质量。交易银行是金融科技嵌入商业银行最深的场景。交易银行是为企业客户在采购销售过程中提供收付款服务和在贸易过程中提供融资服务，更侧重资金流动，支撑交易银行业务的通常为现金管理。商业银行可以借力大数据、区块链等金融科技，对资产进行穿透式识别，对现行的业务模式进行智能升级，推动区块链等创新性技术的场景化应用，可使用区块链技术进行跨境人民币汇款。这些有利于高效地沉淀存款、提高客户黏性、提高中间业务收入占比。特别是交易银行的线上化、平台化和生态化趋势，更离不开金融科技。信息化程度提高可以增强机构之间的数据流动和系统互联互通。企业精细化、智能化、集约化的管理需求，又会倒逼银行提供更加智能的产品和服务，从而有利于进一步做大中间业务收入的规模。

（2）保持收入来源稳定，分散收入集中风险。一是要充分运用金融科技分析客户的结构，要保持中间业务收入来源的多样化，拓展客户资源，开展包括但不限于基金托管、资金交易、结算服务等，而通过金融科技运用水平的提升，不断增加客户的流量。二是要实现收入、产品、客户的多元化，应用金融科技手段，适当分散集中型风险。三是稳定优质客户。对于优质的中间业务客户要通过技术手段将银客关系进行固化、锁定，保持客户的稳定性。

（3）丰富中间业务客户，持续提升市场份额。一是要运用金融科技拓展客户。结算业务仍是各商业银行的主要中间业务收入来源，而结算业务的多少取决于客户的多少。二是运用金融科技做大规模，能够相对稳定，要通过金融科技的综合运用，为客户提供更多附加值的金融服务。我国的高净值客户的数量不断增加，理财走进各个家庭，理财产品和渠道更加丰富，客户面临的选择机会越来越多。这些均都得益于金融科技的不断成熟。金融科技的发展有利于打破单一的理财服务门槛和购买渠道。

（4）创新中间业务品种，持续提升客户的满意度。一是要运用金融科技创新产品，实现产品多样化、个性化。二是要运用金融科技提升产品的质量与安全性。三是要运用金融科技提升产品的附加值，提高综合收益率。四是商业银行通过将安全芯片等技术以及区块链、云计算等技术引入传统的支付产品体系中，运用金融科技提高支付清算效率，增强其安全性。同时，以移动互联网和智能终端为代表的金融科技还可以丰富支付服务的内涵，也在一定程度上消除了因为成本、文化水平、区域限制所造成的人际间的隔阂。

4. 管理工作高质量与金融科技的运用

商业银行的管理成本约占商业银行总成本的30%，而长期以来三级管理一级经营已经成为主流商业银行的基本管理体制模式，而管理中的低效性一直是各商业银行难以去除的积弊。提升管理工作的高质量，借助于金融科技的运用，将极大地降低管理成本，将管理效率转化为经营效益。而从构建经济发展新格局的视角看，商业银行的数字化对社会其他组织和机构有强大的示范和引领作用，其数字化程度也会推动相关联的机构改革，其经营管理模式可以复制，为构建经济发展新格局提供强大的体制与机制的支撑。

（1）借助金融科技，提升战略规划的科学性。一是运用金融科技做好战略规划的制定。随着商业银行的规模持续做大，发展战略在其发展中的意义进一步提升。而各行的发展战略有些是委托专业咨询公司完成的，有些是自己完成的，无论哪种方式，充分利用金融科技掌握国际国内经济形势的信息、金融行业的发展状况，以及本行所处环境及优劣势才是根本，通过金融科技可以获得商业银行制定科学的战略规划的第一手资料，从而也为商业银行的高质量发展确定科学的目标并选择正确的路径。二是做好各项业务预测。商业银行的战略规划确定的是未来一段时间内的发展目标与方向，但是，要确定阶段性特别是短期的发展目标，必须依赖金融科技对市场作出的精准判断，因此，要充分利用大数据、人工智能对商业银行短期的发展作出的预测，将其作为科学研判的基础，以便于作出科学的对策。三是充分利用金融科技对市场信息的及时、灵敏的反应，提升商业银行各项决策的科学性，也要依据金融科技所提供的信息，掌握好目标客户的心理与爱好，从而提升营销工作的效能。

（2）运用金融科技，提升执行能力的现代化。一是要运用金融科技提高审批能力，增强客观化，避免主观化。商业银行的业务开展通常仍然实行审批制，但从实际情况来看，很多决策是依赖决策者的经验和有限的信息，主观性较强。充分利用金融科技在决策中的作用，主要是决策者依据海量的数据信息，通过智能化的演算，从而得出科学的决策。而且机器决策不受情感的影响，因此，决策又增加了很强的客观性。二是提高审批效能，提高执行的高效性。三是提升公司治理水平。通过公司治理技术平台的建设，让公司党委及"三会一层"的决策者用同一个信息源，并引导选用同一种决策方法，从而提升决策的效率及结果的一致性。四是减少信息传导环节。通过金融科技手段的应用，总部的信息可以直达商业银行的前台终端，保证最高决策层的信息传输不走样。五是加强敏捷组织建设。运用金融科技能够推动商业银行体制的改革，围绕前台业务需求，改革中后台的管理，及时响应前台的业务需求，提升组织体系对业务需求的响应能力。

（3）着力金融科技，强化监督体系的封闭性。一是强化科技监控的应用。商业银行的内部控制一直是以人和制度进行管理，从实际效果来看，各种违规问题和案件仍是层出不穷，而机器控制和技术控制则是近年来商业银行进行内部管理与控制的有益探索。金融科技可以运用大数据对所辖机构及管理人员的行为轨迹、关联经济活动进行全面的画像，一旦出现异常情况，可以通过技术指标的设计进行制止，还可以及时提醒管控人员对重点对象进行管控。比如商业银行的授权引入有权人的生物信息，对于越权行为就实现了有效的控制。因此，充分运用金融科技构建监控系统是一个十分有效的手段。二是加强智能化的分析。随着商业银行经营规模越来越大，业务越来越复杂，仅依靠自然人很难对机构的业务和现象进行穿透式分析，因此，必须借助金融科技手段，运用人工智能从商业银行业务经营的海量数据中找出有用的管理信息。数字机器人不仅运算效力高、能力强，还具有比较客观等特点，可能从大量的数据中分析出经营中的问题。三是强化后台分析，做好非现场审计。要建立内部监控平台系统，与业务数据相联通，通过后台的分析，进行非现场审计，提高审计的效率。四是商业银行要积极将金融科技运用到管理会计当中，以提高数据分析和处理能力，更好地服务于商业银行的高质量发展，要充分运用大数据等手段，提升管理会计中的分析水平，保证各类决策的数据精准性，要借助情景分析和归因分析等手段，提升管理会计对于市场的判断能力，要实现财力管理精细化，运用技术的手段创新推动财务制度的管理，在商业银行的各个业务单元、产品设计以及客户管理中充分运用管理会计，并在此基础上建立起商业银行内部的公平分配与激励机制，从财务资源配置上推动商业银行的高质量发展。

（4）使用金融科技，提升自我纠错修正能力。一是要运用金融科技充分揭示发展中存在的问题。通过对商业银行的业务经营设置敏感预警指标体系，运用金融科技对日常经营活动、业务经营状态进行实时提醒，充分揭示经营中的所有问题。二是提出科技解决方案。发展中的很多问题通过技术手段是能打通的，诸如工作效率、运维成本等。针对经营管理中的问题，在通过正常渠道难以解决或解决效果不好时，可以加大金融科技在解决经营中问题的力度，这往往会取得意想不到的效果。三是着力于长远技术保障体制的建设，形成以技术为核心的内部管理体系，通过对技术的不断升级迭代，实现管理体制的自动修补与完善，构建完善的金融科技管理系统，保持商业银行业务经营的技术控制的核心作用。

四、结语

总而言之，构建经济发展新格局对商业银行的发展起到基础性的影响，决定着商业银行高质量发展目标、措施的设定，金融科技的创新应用与商业银行的高质量发展存在密不可分的关系，商业银行的高质量发展的目标决定着金融科技应用的方向与着力点，只有紧盯商业银行各个业务单元的发展要求，充分利用金融科技的优势，维护发展重点，解除障碍痛点，商业银行的高质量发展才会有坚强的技术保障，从而也为构建经济发展新格局提供强大的金融支撑。

关于金融科技变革商业银行
小微金融服务模式研究

一、引言

当前，中国经济已经进入了中低速发展阶段，经济徘徊发展或倾向下行趋势较为明显，商业银行也已经步入了"中高速、优结构、新动力、多挑战"的状态。在经济处于新常态背景下，在国家不断强调控制金融风险的前提下，商业银行受到互联网金融、金融脱媒、利率市场化的冲击越来越大，贷款增速降低，盈利水平下滑。2017 年第二季度、第三季度、第四季度的商业银行正常贷款增速分别为 3.42%、2.67%、1.68%，增速下降趋势明显，虽然商业银行受到的冲击越来越多，但是商业银行境内的存款规模基本上保持上升的趋势，截至 2018 年 6 月底，商业银行的境内存款规模达到 1789760.35 亿元，同比增长 8%，比 2016 年 6 月底增长 18%，也就是说商业银行仍拥有大量的可用资金。

中小企业融资难和融资贵的问题始终无法得到有效的解决，中小企业在经济转型、促进就业等方面的作用十分重要，带动 60% 的 GDP 增长，推动新增就业岗位达到 80% 以上。近几年来政府部门也在不断地出台各项措施鼓励金融机构支持中小企业的发展，据不完全统计，自 2014 年以来，仅中央政府部门就累计出台二十项以上支持中小企业发展的法律法规，地方各级部门也出台不少支持本地方中小企业的政策，可以说政府部门支持中小企业的决心和力度不断加码，但是效果并不是很理想，商业银行也同样如此，商业银行是当前金融市场的主体，在支持中小企业服务方面也出台了不少优惠措施，但是效果也同样不理想。中小企业在商业银行的信贷结构中占比约为 31%，能达到这个比重，很大程度上还是因为国家、政府、监管、银行多方位的努力，这与中小企业在经济结构中的地位严重不符，如果再不做彻底改变，中小企业被金融机构业务进一边缘化的程度会加深。市场的困境是各个市场主体都在想为中小企业的融资提供便利，尤其是商业银行有大量的资金供给，但是中小企业仍然面临数十万亿元的资金缺口，这就说明支持中小企业融资的商业模式出了问题，必须从另外的角度思考，换个商业模式支持中小企业。

自 2015 年金融科技概念崛起以来，技术在经济中的作用越来越重要，商业银行在解决中小企业融资过程中遇到信息不对称、风险控制难度大、贷款成本过高等难题，仅依赖政策难以奏效，只有通过技术手段，另辟蹊径才是根本出路。金融科技可以通过技术手段帮助商业银行从根本上变革小微金融服务模式，通过互联网技术缓解商业银行对中小企业的授信难度，降低小微企业的融资成本。金融科技既帮助商业银行找到资金投资的通道，也帮助中小企业获得资金的供给，成为打通商业银行支持中小企业的"最后一公里"。因此，商业银行发展金融科技既有利于提高自身的盈利能力，也有利于解决中小企业的融资不足问题，促进我国经济的发展。

二、商业银行小微金融模式变革的必要性

实际上，国家虽然在支持中小企业融资方面出台了很多政策，但是还没有从根本上解决商业银行服务小微企业融资问题。从国际市场看，无论是德国、日本还是其他国家，中小企业的融资一直都是一个难题。商业银行支持中小企业融资模式主要有三个难点。

(一) 信息不对称

在传统信贷模式下，中小企业提交的信贷审批资料中，商业银行尤其重视对企业财务报表的分析，通过这些报表分析判断出中小企业的经济实力。相对于大型企业而言，中小企业一般起步较晚，制度不完善等因素造成其财务报表分析不规范，商业银行若要通过财务报表分析中小企业的信用品质不太现实。商业银行只能对中小企业过去几年的生产经营情况进行分析，然后判断企业未来的经营状态，据此进行授信，但是，中小企业在实际经营过程中受到市场波动的影响较大，无法准确判断出中小企业的信用等级。这就产生了信息不对称。此外，商业银行较多的管理层级也会造成信息的"失真"。一个银行的规模越大，其管理层级一般也越多。大银行一般都能够承担起较大的风险，也能够为中小企业提供较多的贷款。但是由于管理层级多，造成信息传递速度慢，导致信息在传递过程中可能会出现偏差。而大型企业的财务制度一般比较健全，财务报表信息比较完善、透明，可以提供相应的抵押物，这些"硬信息"在传递过程中不易丢失。大型银行在办理中小企业贷款时，传递的层级较多，贷款的审批时间较

长，所提供的"软信息"在信息传递过程中易出现偏差，也会产生信息不对称。这使得商业银行无法准确获得优质客户信息以对企业全流程进行控制。

（二）贷款成本过高

商业银行为了更好地对中小企业进行信贷评估，必须寻找更多的参考指标对中小企业进行评估，由此造成更多的成本。同时，由于中小企业散布于各个地方，商业银行在对中小企业进行贷款时，所需要的营业网点数量及设备人员大量增加。这些都增加了商业银行的运营成本。从2012年开始，商业银行就掌握了中小企业在商业银行进行贷款的利率定价权，中国银监会在2012年规定，商业银行可以对其所提供的贷款进行自主定价，从而在价格上放宽了商业银行对中小企业提供贷款的自由度。对于商业银行来说，当其为中小企业授信时，不论是贷前评估、贷中审查，还是贷后跟踪监督，都需要产生一定的成本，加之商业银行与中小企业之间存在严重的信息不对称，导致商业银行为中小企业提供贷款时成本更大，因为对于商业银行来说，不管贷款企业的规模是大还是小，其放贷所需花费的经营成本都是相差不大的，但大企业贷款金额比较大，贷款期限相对较长，其单位成本就相对比较小，商业银行对大企业进行放贷所获得的最终总收益就比较理想；而中小企业贷款金额相对较小，期限相对比较短，其单位成本就明显增加，商业银行对中小企业进行放贷所得的最终总收益就不理想。举例来说，对企业授信1亿元和对企业授信100万元所花费的成本相差不大，但是利润却差别很大。商业银行在信贷市场中所处的有利地位和其经营的最终目的是最大限度地获得最终利润，盈利性的特点以及利率期限结构都决定了商业银行对中小企业贷款会采取谨慎的态度，最终导致一部分有发展潜力的真正需要融资的中小企业无法从银行获取贷款。

（三）风险控制难度大

较之于大型企业，规模较小的中小企业的贷款行为较为频繁，且希望贷款金额尽快发放，但是其所提供的担保抵押物往往不足，且商业银行对其贷款审批流程常和大企业的审批流程相同，这将增加其贷款成本。而申请贷款的中小企业基本都处在初创期，其财务制度不完善，财务报表不规范，信息相对不透明，达不到商业银行贷款的标准。中小企业一般选择厂房、设备等不动产进行抵押贷款，来弥补其在进行贷款申请时抵押物资相对不足的现状。但其所能提供的不动产由于价值相对较低、不易变现，使得商业银行对这些中小企业不够重视。部分中小企业因受资金不足的影响，选择联合经营或者依附大型企业进行经营，这就使得抵押物产权权属不够明晰，造成抵押贷款阻碍，而通过动产进行融资一直是商业银行比较排斥的方式，有实力的担保公司往往也不愿意为中小企业贷款提供担保，实力偏弱的担保公司的市场信任度不足，导致商业银行给中小企业贷款所产生的风险难以得到有效控制。

三、金融科技直达商业银行小微金融服务模式痛点

商业银行小微金融服务中存在信息不对称、风险较大、成本较高等难题，是小微金融区别于大型企业金融的本质特征之一。这些问题只有通过小微金融业务流程化、批量化、数字化、智能化等才可能从根本上得以解决，而金融科技几乎正是为小微金融而生的，可以从根本上变革传统的小微金融服务模式。

（一）大数据帮助商业银行实现对小微金融的动态管理

大数据的作用在于帮助商业银行实现对中小企业的动态管理。商业银行可对企业进行数据收集，包括电商、物流、水电煤气、税务、生产经营情况、关联公司情况、高级管理人员信用、过去银行流水单等结构化和非结构化数据，数据总量必须达到海量级，然后对数据进行挖掘清洗，得出商业银行已经确定好的分析指标，然后借助云计算，提高大数据迭代的精准度，降低系统维护成本，精准地计算出小微企业贷款画像，评定出客户等级，最后确定是否给予授信以及给予授信的范围。这种流程完全是全线上的模式，在线办理，自动化操作，通过大数据可以解决信息不对称，而且通过企业经营的相关数据，可以建立起对中小企业的动态风险管理。大数据应用分析决策过程详见图1。

除了提供金融服务外，小微金融服务营销也可以实现精准化。小微客户的需求有两大特征，一是单个客户趋势比较明显，二是多样化需求较为突出。这就需要商业银行建立客户精准营销体系，这种体系主要基于对客户精准定位之后采取特定的营销方法，既有对单个客户的注意，也有对多样化需求的认可。商业银行的精准营销体系可以提前判断出所有客户的爱好、兴趣、资金水平、购买力和购买欲望。根据精准的、不断迭代的算法得出客户需要的金融服务并且向其进行推荐，确保其在合理的渠道、合理

的价格范围内获得服务。客户获得某项金融服务或产品之前须经过三个环节，首先是认识产品，其次是对产品产生兴趣，最后是付费购买。在认识产品时，客户一般都会在互联网上进行关键词搜索，了解其基本属性、功能大小，再考虑是否需要购买。这个阶段就会产生一些搜索数据，可以初步判断出客户的兴趣爱好，加之商业银行本身就有客户的收入流水、资金信息等数据，银行完全可以利用人工智能计算出客户的金融需求，并进行定向提供。这就是一套整体的 CRM 系统。商业银行的大数据精准营销基本理念详见图 2。

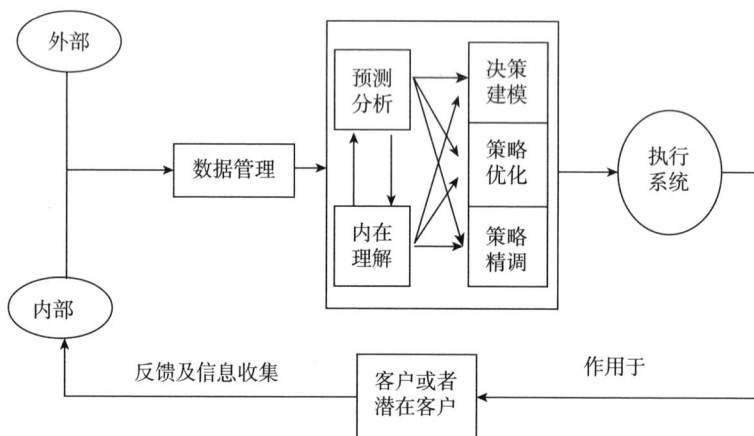

图 1　大数据应用分析决策过程

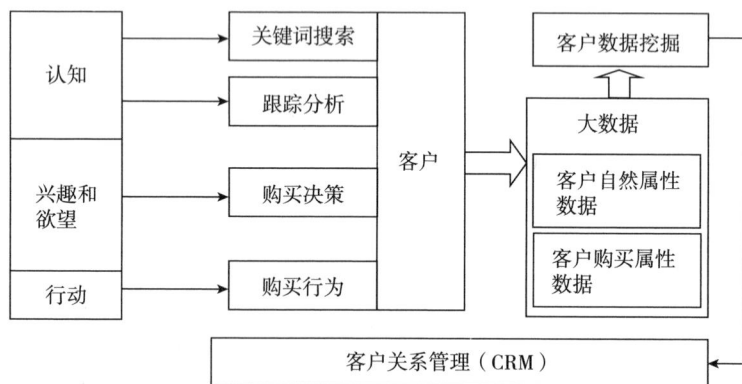

图 2　银行大数据精准营销理念

（二）区块链帮助商业银行建立小微企业融资防欺诈系统

区块链在帮助商业银行解决中小企业融资方面的作用除了体现在支付结算方面外，还体现在防欺诈控制风险方面。区块链的编程特性可以使得未来交易能够实现自动化，可以提高商业银行支持小微企业的效率，控制交易成本、监督成本以及协调成本。同时，区块链是建立在机器信任的机制上的，一旦建立信任机制就可以降低信任成本，这主要表现在以下几个方面：一是在验证身份的方式上，主要使用非对称公钥密码学原理，不仅可以缩减流程，还可以提高可信度；二是安全性极高，在商业银行与中小企业的交易流程中不需要付出通过第三方信任所需的成本；三是合约主要通过智能合约形式执行，也节省了为保证合约执行所需的成本；四是网络传输的特点以及利用密码学等技术使得区块链可以随时、随地、安全、单个对单个地传递有用信息，传递可附带一定的规则。所以商业银行发展区块链，可以利用区块链不可篡改的特点结合百行征信对个人信用的全面分析，建立专门针对中小企业信用红黑名单系统，这样可以很方便地判别出企业信用等级、风险水平高低，不仅有利于对真正有实力的中小企业融资，也有利于拓展商业银行的盈利来源。

（三）物联网技术帮助商业银行解决小微企业动产融资问题

物联网技术最大的作用就是解决动产融资问题。物联网技术的实施原理是借助 GPS、射频识别技术等手段对动产进行识别、定位、跟踪、实时监控，再对整个过程形成的数据进行处理。物联网技术的应用可以实现实时化、系统化、智能化管理，企业、银行等多个主体可以全方位地从时空角度来感知与监督动产的储存、变动情况，物联网可以实现资金流、信息流、物流"三流"合一。这种技术可以帮助商业银行在控制风险的前提下解封百万亿元级动产融资市场，中小企业就可以借助动产进行融资，在物联网技术方面做得比较好的金融机构有平安银行和江苏银行等。

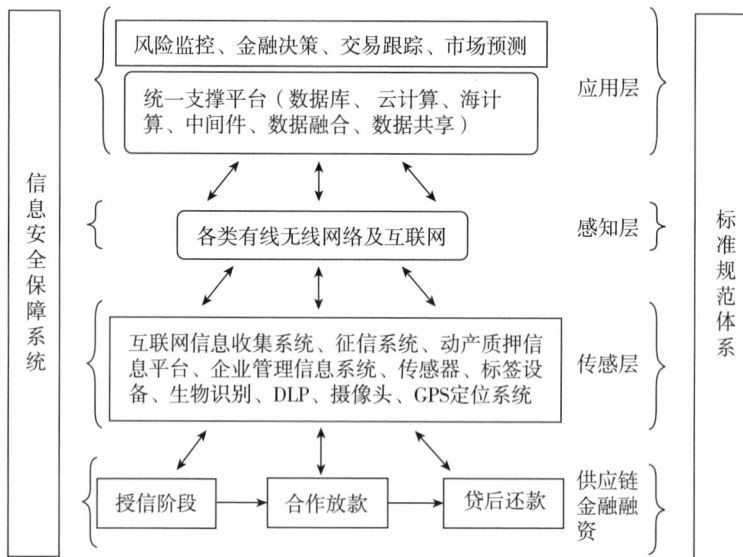

图3　物联网+供应链金融融资模式

（四）人工智能可以帮助银行的信贷实现流程化、工厂化、批发化

人工智能主要解放劳动力，人工智能可以应用到银行业务的前端、中端、后端。比如说，在前端可以提升客户体验，收集中小企业的数据，在中端能够进行数据分析，在后端可以替代人工风控和贷后管理。从理论上来讲，人工智能对于商业银行的作用主要表现在语音识别与处理、智能机器人、计算机视觉以及深度学习四个方面。在语音识别与处理方面，很多商业银行已经有这套系统了，主要用于智能客服系统，来回答中小企业贷款的部分疑问，除了在智能客服系统以外，在语音数据挖掘方面，主要根据语音识别、语言处理，对通过电话处理银行业务进行分类，然后通过特定的逻辑语言提前分析出中小企业客户的需求，商业银行就可以根据实际情况提升自身的服务方式。在智能机器人方面，主要有网点机器人和巡检机器人，分流网点客户，巡查服务区域进行风险排除，这对主要的商业银行网点起到一定的作用。在计算机视觉方面，摄影机以及计算机可以进行人像监控预警，对核心区域的监控以及职员行为进行监控，其中人像监控预警主要判断出人员的可疑性或者银行的 VIP 等级，以及是否为潜在客户。核心区域监控主要是银行对自身进行安全管理，防止陌生人进入核心区域。员工行为监控主要防止员工利用自身职务之便，同贷款企业进行欺诈。在

深度学习方面，主要对现有数据进行深度分析，描述知识图谱，然后进行预测，以及进行反欺诈，预测中小企业的贷款行为、还款能力。通过对结构化和非结构化数据清洗、加工，然后利用云计算进行迭代，算出对中小企业贷款的风险度，同时实时动态监控中小企业信用变化程度，实现对小微金融贷款的流程化、工厂化、批发化，从而解决商业银行对小微金融贷款成本过高的问题。

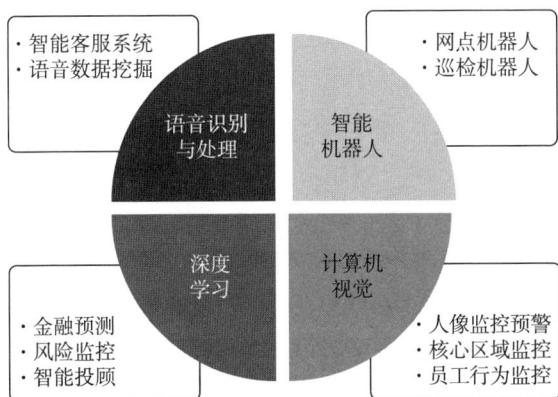

图4　人工智能技术的应用场景

四、金融科技变革商业银行小微金融服务的路径

（一）打破数据孤岛现象，提高数据的利用率

数据孤岛现象是阻碍大数据发展最重要的障碍之一。各家商业银行都有自己的数据库系统，由于竞争越来越激烈，商业银行的数据库系统一般不对外开放，只能自己使用，这就导致各个商业银行对企业的数据库是相互独立的，对中小企业的融资情况无法进行准确判断，比如有家企业在一家融资公司进行了融资，然后到另一家银行进行贷款，这时候就很难判断出其是否将贷款资金用于归还那家融资公司的借贷了。此外，政府掌握的数据也很少对外开放，对数据的利用程度不高，因此，数据孤岛现象导致商业银行很难准确判断出中小企业的真实信用高低。首先，应该发挥百行征信的作用。百行征信（俗称信联）已经正式开业，首批接入的公司有15家，包括消费金融公司、小贷公司、互联网金融平台等，但是机构数量偏少。其次，未来可以尝试把各家商业银行的数据库、政府部门的部分数据库、大型民间征信机构的数据库等各类型数据库接入信联中，这样就能够

形成相对完整的数据系统，打破数据孤岛现象，也提高了数据的利用率，避免数据资源的浪费。最后，建立对个人隐私的保护，将各个数据汇总到信联后，未来在对个人数据的使用方面难免会涉及个人隐私的情况，所以必须鉴定好个人哪些信息属于保护范围、哪些信息属于机构合理使用范围。

（二）与金融科技企业合作，提高技术研发效率

中小银行和大型银行相比，在市场竞争中本来就处于弱势地位，中小银行主要集中在地方性区域，网点分布较少，规模不足。大型商业银行可以利用自己的资金、网点、人才优势发展金融科技，一旦创新出某种产品可以很快地向全国进行推广，大型商业银行的市场接受度也比较广，通过App 和 PC 端两个渠道可以从全国吸引大量的客源，但是中小银行却很难做到这点，中小银行就算研发出某种创新型产品，也主要集中在地方性区域。另外，中小银行在资金上也很难与大银行相比，自己研发某种金融科技产品本来就得耗费大量的资金，还得花大力气进行推广，收益还主要集中在地方性区域，因此，中小银行自己发展金融科技的收益与成本不太匹配。这也导致中小银行从自身意愿来讲不愿意花大代价发展金融科技。因此，建议中小银行应该选择与阿里、腾讯、京东等知名的金融科技公司进行合作，站在"巨人的肩膀上"。这也是一条捷径，可以借助这些公司成熟的技术水平，比如银行要为中小企业建立一套信贷系统，自己建立的话需要耗费很长的时间，此时可以选择与金融科技公司合作，发挥其专业优势为银行服务。不仅是信贷系统，在反欺诈、人工智能方面，银行都可以与金融科技公司合作。这样既解决了银行人手不足的问题，也提高了技术研发的效率。

（三）积极吸引核心技术人才，提高产品创新度

金融科技的发展离不开专业的人才。顾名思义，金融科技就是通过技术手段，改变金融服务的方式，但是有些民营银行一开始的定位就是打造金融科技银行，比如苏宁银行，目前团队有 1600 多人，但是光技术人才就有 1200 多人。再比如平安银行的零售银行，团队有 2000 人，技术人才就有1000 多人。银行是吸引传统金融人才最多的机构，但是在吸引金融科技人才方面却力不从心，主要是银行面临来自互联网公司的压力。一方面，银行金融科技人才的薪资待遇没有互联网企业高；另一方面，银行在工作氛

围方面没有互联网公司好，在业务流程方面也没有互联网公司方便。在互联网金融公司中，人才百万元年薪是常有的事情，即使是平安银行零售团队，虽然一半人员是金融科技人才，但是大部分金融科技人才还属于外包，人才短缺问题依旧很严重。所以首先要从其他机构积极吸引金融科技人才，商业银行如果不花大量的人力、物力、财力是行不通的，必须要通过外聘、培训等建立一支高素质的金融科技人才队伍，按照市场化的薪资标准吸引金融科技人才。其次，要通过定期邀请行业知名专家、金融科技企业高管对银行的金融科技研发人员进行专业培训，组织参加行业座谈会，与相关机构进行人才培训合作等，全方面提高银行金融科技人才的专业水平，提高产品的创新度。最后，积极营造和谐的工作氛围，商业银行的工作氛围比较严肃，比如穿着要统一等，但是互联网企业比较崇尚自由、个性，所以商业银行对于金融科技人员办公要营造一种既能保持银行严谨的工作作风，又能促进展现个人风采的氛围。

（四）从顶层高度制定战略，构筑商业银行金融科技支撑体系

商业银行发展金融科技业务绝不只是简简单单地推出一款金融科技产品而已，而是对整个小微金融服务模式的变革。要完成这项业务是一个长期的、持续性的、系统性的工程，没有顶层设计是完全行不通的，所以当务之急是要有一个完善的顶层设计，用前瞻性的眼光看待金融科技的发展。该顶层设计必须由银行的战略发展部门、信息科技部门、小微企业部门等众多核心部门共同完成，要研发出适合市场发展需要的金融科技业务。同时，信息科技部门要构筑适应金融科技发展的系统架构，保障技术支撑。银行要按照金融科技公司的模式，建立中小企业全景视图，做到精细化管理，快速适应市场化的发展需求。

（五）积极改变数据运营中心，提高银行业务处理效率

商业银行的金融科技业务的开展主要是通过互联网通道，银行的系统架构要承担非常大的业务量，系统必须 24 小时保持运转，不能出现任何问题，但是，随着金融科技的发展，银行对中小企业的业务服务方式已经在发生很大的变化，其未来的服务模式可能不再是以网点为主，而主要通过互联网渠道，这就使得银行的系统需要发生很大的变化，已经成熟的运维组织必然受到很大的冲击，传统的技术运维必须适时向新技术运维方向改变。银行发展金融科技使得业务呈现一种"双态"特征，一种就是产品服

务模式技术创新非常快，另外一种就是业务运营也非常稳健，所以传统的运维也必须向"双态"运维转变。另外，在金融科技时代，银行 IT 部门的定位不能仅仅停留在提供技术支持方面，而是要向创新引领的角色转变，从运维向运营转变。

（六）建立业务竞争壁垒，加强风控水平的建设

商业银行一直深耕传统金融领域，也建立了丰富的客户群体，但是目前各家银行的业务相似度比较高，即使是比较流行的大数据，各家商业银行的区别也不是很大，所以商业银行发展金融科技必须根据自身的优势建立业务竞争壁垒，在服务中小企业方面都建立各家的优势，比如，有些银行可以在反欺诈方面建立优势，有些银行可以在大数据风控方面建立优势，有些银行可以在云计算方面建立优势，有些银行可以在物联网支持动产融资方面建立优势，各家银行都能够建立起业务竞争壁垒，这样才能形成各自优势。在风控方面，商业银行本来在传统业务模式上尤其重视风控，但是在运用金融科技支持中小企业方面的风控水平不一定有专业的金融科技公司高，金融科技就是一把双刃剑，如果使用不当，银行可能在短时间内积累大量风险，严重冲击银行的风险管理水平。因此，商业银行必须根据自己掌握的信息，在风险管理方面投入更大力度，从风险源头进行控制，提升风险管理系统的预警度，确保将中小企业贷款风险控制在可控范围内。

五、结论与建议

近几年，随着我国经济不确定性因素的增大，大型企业利润也在下滑，商业银行的盈利能力面临挑战，同时，广大中小企业仍然面临着巨大的资金缺口，商业银行在向有一定实力但达不到银行贷款门槛的中小企业贷款方面常常有心无力，因为存在着贷款成本过高、风险控制难度大、信息不对称等问题，而金融科技的发展可以帮助商业银行解决这些难题，可以改变传统金融机构服务的方式，商业银行要将金融科技运用到极致，就必须对运行模式进行多维度优化改革，变革银行传统的系统，简化大型银行复杂的业务流程，提高银行的核心竞争力，尤其决策层要有改革的决心和魄力，通过发展金融科技，将银行未来打造成智慧化银行，真正为中小企业服务。此外，国家要不断优化中小企业的贷款政策，提高小微企业融资优惠力度，提高银行服务中小企业的意识，适当弥补商业银行在支持小微企业过程中所遇到的损失等。

互联网金融下一站：金融科技

互联网金融的概念始于 2012 年。互联网金融的发展推动了传统金融不断创新，促进普惠金融的发展，让共享金融成为现实。但与此同时，互联网金融的野蛮生长也给社会各方面造成很大的负面影响，尤其是部分从事非法集资的 P2P 网络借贷平台，给众多出借人造成严重的伤害。当前，对互联网金融前途的认识分歧很大，市场中看多、看衰者皆有之。从互联网金融概念的进化过程看，互联网金融仅仅是特定时期的一个专属概念，伴随着金融科技的发展以及人们对金融与科技关系的精准理解不难得出，互联网金融必将以新的形式存活于金融活动全过程当中，其概念也将由金融科技一词替代。当前，科学、准确地定位好互联网金融未来的发展趋势，对于做好互联网金融专项整治、打好防范金融风险攻坚战、更好地发挥科技对金融的支持作用具有十分重要的现实意义。

一、互联网金融与金融互联网

互联网金融得益于互联网的发展，得益于"互联网＋"战略的推进，"互联网＋"的战略是国家产业振兴战略，但并不是什么都可以"＋"的，也就是说推行"互联网＋"的战略是有条件的，如不具备的"＋"的前置条件，则推进目标可能与结果会适得其反。比如互联网金融就是"互联网＋金融"的结果，基于互联网金融发展的现实，后来在有关政策文件中还有了依据，中国人民银行等十部门在 2015 年颁布的《关于促进互联网金融健康发展的指导意见》（以下简称《指导意见》）里面详细阐述了互联网金融的业态，包括互联网支付、互联网保险、网络借贷（包括 P2P 和网络小贷）、股权众筹融资、互联网消费金融、互联网基金销售和互联网信托等七种。随着技术不断发展，外延也在不断扩大。互联网金融借助互联网技术放大和拓展其内在的金融功能属性，互联网金融功能化的金融业态和服务体系是借助大数据和云计算等在开放的互联网平台上形成的，其具体的体系包括基于网络平台的金融市场、服务、组织、产品、监管等。

与互联网金融相区别，金融互联网则主要是指以银行、证券、保险等为代表的传统（持牌）金融机构通过互联网渠道将线下业务线上化，与科技企业进行合作，借助互联网等科技手段实现资金融通、网络支付、投融资等新型金融服务的模式。商业银行发展的手机银行、网上银行、直销银行等都属于这种模式，也即"金融+互联网"，以金融机构为主体，广泛引入科技为金融业务发展服务。这种模式极大地满足了广大中小微企业以及居民的投融资需求，提高了金融业务效率。

互联网金融和金融互联网从字面来看，仅仅是二个词语排列顺序不同，但是二者却有很大的区别。首先，经营主体不同。互联网金融的经营主体主要是指新型金融机构，也即中国人民银行等十部门发布的《指导意见》中指明的七种企业形态，主要以科技企业为主，并不一定指持牌金融机构，经营主体多为一般工商企业，且跨界从事金融业务，其盈利渠道既有金融业务也有非金融业务。金融互联网的经营主体必须是持牌金融机构，以传统的金融业务为主，而且利润来源于金融业务，属于专业化经营，科技仅仅是其提升服务的手段与工具，通过科技手段的运用，优化业务流程，降低金融成本，拓展产品种类，提升客户体验度。其次，准入条件不同。初期的互联网金融的主体实质上是没有准入条件的，如网络借贷企业当时是按一般工商企业准入的，在企业主体方面没有严格的要求，直到互联网金融乱象丛生而引发社会众多矛盾不得不进行互联网金融专项整治时，才对P2P网络借贷提出备案规定等准入条件。而金融互联网的从业主体由于是持牌金融机构，其准入门槛十分明确且较高，对实收资本、高管人员条件、风险控制等均有明确的规定与要求，在注册资本、经营杠杆、风险控制等诸多指标方面有严格的规定，其受到的监管也十分严格。最后，两者的立足点不同。互联网金融实质上是科技金融化，立足点是科技，从事的是金融，而金融互联网的实质是金融科技化，立足点是金融。

二、金融科技与科技金融

金融科技英文为FinTech，是Financial Technology的缩写，可以理解成为Finance（金融）+Technology（科技），其含义主要是指借助大数据、云计算、物联网、人工智能、区块链等技术促进传统金融产品、服务、模式、体验的创新，既提高了效率又降低了成本，其中对互联网的运用仅仅是金融科技众多技术手段中的一种。基于金融科技广阔的发展前景，中国人民银行在2017年特别成立金融科技委员会专门对金融科技进行研究和统筹协调。金融科技的实质是技术驱动的金融创新，促进了传统金融焕发新的活力，但与此同时，也使金融安全面临新的挑战。当前金融科技已经逐渐开始改变各行各业，无论是传统金融机构，还是科技企业都在纷纷抢占金融科技发展的制高点。

与金融科技相区别，科技金融属于产业金融的一种。科技金融就是为科技企业以及技术服务的所有资源体系，是科技产业和金融产业的融合，科技推动经济发展，金融推动科技进步。通常情况下，科技企业是轻资产企业，风险较高，有融资需求，科技金融则是指金融为科技企业服务，为其提供资金。科技金融在传统的融资渠道中，要么是通过政府型基金或母基金引入民间资本，要么是通过股权融资，而互联网金融的发展则给科技企业增加了一种新的融资通道——众筹。在所有科技金融参与者中，政府的作用是较大的，政府可以直接进行投资，也可以通过特定的产业基金进行投资。在科技金融中，科技企业是资金需求者，也是促进科技成果成化的直接承担者。但是长期以来，市场呈现大型科技企业创新能力不强、小型科技企业资金需求较大的格局。近年来，"投贷联动"则是科技金融又一创新形式。

显然，金融科技和科技金融都是金融与科技的融合，二者在词语顺序上有所不同，存在根本性区别。一是属性范畴不同。金融科技属于科技范畴，不属于金融范畴，金融科技只是手段，属于科学技术行业的一个分支，而科技金融则属于金融业务范畴，是为科技产业服务的金融业务。二是服务对象不同。金融科技的服务对象主要是金融企业、电商、医疗行业等，科技金融的服务对象主要是科技企业。三是风险维度不同。金融科技的风险主要包括技术风险、财务风险、信息泄露风险等，科技金融的风险主要是信用风险。

三、互联网金融向金融科技的进化

根据以上对互联网金融与金融互联网、金融科技与科技金融两组概念进行比较、分析可以看出，这两组词之间，既相互联系，又相互区别，技术、金融始终是其话题，我们不难得出以下结论。

（一）互联网金融仅仅是金融科技的一种融合形式

从概念的维度分析：互联网金融的实质是互联网企业运用技术手段涉足金融业务，实质是一些科技企业将以大数据、人工智能、区块链等为代表的技术运用于金融领域，为金融提供技术服务。显然，互联网金融中的互联网技术包括在这些科技当中，属于技术范畴。从这个意义上说，互联网金融仅仅是金融科技的一个组成部分。从内容维度分析：经过互联网金融专项整治，互联网金融仅存的几种业态均包含在金融业态当中：互联网小贷属于传统小贷业务线上化，其网络信息中介业务虽然现在被定性为中介业务，但从投资人的资金从投入到回流的链条来看，实质上是一个直接融资过程，性质仍然是金融。第三方支付仅仅是传统支付手段的补充，结算业务更是银行最基本的业务。从组词结构维度分析：涉及金融与科技概念的词组主要有两种构成方式，一种是加前缀，另一种是加后缀。加前缀的有行业+金融，如科技金融、小微企业金融等；有品质+金融，如绿色金融；有科技+金融，如互联网金融、大数据金融、区块链金融。加后缀的有金融+科技，如金融互联网、金融大数据等，无非是运用技术手段为金融服务。显然，互联网金融属于科技+金融这一类型，属于金融科技的范畴。

（二）金融是特殊的行业，不容许其他行业随意跨界入侵

金融行业实行严准入、强监管。不可否认的是，互联网金融的出现对推动传统金融创新、支持小微企业发展等具有积极意义，但是，互联网金融在发展初期没有明确的准入门槛，一般工商企业即可从事互联网金融业务的行为，最终的结果可想而知。据第三方网贷门户网站统计数据，截至2019年3月底，P2P网络借贷平台历史累计已达6616家，但光是出问题的平台数量就达到5595家，问题平台数量占比达到85%，250.3万投资人受到资金损失，涉及贷款余额约为1929.6亿元。近几年互联网金融特别网贷行业出现的乱象表明，任何涉及金融的业务都必须纳入监管的笼子里，对"互联网+金融"必须加强管理。

（三）科技去金融化是必然的选择

科技必须坚守技术本性，做到去金融化。科技与金融是不同的两个产业，金融可以科技化，即充分运用科技来为金融服务，但科技不能金融化，即科技企业不能直接从事金融业务，金融业务本身有明确的法律边界与风险承担责任要求。市场上各大科技企业纷纷开始去金融化，如BATJ旗下的互联网金融企业都宣称是科技企业，京东金融甚至更名为"京东数科"。BATJ代表市场潮流，这些巨头纷纷强调自身科技属性，淡化金融属性，这也意味着市场上的互联网企业开始认识到"去金融化"的重要性。金融科技企业和金融机构合作的空间很大，二者无论是合作深度还是合作

广度都进入一个新的阶段，金融机构在资金、品牌、信用等方面拥有明显的优势，不足之处则是效率低、运用成本高、轻视长尾客群，金融科技企业在技术方面优势明显，能够覆盖长尾客群，成本低、效率高，不足之处则是资金缺乏。二者发挥各自的优势进行合作，将促进金融服务实体经济的效率大幅度提升，促进经济高质量发展。

另外，互联网金融经过几年的专项整治，政策环境不断趋严，有关ICO、互联网资管、P2P 网络借贷、网络小贷等政策法规纷纷出台，给从事互联网金融业务的企业设定了很多界限，未来所有金融业务都需要持牌上岗。这也迫使很多巨头开始"去金融化"，定位于科技有助于其开拓市场并获得较高的市场估值。

（四）金融科技的兴起源于科技运用场景以及市场需求和技术发展的质变

近年来科学技术实现了进一步突破，颠覆了很多传统行业。一方面，这得益于全球数据指数级增长，数据的积累量足够支撑起新一轮技术革命；另一方面，这得益于各种硬件的革命性突破，终结了"摩尔定律"。但是，并不是现在才开始重视科技对经济、社会各方面的作用，而是从 20 世纪就开始重视了，在 1978 年科技大会上，邓小平同志提出科学技术是第一生产力。运用于金融的科技不是金融的专属，科技可以运用于社会各个方面，只是近几年技术实现了突破，场景进一步形成。金融科技去金融化趋势已经十分明显，当金融科技完成去金融化后，越来越多地依附在金融行业的数据、电商、咨询等功能都会彻底得到释放。届时金融行业将会与人们生活联系得更加紧密。

（五）科技重要性与日俱增，科技将作为金融基因完全渗透到金融的各个领域与流程中

当前金融行业的发展离不开科技的支撑，大数据、云计算、人工智能、物联网等新兴技术已经与银行业务开始深度融合，如商业银行传统的动产抵（质）押业务，通过物联网等技术，可以对动产进行实时跟踪，后台随时可以监控动产情况，大数据与人工智能等技术可以对小微企业贷款实现批发化，促进商业银行重视长尾客群。金融科技已经不局限于金融业务，在电商、制造业、医药等行业都有广泛的应用。金融科技属于技术，金融行业的科技化在历经互联网金融、金融科技后越发导向科技，利

用科技支持 B 端金融机构是市场比较看好的方向，从 BATJ 等互联网巨头近年来在科技领域的战略布局可以看出市场潮流。这也是金融科技的发展趋势。未来，金融科技将作为金融基因渗透到金融行业的方方面面当中，作为一个技术，金融科技将会开启一个新时代。

综上所述，不管是互联网金融还是金融科技，二者都是技术与金融的组合，而金融与科技是两个不同的行业，在管理方面有不同的准入要求，特别是金融，高风险与涉众性决定了其必须实行高门槛准入及苛刻的监管，任何打着创新科技的旗号而从事着金融业务的行为，必将带来金融生态的严重破坏。因此，从互联网金融的发展历程来看，企业涉足金融业务、行业产生互联网金融乱象、政府进行互联网金融专项整治、互联网金融公司去金融化，以及近年蓬勃发展的金融科技，都反映了科技与金融发展的基本规律，没有互联网金融的野蛮成长所带来的教训，就很难有统一发展金融科技的思想认识。今后，金融科技的发展应该始终坚持科技本性及对金融风险的畏惧。

后 记

作为实际工作者，进行理论的研究与提炼，只能定位为一种业余爱好。

我们关注金融科技这四个字，应当也有十多年时间了。有开始才会有未来。最初我们对金融科技这四个字确实感到很陌生，从读懂数字中国、数字银行、数字技术开始，我们慢慢地喜欢上了这四个字，倍觉这四个字的伟大，其对我国金融业的影响，不仅是直接的，而且是全面的、基础性的，可以说，金融科技改变了我国的金融版图，调整了我国金融企业原来的地位，并且为金融企业的未来发展注入了持续的基因与动力。

金融科技是我国数字技术的一个分支，包括大数据、区块链、人工智能、物联网、云计算及元宇宙等新型的科学技术。金融科技实质上就是这些技术在金融行业中的应用，我们平常所说的数字化转型、数字金融就是指这些技术在金融行业的应用。

金融科技中的很多技术已经形成体系，问题是这些技术如何"+"到金融行业当中。本着可操作性的原则，结合工作实践，我们将金融科技如何赋能作为重点来研究，具体到大数据、区块链等各种技术如何应用到各种金融场景中，提出具体的措施与路径，从具体的实践成功的经验中进行理论概括和提炼，得出的结论适用于我国金融行业的一般性应用。

大型金融机构有规模有人才有实力，在科技应用方面已占据优势，而对于中小金融机构而言，在金融科技应用方面明显有被边缘化的趋势。作为健康的金融生态，保持金融机构的平衡发展十分重要，因此，本书针对各类金融机构面对数字化转型等问题，提出了适应各类不同机构的具体措施。

而众多的金融工作者如何深度了解金融科技也是当前数字化转型的一大难题，苦于大多数金融从业者都是非理工科背景的人士，因此，迫切需要有现成的研究成果加以借鉴。本着这一出发点，作者积多年来的金融科技应用方面的经验及思考，完成了《金融科技赋能新说》一书。

　　本书在成书过程中，参考学习了当前国内外专家学者最新的关于金融科技方面的著作与成果，著名经济学家、北京大学萧国亮教授在百忙之中为本书作序，葛和平、汪祖刚、徐阳洋、王婷婷、陆顺、周军煜、欧阳文杰等为本书的写作做了大量的基础资料收集等工作，中国金融出版社刘钊博士、张熠婧博士为本书的编辑出版付出诸多劳动，在此一并表示最真诚的感谢。希望本书的出版能为中国金融科技事业的发展作出微薄的贡献。

2022 年 3 月 18 日